DIANWANG QIYE GUANLI RENYUAN
PEIXUN JIAOCAI GONGSHANG GUANLI ZHISHI

电网企业管理人员培训教材

工商管理知识

国网山西省电力公司
华 北 电 力 大 学 合编

中国电力出版社
CHINA ELECTRIC POWER PRESS

内容提要

本书是在国企改革、电网企业转型的背景下完成的，旨在完善电网企业管理人员培养体系，帮助提升经营管理能力。本书以理论阐述及案例分析相结合的方式讲解了现代企业制度、企业战略管理、管理经济学概要、企业财务管理、电网企业营销管理、电网企业人力资源管理、电网企业信息管理、领导科学与领导艺术、创新管理、企业文化建设、经济法律法规等工商管理学科模块内容。

本书可作为电网企业相关技术背景管理人员提升管理能力培训教材，也可作为各级领导人员知识普及读物。

图书在版编目（CIP）数据

工商管理知识/国网山西省电力公司，华北电力大学合编．—北京：中国电力出版社，2022.4
电网企业管理人员培训教材
ISBN 978-7-5198-6657-0

Ⅰ．①工… Ⅱ．①国… ②华… Ⅲ．①电力工业—工业企业管理—技术培训—教材 Ⅳ．①F407.61

中国版本图书馆 CIP 数据核字（2022）第 057433 号

出版发行：中国电力出版社
地　　址：北京市东城区北京站西街 19 号（邮政编码 100005）
网　　址：http://www.cepp.sgcc.com.cn
责任编辑：张富梅　张　旻
责任校对：黄　蓓　王海南
装帧设计：赵姗姗
责任印制：吴　迪

印　　刷：望都天宇星书刊印刷有限公司
版　　次：2022 年 4 月第一版
印　　次：2022 年 4 月北京第一次印刷
开　　本：787 毫米×1092 毫米　16 开本
印　　张：17.25
字　　数：353 千字
定　　价：50.00 元

编　委　会

许玉斌　王燕平　张　进　陈永权

编　写　组

组　长　王燕平

副组长　陈永权　钟喜平

成　员　尚海霞　吴　双　段承辉　刘晓飞　李晓东

吴小玲　贺　翔　王雄飞　王翔毅

前　言

管理人员个人管理能力及职业素养的高低，直接关系着企业整体战略目标的实现及日常工作的绩效。对于企业而言，作为中坚力量的管理人员不仅掌握着决策权、管理权，也是企业改革发展的组织者。但由于管理体制及发展定位等原因，长期以来，电网企业从事生产运行的专业技术性人才占有较大比重，缺乏既懂业务又懂管理的复合型人才。近年来，随着国企改革方案不断推进、电力体制改革不断深化，对电网企业发展提出了全新的要求。在此背景下，电网企业不断深化对不同层级技术背景管理人员的能力培训，以提升企业管理人员的管理能力和水平，增强管理人员科学分析决策能力。这不仅是推动国家“双碳”战略目标落地、深化电力体制改革的迫切需要，也是实现电网企业可续性发展的必要保障。

本书作为一本覆盖工商管理专业各个领域的较为全面的基本教材，有着较高的独创性和实践价值。教材以习近平新时代中国特色社会主义思想理论为指导，以管理科学理论方法为基础，以国家能源革命和“双碳”战略为目标，对电网企业经营管理需要掌握的基本理论和方法进行系统阐述，为各级管理人员的教育培训提供有力支撑。教材坚持理论与实践相结合基本原则，突出理论方法、案例教学的一体化。教材内容包括：现代企业制度、企业战略管理、管理经济学、企业财务管理、电网企业营销管理、电网企业人力资源管理、电网企业信息管理、领导科学与领导艺术、创新管理、企业文化建设、经济法律法规。本教材的突出特点，一是针对性，该培训教材可供电网企业基层领导人员集中培训或自主学习使用；二是应用性，除了学习原理、夯实基础之外，还配备了管理案例，既强调以案例指导实践，又注重将所学理论运用于实践；三是适时性，尽量借鉴近 10 年的管理领域成果，努力做到与时俱进。因而，这是一本理论和实践兼顾的培训教材，可用于电网企业从事生产运行的专业技术性人才提高管理理论知识培训教学使用，也可作为技术、技能人员的管理知识普及参考书目。

另外，本教材在编写过程中，参考了其他相关教材和有关论著，并在书后所附参考文献中注明。在此，特向在本教材中引用和参考的教材、文章的编著者和作者表示诚挚的谢意。本教材虽经多次修改，但由于编者能力所限，不足之处在所难免，敬请专家读者批评指正。

编　者

2022 年 3 月

目 录

第1章

现代企业制度

本 章 导 读

正如赫尔伯特西蒙所说，“现代社会并非简单的市场经济，而是有序的组织经济”。也就是说，大部分的价值创造不像经济学家所期望的那样，是靠个人在市场上的交易活动，而是靠有组织的集体行动。企业是其中创造价值和促进经济进步的主要因素。本章从企业的概念、性质、任务、目标以及发展讲起，企业是以盈利为目的的经济组织。然后提出企业制度，包括企业制度的含义、形态和类型。现代企业制度是以企业法人制度为基础，产权制度为核心，有限责任制度为表征的一种新型企业制度。现代企业制度主要内容包括：企业法人制度，有限责任制和科学的组织管理制度。现代企业制度的基本特征是“产权明晰、权责明确、政企分开、管理科学”；国有企业作为现代企业制度的实践者，努力建设现代企业制度并加强党对国有企业的坚强领导。现代企业制度的建立是一个优秀企业实现长期发展的根本，解决了制度问题，创新精神、经营管理变革等就会随之而来，有了好的制度，企业管理者的岗位上就可以不断涌现优秀的管理者。

本章思维导图如图 1-1 所示。

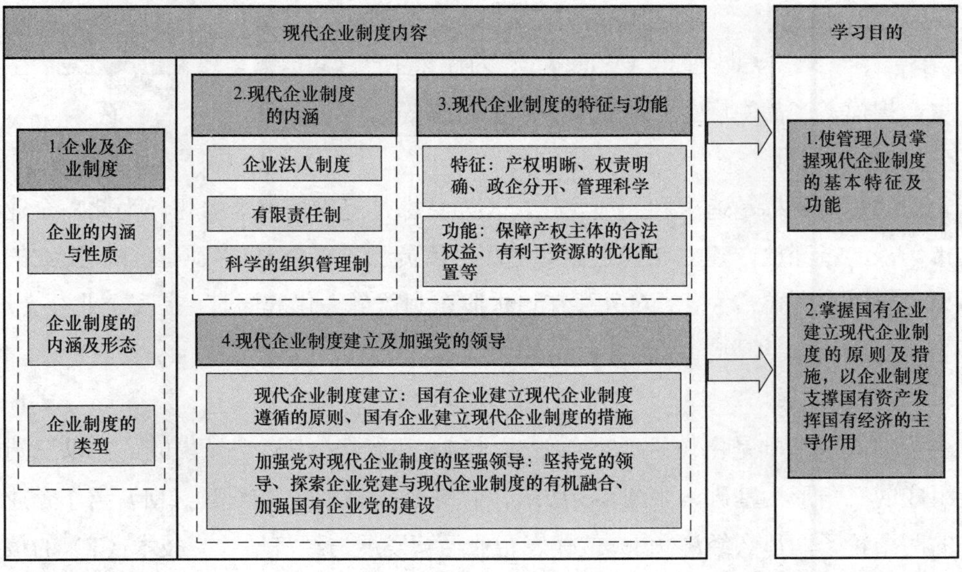

图 1-1　现代企业制度思维导图

1.1 企业及企业制度

1.1.1 企业的概述

1. 企业的内涵

企业概指各种生产要素的所有者为追求自身利益并承担风险，通过契约方式从事生产经营活动向社会提供商品或服务的经济组织。因此可以说，企业是国民经济的细胞、社会经济制度的微观基础、生产要素转化为现实生产力的载体、技术产业化的平台和人类生产活动社会化国际化的主体。

2. 企业的性质

企业是有一定的名称、规定章程、办公地点的经营生产、照章纳税的独立法人、市场主体与经济实体。最常用的形式是公司，也可为联合体；但不是政府机构，也不是社会团体和社会福利机构。

3. 企业的任务

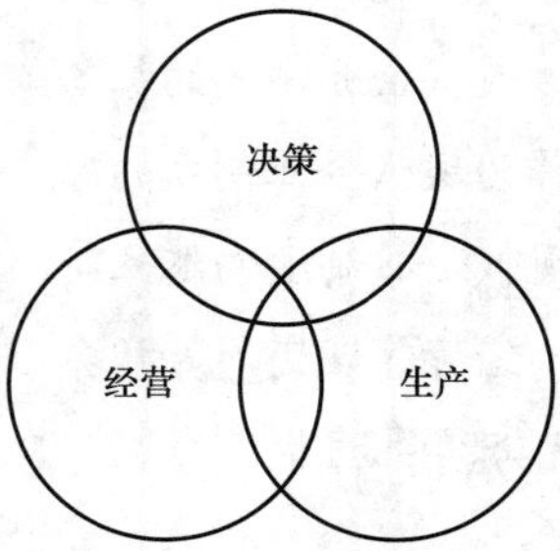

图 1-2　企业任务

企业作为国民经济的细胞，是商品与服务的生产者与提供者。如图 1-2 所示，企业的任务包括决策、经营与生产任务。决策任务包括战略决策、目标决策、管理决策、人力资源决策和资金决策等。经营任务包括筹资（融资）、投资和经营，即解决“钱从哪儿来？来了怎么花？花了怎么样？”的问题。生产任务概指生产什么（What）？生产多少（How much）？如何生产（How）？为谁生产（Who）？何时生产（When）？在哪儿生产（Where）？为什么生产（Why）？还有生产规划、生产计划、生产规模、产品生产、产品质量、产品销路等。

4. 企业的目标

企业的短期目标是追求利润最大化，长期目标是追求价值最大化。为此，企业必须面向市场，改革开放，建立现代企业制度，全体员工齐心合力，共同奋斗。企业的对内目标要追求股东利益最大化，对外要在追求股东利益最大化的同时，提高企业社会形象，增强企业社会责任。

5. 企业的发展

企业的发展基础是由技术（T）、管理（M）和经济（E）交叉集成，并以三圆圆心连线组成的三角形为基础，如图 1-3 所示。如果把技术（T）与管理（M）当作企业发展前进的两个轮子，那么经济（E）就代表企业经营发展与经济增长。技术（T）的核心是技术进步，管理（M）的关键是管理科学，经济的关键是提高全社会劳动生产率。

企业作为市场经济的主体与国民经济的细胞必须依靠两个轮子一起转、并相互配合，才能为社会提供物美价廉的产品与服务，解决资源有限、需求无限的缺口与矛盾，满足人民对美好生活的追求及向往。

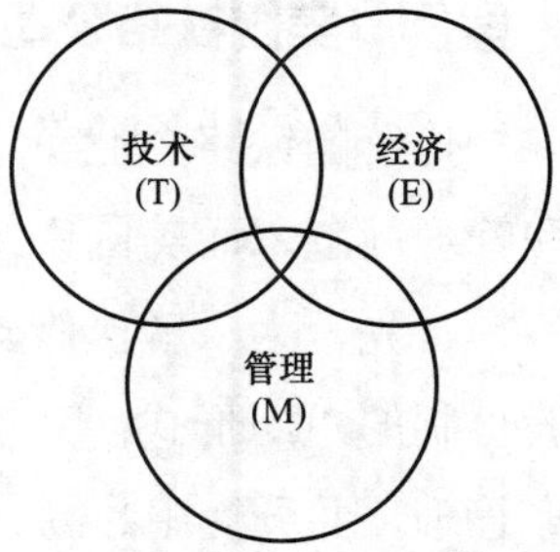

图 1-3　技术（T）、管理（M）与经济（E）交叉集成图

1.1.2　企业制度

1. 企业制度的含义

企业是以盈利为目的的经济组织，因而企业制度属于经济制度。企业制度是企业产权制度、企业组织形式和经营管理制度的总和。企业制度的核心是产权制度，而企业组织形式和经营管理制度以产权制度为基础。企业制度是动态而随着市场经济的发展不断创新和演进的。

2. 企业制度的形态

企业制度的企业形态有经济形态、经营形态和法律形态之分。其中经济形态其核心是产权问题，实际是通常所说的所有制形式；经营形态即常说的经营方式；法律形态即指依法确立的企业形态。

3. 企业制度的类型

企业制度分成三种基本形式：个人独资制企业、合伙制企业和公司制企业。这三种形式是在市场经济数百年的发展过程中形成，也是世界各国企业的主要法律形式。

个人独资制企业是指单个人出资兴办经营的企业。这种企业在法律上称为自然人企业，也称个人业主制企业或个人企业；合伙制企业是由两个或两个以上的个人订立合伙协议、共同出资、共同经营、共担风险、共享利润的企业，它也是自然人企业；公司制企业是由多人集资兴办、依法成立的法人企业。公司是法人，在法律上具有独立的法人资格，这是公司制企业与独资企业、合伙企业的重要区别。从现代经济发展来看，公司制企业所显示出的优越性是其他企业形式所无法比拟的。因此，它是最适合于现代大企业发展的一种企业制度。

1.2　现代企业制度的内涵

1.2.1　现代企业制度的定义

现代企业制度是指以企业法人制度为基础，产权制度为核心，有限责任制度为表征的一种新型企业制度。可见，现代企业制度是适应社会化大生产和现代市场经济要求的现代公司制，是一种完备的企业制度体系或微观经济体制，是一种资本组织形式，是所有制的实现形式，是所有所有制企业努力的方向。

案例 美国铁路公司的创新

传统的铁路企业在经营中的主要缺点集中在三个方面，即资金问题、风险问题和管理问题，而美国铁路公司在这方面做了有别于传统的创新。

首先，为了解决修建铁路所需要的资金问题，铁路公司开始发行股票，采用了股份制的组织形式；其次，公司的组织机构有了创新，雇佣了大量的经理，实施专家管理，并分为中、高、低等管理层次；再次，为了降低风险，实行了有限责任制。

美国铁路公司是在美国出现得最早的现代企业，是现代企业制度的典型形式。就是我们现在的公司制企业。

1.2.2 现代企业制度的基本内容

现代企业制度作为一种新型企业制度，其主要内容包括企业法人制度，有限责任制和科学的组织管理制度，如表 1-1 所示。

表 1-1　　现代企业制度的内容

现代企业产权制度	公司法人制度
现代企业组织制度	有限责任制
现代企业管理制度	公司管理制度

1. 企业法人制度

法人是相对于自然人而言的。按《中华人民共和国民法通则》规定：“法人是具有民事权利能力和民事行为能力，依法独立享有民事权利和承担民事义务的组织”。任何法人都应当具备 4 个条件：依法成立，有必要的财产和经费，有自己的名称、组织机构和场所，能够独立承担民事责任。企业作为一个经济组织，参与社会经济活动，以自己的名义享有权利、承担责任，成为一个有人格的市场主体。

2. 有限责任制

有限责任制有两层意思，一是企业作为独立的法人实体以其全部财产为限，对其债务承担有限责任；二是企业因经营管理不善导致资不抵债时，应依法宣布破产，在实施破产清算时，出资者以投入企业的出贷额为限，对企业债务承担有限责任，即出资者的其他财产不受影响。企业法人制度通过所有权与经营权的分离，聘请一批优秀的经营人员专司经营管理职责，实现经营职能的高效化，提高资本运营的效率。

3. 科学的组织管理制度

现代企业制度有一套完整的企业内部组织管理制度，其内容包括科学的企业组织形式、科学的企业法人治理结构和科学的企业内部经营管理制度。企业资产具有明确的实物边界和价值边界，具有确定的政府机构代表国家行使所有者职能，切实承担起相应的出资者责任。按照《公司法》的要求，形成由股东会、董事会、监事会和总经理（三会一总）组成的相互依赖又相互制衡的公司治理结构。企业具有合理的组织结构，在生产、供销、财务、研究开发、质量控制、劳动人事等方面形成了行之有效的企业内部管理制度和机制。

1.3 现代企业制度特征与功能

1.3.1 现代企业制度的基本特征

早在1993年，在党的十四届三中全会通过的《中共中央关于建立社会主义市场经济体制若干问题的决定》中，就把建立“产权清晰、权责明确、政企分开、管理科学”的现代企业制度列为社会主义市场经济体制基本框架的五个主要环节的第一位（五个主要环节：建立产权清晰、权责明确、政企分开、管理科学的现代企业制度；建立全国统一开放的市场体系；建立以间接手段为主的宏观调控体系；建立以按劳分配为主体的收入分配制度，鼓励一部分地区一部分人先富起来，走共同富裕的道路；建立多层次的社会保障制度）。

由此可见，现代企业制度在社会主义市场经济体制基本框架构成中的重要性。由微观经济学、制度经济学理论可知，技术变迁与制度变迁都对企业发展、经济提高有重要影响。基于党的十四届三中全会通过的《中共中央关于建立社会主义市场经济体制若干问题的决定》精神，现代企业制度的基本特征概括为“产权清晰、权责明确、政企分开、管理科学”十六个字。1999年9月党的十五届四中全会再次强调要建立和完善现代企业制度，并进一步重申对现代企业制度基本特征“十六字”的总体要求。

1. 产权清晰

“产权清晰”指具体部门和机构代表国家对国有资产行使占有、使用、处置和收益等权利，要搞清国有资产的价值和权利边界，包括实物资产和金融资产的价值量，国有资产的权利形态（股权或债权，占有、使用、处置和收益权的分布等）。现代企业制度从产权制度用法律界定出资者和企业之间产权关系，明确各自的权利、义务和责任。

2. 权责明确

“权责明确”是指合理区分和确定企业所有者、经营者和劳动者各自的权利和责任。所有者、经营者、劳动者在企业中的地位和作用是不同的，因此他们的权利和责任也是不同的。权利指所有者按其出资额，享有资产受益、重大决策和选择管理者的权利。权责明确除明确界定所有者、经营者、劳动者及其他企业利益相关者各自的权利和责任外，还必须使权利和责任相对应或相平衡。产权关系明晰之后，企业即获得法人财产权，依法独立享有民事权利，承担民事责任，依法自主经营、自负盈亏，并以经济效益最大化为主要目标，按照市场需求组织生产和从事经营。

3. 政企分开

“政企分开”是指政府行政管理职能、宏观和行业管理职能与企业经营职能分开。政企分开要求政府将原来与政府职能合一的企业经营职能分开后还给企业，放权让利，扩大企业自主权。政企分开还要求企业将原来承担的社会职能分离后交还给政府和社会，如住房、医疗、养老、社区服务等。政企职责分开是指将国家各级政权机构对经济进行行政管理的职能同企业对生产经营进行直接经营管理的职能分开。是经济体制改革的一项重要内容。过去由于长期政企职责不分，企业成为行政机构的附属物，极大地限制了企业独立自主地从事经济活动的能力。1984 年 10 月 20 日通过的《中共中央关于经济体制改革的决定》中指出：“今后各级政府部门原则上不再直接经营管理企业”。

4. 管理科学

“管理科学”要求企业管理各个方面如质量管理、生产管理、供应管理、销售管理、研究开发管理、人事管理等方面的科学化。要使管理科学就要学习、创造，引入先进的管理方式，包括国际上先进的管理方式。对于管理是否科学，虽然可以从企业所采取的具体管理方式的“先进性”上来判断，但最终还要从管理的经济效率上，即管理成本和管理收益的比较上做出评判。

1.3.2　现代企业制度的功能

现代企业制度作为企业产权制度、企业组织制度和经营管理制度的总和，其核心是产权制度，企业组织形式和经营管理制度是以产权制度为基础的。现代企业制度随着市场经济的发展而不断创新和演进，但要保证企业决策的独立性、连续性和完整性，要求企业的所有权与经营权相分离。现代企业制度的功能主要如下。

1. 保障产权主体的合法权益

产权具有排他性，排他性产权的排他性是指产权主体在行使对某一特定资源的一组权利时，排斥了任何其他产权主体对同一资源行使相同的权利。私有产权或个人产权的明显具有排他性，法人产权和国有产权也具有排他性。产权的某一主体对特定财产的特定权利是明晰的，该主体对该特定财产权利享有垄断性和对其他主体的排斥性，并且这种产权受法律和契约保护，不可侵犯。一旦确立了某种排他性产权，产权主体就可以在规则允许的范围内和不损害他人权益的条件下自由行使权利，并独立承担产权行使的后果，包括收益与成本。

2. 有利于资源的优化配置

产权的资源配置功能是指产权安排或产权结构对资源配置状态的形成和变化所发挥

的重要影响，它产生于各种产权主体的利益最大化动机。在这种动机的作用下，通过产权的分解和交易，使得各种资源不断进入对其所有者更加有利的领域，并退出对其不利或利益较少的领域，从而实现资源配置效率的最大化。

3. 为规范市场交易行为提供制度基础

产权强调的是规则或行为规范，它规定了财产的存在及其使用过程中不同权利主体的行为权利界限和约束关系。产权关系的复杂化和明晰化乃是市场经济的重要特征，也是其顺利运行的法权基础。

4. 有助于解决外部性问题

外部性是指经济当事人之间一方对另一方或其他诸方利益造成的损失或提供的便利不能用价格来准确衡量，也难以通过市场价格进行补偿或支付。对一些外部性问题，通过明晰产权，并在此基础上进行谈判，当事人有可能找到各自利益损失最小化的合约安排。

1.4 现代企业制度建立及加强党的领导

1.4.1 国有企业改革的方向是建立现代企业制度

1. 建设现代企业制度的意义

国有企业建立现代企业制度，实行公司制，对于解放和发展生产力，搞好搞活大中型企业具有重大意义：第一，有利于实现政企职责分开；第二，有利于规范企业经营者的行为；第三，有利于国有资产的保值增值；第四，有利于发挥国有经济的主导作用；第五，有利于同国际惯例接轨。

2. 国有企业建立现代企业制度遵循的原则

建立适应于社会主义市场经济体制要求的现代企业制度，在实践上和理论上都必然是一个探索的过程。建立我国的现代企业制度必须遵循以下原则：一要有利于巩固社会主义公有制的物质基础，维护国有资产不受任何形式的非法侵犯；二要有利于改善公有产权经营：提高产权使用效率，使国有资产不断增值，增强经济发展的后劲；三要使企业拥有产权主体资格，使企业成为真正自主经营、自负盈亏、自我发展、自我约束的商品生产者和经营者，成为市场竞争的主体。根据这些原则，建立现代企业制度必须从理顺产权关系着手，积极推行公司制，完善企业内部管理制度，最终实现企业经营机制的全面转换。

3. 国有企业建立现代企业制度的措施

国有企业建立现代企业制度就是要完善公司法人治理结构，建立经营者激励机制和约束机制。建立科学的法人治理结构，一要推进国有资产管理体制的改革；二要根据我国国情，正确处理好“新三会”与“老三会”的关系；三要建立竞争性的经营代理人选拔机制，使显性激励和隐性激励功能互补；四要建立约束机制。

1.4.2 加强党对现代企业制度的坚强领导

习近平总书记在全国国有企业党的建设工作会议上指出，坚持党对国有企业的领导是重大政治原则问题。建立现代企业制度必须坚持党的领导，将党组织嵌入企业的治理机构中，实现党组织与“新三会”的深度融合。

1. 坚持党的领导

党的十八大以来，以习近平同志为核心的党中央高度重视加强党对国有企业的领导，高度重视加强国有企业党的建设，先后做出一系列重大部署，出台《关于在深化国有企业改革中坚持党的领导加强党的建设的若干意见》，坚持党对国有企业的领导不动摇，保证党和国家方针政策、重大部署在国有企业贯彻执行；坚持服务生产经营不偏离，把提高企业效益、增强企业竞争实力、实现国有资产保值增值作为国有企业党组织工作的出发点和落脚点。

2. 探索企业党建与现代企业制度的有机融合

把企业党建有机融合于公司治理之中，把管党治党的责任体系和现代企业制度的市场化运作机制有机结合起来，是建设党领导下的中国特色现代国有企业制度的时代要求。要坚持做到三个“落实”：一是在组织方面进行落实，二是在制度方面进行落实，三是在人员方面落实。国有企业改革中坚持党的领导加强党的建设的若干意见提出，符合条件的党组织领导班子成员可以通过法定程序进入董事会、监事会、经理层，董事会、经理层成员中符合条件的党员可以依照有关规定和程序进入党组织领导班子；经理层成员和党组织领导成员适度交叉任职，党委书记原则上兼任董事长，董事长、总经理原则上分设。

这一制度设计符合公司制决策层和执行层分开的惯例，而董事长与党委书记“一肩挑”又便于对原则性、方向性重大决策的把握和统筹。某种程度上，我们可以理解企业党委与董事会是高度重合的，承担着国有企业政治建设的第一责任人，又是国有资产“守夜人”、国有企业的“当家人”。而经理层和企业各层次的重要骨干，则是企业市场化运作的执行者。

3. 加强国有企业党的建设

加强党对国有企业的领导是搞好国有企业的重要保证，加强党对国有企业的领导就要在党的领导下充分发挥股东会、董事会、职工代表大会和经管班子的积极性和创造性。全面加强国有企业党的建设是重大政治任务和政治责任，必须严抓严管。在深化国有企业改革中，无论企业领导体制如何调整、治理机制如何变化、监管模式如何创新，党对国有企业的领导都绝不能动摇，必须坚持党的建设同步谋划、党的组织及工作机构同步设置、党组织负责人及党务工作人员同步配备、党的工作同步开展，实现体制对接、机制对接、制度对接、工作对接，确保党的领导、党建工作得到充分体现和切实加强。需要看到，坚持党对国有企业的领导是重大政治原则，必须一以贯之；建立现代企业制度是国有企业改革的方向，也必须一以贯之。二者要统一起来，通过体制机制创新，着力使党组织的政治核心作用融入中国特色现代国有企业制度，把党的政治优势、组织优势和群众工作优势，转化为企业的竞争优势、创新优势和科学发展优势。

1.5 案例分析

混改提升中国联通公司的公司治理水平

中国联合网络通信集团有限公司是一家电讯运营企业，于 2009 年 1 月 6 日在原中国网通和原中国联通的基础上合并组建而成，在国内 31 个省（自治区、直辖市）和境外多个国家和地区设有分支机构，主要经营固定通信业务，移动通信业务，国内、国际通信设施服务业务，卫星国际专线业务、数据通信业务、网络接入业务和各类电信增值业务，与通信信息业务相关的系统集成业务等。截至 2016 年，联通作为中国三大电信运营商之一，由于在 4G 业务的失利使其在经营业绩上远差于另外两家公司，2016 年联通年报显示，该年联通净利润仅为 4.8 亿元，而同期中国电信净利润为 181.09 亿元，中国移动净利润为 1088.39 亿元。

2017 年联通公司在国资委的部署下引入了混合所有制改革，以定向增发的方式引入来自互联网企业，包括：腾讯公司、百度公司、阿里巴巴公司和京东公司，同时引入金融公司，包括中国人寿、中国中车；还有垂直行业企业，包括苏宁云商、滴滴出行、网宿科技、光启集团、用友软件、宜通世纪等领域的战略投资者。建立有效的公司治理机制、股权激励机制、薪酬分配机制等市场化管理制度。同时利用战略投资者在互联网、大数据、移动支付、物联网、零售、垂直行业等领域的优质外部资源，展开合作，实现优势互补，形成协同效应。

经过混合所有制改革，截至 2018 年，中国联通年报显示联通实现净利润 93.01 亿元，同比增长 452.31%，归属母公司净利润 40.81 亿元，同比涨幅达 858.28%。4G 用户全年净增 4505 万户。同时，产业互联网收入同比增长 45%。

可见，通过与战略投资者的深化合作，联通用户数量快速增长，各类创新业务全面布局，混合所有制成效显著。

启示：国企通过混合所有制改革，引入非国有资本，完善多元化股权结构，与战略投资者实现资源优势互补、战略业务协同；建立高效的企业市场化管理机制，以业绩为导向，优化风险管理和成本管控，改善盈利能力；建立员工持股计划和管理层股权激励机制，使员工与企业共享效益，激发企业活力，增强企业竞争力。

第2章

企业战略管理

本章导读

随着当前全球化，互联网、物联网及数字经济的快速发展，企业面临的内外部环境比过去更加复杂，动态性和不稳定性都大大提高。为此，企业要想在当前环境下谋求生存，则需要管理人员立足全局、对企业内部环境和外部环境做出合理的分析，并做出总体化的规划，提升企业长期生存发展的能力。本章从企业战略管理的内涵出发，首先探讨了如何综合考虑企业愿景、使命与战略目标、企业的内、外部环境以进行企业战略分析。其次介绍了公司层、经营层战略和业务层等三层战略的制定、选择问题。然后分别从资源配置、组织结构和多元化战略制定等方面详细地讨论了有关战略实施的重要问题。最后以平衡积分卡方法为例介绍了企业战略控制和评价的关键步骤。通过本章内容的学习，可为不同层级管理人员树立全局观念，培养战略思维与分析能力，帮助管理人员及时发现和解决那些有关企业、部门发展前途的重大战略问题，以使企业获得更大、更快、更好的发展。

本章思维导图如图2-1所示。

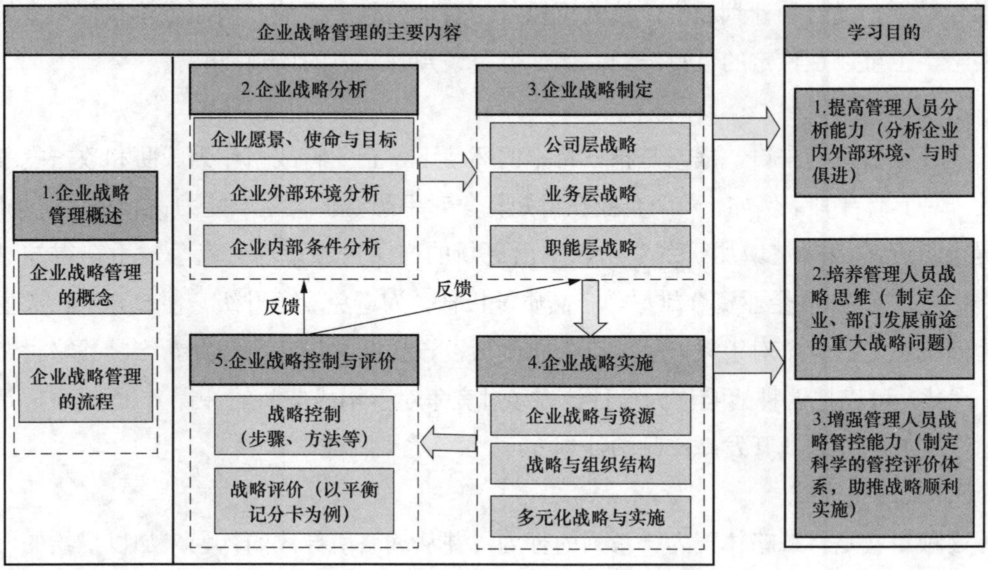

图2-1 企业战略管理思维导图

2.1 企业战略管理概述

战略无时不在，无处不在。战略大可用于国家，小可用于企业乃至个人。现在的企业战略管理思想起源于20世纪60年代的美国。如今，战略管理无论在理论界还是企业界都得到了普通的重视和广泛的应用。

2.1.1 企业战略的概念

“战略”（strategy）一词原为军事用语，其含义是“将军指挥军队的艺术”。美国陆军军事学院于1983年编著出版的《军事战略》提出：战略=目的（追求的目标）＋途径（行动方案）＋手段（实现目标的方法和工具）。随着人类社会的发展，“战略”一词被广泛应用于军事之外的领域。20世纪60年代初期，美国著名管理学家钱德勒（Chandler）首次在企业管理中提到战略的概念，他认为战略是决定企业的基本长期目标，以及为实现这些目标采取的行动和分配资源。加拿大麦吉尔大学的著名管理学家明茨伯格（Mintzberg）提出了战略的“5P”概念，这对我们全面认识“战略”提供了新的视角。他将战略归纳为五个定义，从五个不同角度进行了阐述。明茨伯格认为，人们在不同的场合可以用不同的方式赋予战略不同的内涵。具体而言，战略可分别从计划（plan）、计谋（ploy）、模式（pattern）、定位（position）和观念（perspective）五个角度下定义。

1. 战略是计划

从计划的角度来讲，战略是一种有意识、有预计的行动程序，是一种处理某种状况的指导纲领。就一种计划而言，战略可以是一般性的且广泛的，例如企业整体未来的发展战略，也可以是特定的且狭窄的，例如劳资谈判时双方的谈判战略。

2. 战略是计谋

从计谋的角度来讲，战略是指在特定的环境下，企业将战略作为威胁和攻击竞争对手的一种具体手段。例如，一个企业在得知竞争对手想要扩大生产能力占领更大市场时，便提出自己的战略是增加研发费用以推出更新的产品占领市场。竞争对手在得知这种“信号”后，深知该企业资金雄厚、产品质量极佳，为避免竞争升级，便放弃了扩大生产能力的设想。而竞争对手采取了放弃的态度后，该企业并没有将开发新产品战略付诸实施。因此，可以把这种战略称为一种计谋（对竞争对手构成威胁的计谋），而不一定是一种付诸实施的计划（开发新产品的计划）。

3. 战略是模式

这种定义是将战略体现为一系列的行为，并从战略所导致的行为来加以描绘的。正如钱德勒在其《战略与结构：美国工商企业成长的若干篇章》一书中认为，战略是企业为了实现战略目标进行竞争而实行的重要决策、采取的途径和行动以及为实现目标对企业资源进行分配的一种模式。战略是一种模式的概念，将战略视为行动的结果，这种行动也许事先并未特别设计，但最后却形成了，因此成了已实现的战略。

4. 战略是定位

从战略的内容来看，战略是帮助企业在环境中或市场中找到一处合适的位置。从经济学的角度来看，战略是替组织在环境中承租（rent）了一个位置；从管理学的视角看，战略主要是为组织找到了一个业务领域（domain）。战略作为一种定位的概念包含有“多方竞争”的内涵。也就是说，企业在活动中可以考虑在若干个竞争对手面前确立自己在市场中所处的地位，也可以考虑在市场中确定一个特殊的地位，使得对手们无法与之竞争。

5. 战略是观念

这种定义强调所有的战略都是一种抽象的概念，它普遍存在于企业全体成员的头脑之中，体现了企业所共有的世界观和市场观，反映了企业对外界环境的一种独特看法。例如，IBM 强调营销，惠普强调技术，3M 强调创新，麦当劳则强调生产效率。战略是一种观念的实质，它同价值观、文化、理想等精神内容一样为企业成员所共享。

上述关于战略 5P 的主张，即五种观察战略的角度，有助于人们对战略及其制定、实施过程的深刻理解：不同的定义只说明对战略特性的不同认识，并不说明哪种战略定义更为重要。需要强调的是，尽管战略的定义有多个，但对于具体企业而言，战略仍只有一个，五个定义只不过是从不同的角度对战略进行的不同阐述。

2.1.2 企业战略管理的流程

战略管理一般包括以下四个基本环节，如图 2-2 所示。第一步是建立和发现战略行动的约束条件，这是战略制定与决策的依据，因为在特定的约束条件下就会有特定的战略与之对应。如果不能准确、完整地把握关键的约束条件，战略决策就是盲目的。所谓科学决策，主要就体现在这方面。这一步的战略管理活动用战略分析来概括。第二步是根据特定的约束条件，评价有关战略及战略组合，这一步的战略管理活动用战略选择来概括。第三步是对已确定的战略付诸行动，这一步的战略管理活动用战略实施来概括。第四步是战略管理过程的最后一个阶段，主要以企业高层管理者为主体，对战略实施的各种状况、因素和绩效进行控制。本章后续小节中将对战略分析、战略选择、战略实施及战略控制给予专门介绍。

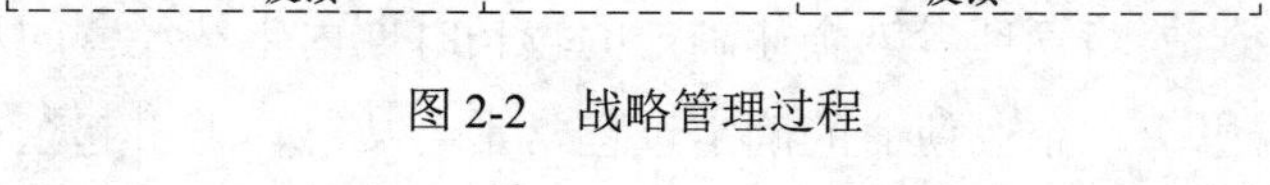

图 2-2 战略管理过程

2.2 企业战略分析

企业战略分析即通过资料的收集和整理分析组织的内外环境，包括企业自我定位和环境分析两个部分，后面会展开阐述。通过战略分析，可以使企业认清自己的优势与弱势，明确企业的核心能力，并以企业核心能力为主题，明确企业发展的领域，保证企业的专业性。此外，通过战略分析，可以使企业依据自身内外部发展情况对企业战略进行适度的调整。

2.2.1 企业愿景、使命与战略目标

企业愿景、使命和目标为战略分析、战略选择和战略控制提供了依据，它们是制定企业战略方案的前提，也是企业战略管理实践的指南。因此，使命、企业愿景和目标的确定在战略管理中具有十分重要的地位。

1. 企业愿景的概念及特点

（1）企业愿景的概念。愿景通常是企业发展的阶段性目标，是企业在实践核心目的和核心价值观过程中的一种体现，是企业期望实现的发展蓝图。不过，随着时间的推移、市场的变化和企业的发展，可对愿景做相应的调整或改变，即当企业进入新的发展阶段时，就需要设计新的愿景。例如：蒙牛公司提出要成为“百年老店”和先做“中国牛”、再做“世界牛”的愿景，前者是长期性愿景，百年不变，后两者是阶段性愿景，要进行阶段性的调整或升级。

（2）企业愿景的特点。约翰·科特（John P.Kotter）认为，有效的愿景都至少具备以下特点（见表 2-1）。

表 2-1　有效愿景的特点

可想象性	有效的愿景传达了关于未来景象的图画
鼓舞人心	以客户、股东、员工等企业利益相关者的长期利益为诉求
可行性	现实可达到的目标
聚集性	中心突出，对决策制定过程起指导作用
灵活性	具备足够的概括性，允许在条件变化的情况下推行个性化的计划及替代性的反应
可沟通性	易于沟通，可在几分钟之内得到很好的解释

2. 企业使命的概念与陈述

（1）企业使命的概念。企业使命是指企业在社会进步和社会经济发展中所应担当的角色和责任，是企业战略管理者为企业确定的较长时期内生产经营的总方向、总目的、总特征和总的指导思想。企业使命的确定过程常常会从总体上引起企业方向、发展道路

的改变，使企业发生战略性的变化；确定企业使命也是制定企业战略目标的前提，是战略方案制订和选择的依据，是企业分配企业资源的基础。

（2）企业使命的陈述。企业使命的陈述，就是用恰当的语言将企业使命表述出来。使命陈述要突出公司当前的战略目标，并提出实现这一目标的独到方法。制定公司的使命陈述需要公司的高层管理者将以下四条原则融会贯通。

A．简单。适合公司的所有员工学习并理解。

B．公司特性。使命陈述需要确切地告诉员工公司做什么以及不做什么。

C．可执行性。可以指导所有员工的日常工作。

D．可度量性。公司可以根据使命陈述制定其度量标准。

企业使命陈述应突出“需求导向”而不是“产品导向”。立足于需求特别是创造需求来概括企业的存在目的，可以使企业围绕满足不断发展的需求开发出众多的产品和服务，获得新的发展机会。如表 2-2 所示，反映了以“产品导向”与“需求导向”两种不同的思路陈述使命的差异所在。

表 2-2　　“产品导向”与“需求导向”使命陈述比较

公　　司	“产品导向”表述	“需求导向”表述
玛丽化妆品公司	生产化妆品	创造希望和美丽
美国电话电报公司	生产电话设备	提供信息沟通工具
埃克森公司	出售石油和天然气	提供能源

表 2-3 列举了一些典型公司的使命陈述。

表 2-3　　典型公司使命陈述

公　　司	使　　命
麦肯锡公司	帮助杰出的公司和政府更为成功
宝洁公司	提供名优产品，真正改变客户的日常生活
中国南方电网责任有限公司	主动承担社会责任，全力做好电力供应

3. 企业战略目标的内容及制定

（1）企业战略目标的内涵。企业战略目标，是指企业根据内外部条件、使命和愿景，设定的在一定时期内预期要达到的成果。它是使命和愿景的具体化和明确化，通过将愿景转化为可以计量的具体明确的成果或绩效指标，可以引导、跟踪和衡量企业具体的经营管理活动，最终使战略愿景得以实现。

（2）企业战略目标制定。企业战略目标实际上是一个目标体系，由众多的子目标组成。目标体系的建立是将公司的使命和愿景转化成具体的业绩目标。目标体系是公司的管理者对实现具体的经营结果所做的承诺。无数公司及其管理者的经历都表明：如果一家公司的管理者能为每一个关键的成果领域都建立目标体系，直接以实现这些既定的业绩为目标采取适当的行动，带领公司奋发有为。那么，这样的公司就会比仅有良好愿望而没有实际行动的公司更快取得更好的业绩。正如德鲁克指出，每个企业都需要制定目标，并形成一定的目标体系。企业战略目标制定的内容包括以下八个方面。

1）市场地位方面的目标。应表明本公司希望达到的市场占有率或在竞争中达到的地位。

2）技术改进和发展方面的目标。对改进和发展新产品，提供新型服务内容的认识和措施。

3）生产力方面的目标。有效地衡量原材料的利用，最大限度地提高产品的数量和质量。

4）物资和财力资源方面的目标。获得物资和财力资源的渠道并有效利用。

5）利润方面的目标。用一个或几个经济目标表明希望达到的利润率。

6）人力资源方面的目标。人力资源的获得、培训和发展，管理人员的培养及其个人才能的发挥。

7）职工积极性发挥方面的目标。对职工激励、报酬等方面采取的措施。

8）社会责任方面的目标。注意公司对社会产生的影响。

2.2.2 企业外部环境分析

企业作为社会的经济细胞，它的生存与发展有赖于社会的各个方面。外部环境是企业生存发展的土壤，它既为企业的生产经营活动提供必要的条件，同时也对其生产经营活动起着制约的作用。外部环境的种种变化，可能会给企业带来两种性质不同的影响：一是为企业的生存和发展提供新的机会，二是可能会对企业生存造成威胁。从战略分析的角度讲，一般把企业的外部环境分为宏观环境和产业环境。

1. 企业宏观环境分析

宏观环境对处在该环境的所有相关组织都会产生影响，而且这种影响通常间接地、潜在地影响企业的生产经营活动。分析企业外部宏观环境，一般采用 PEST 模型，如图 2-3 所示。

（1）政治法律环境分析（P）。政治法律环境泛指一个国家的社会制度、执政党的性质、政府的方针和政策，以及国家制定的有关法律、法规等。企业必须通过对政治法律环境研究，明确其所在的国家和政府目前禁止企业做什么，允许企业干什么以及鼓励企业做什么，以便使企业活动符合社会利益并受到有关方面的保护和支持。

（2）经济环境分析（E）。经济环境主要是指构成企业生存和发展的社会经济状况及国家的经济政策，包括社会经济结构、经济体制、宏观经济发展水平、宏观经济政策等要素。而其中影响最大的是宏观经济的发展状况和政府所采取的宏观经济政策。衡量宏观经济发展的指标有国民收入和国内生产总值等。宏观经济的发展和繁荣显然会为企业的生存和发展提供有利机会，而萧条、衰退的形势则可能给所有企业带来生存的困难。

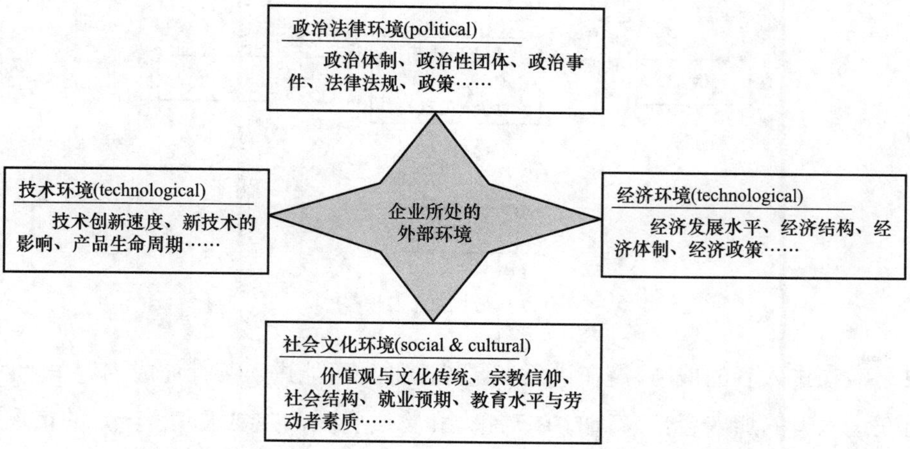

图 2-3　外部宏观环境 PEST 分析模型

（3）社会文化环境分析（S）。社会环境包含的内容十分广泛，如人口数量、结构及地理分布、教育文化水平、信仰和价值观念、行为规范、生活方式、文化传统、风俗习惯等。其中，人口因素是一个极为重要的因素。人口数量制约着个人或家庭消费品的市场规模，如我国的移动电话起步较晚，但现在移动电话的用户为世界第一位。社会环境中还包括的一个重要因素是企业所处地理位置的自然资源与生态环境，包括土地、森林、能源等自然资源以及环境保护、生态平衡等方面的发展变化。

（4）技术环境分析（T）。技术环境是指与企业生产经营活动相关的科学技术要素的总和，它既包括导致社会巨大发展的革命性的产业技术进步，也包括与企业生产直接相关的新技术、新工艺、新材料的发明情况、应用程度和发展趋势，还包括国家和社会的科技体制、科技政策和科技水平。科学技术是第一生产力，它可以创造新的产品、新的市场，降低成本、缩短生产周期，改变企业的竞争地位和盈利能力。世界上成功的企业无一不对新技术的采用予以极大的重视。

2. 产业环境分析

产业环境是指对处于同一产业内的组织都会发生影响的环境因素。与宏观环境不同的是，产业环境只对处于某一特定产业内的企业以及与该产业存在业务关系的企业发生影响。产业环境分析一般分为产业环境总体分析与产业环境中的竞争状况分析。

不同的产业之间在其特征和结构方面有着很大的差别，所以产业环境分析往往首先应从整体上把握产业中最主要的经济特性。各个产业之间在市场规模、市场增长率、竞争厂商的数量及相对规模等因素上往往存在很大的差异。产业环境的竞争状况分析一般采用波特五力模型，如图2-4所示。

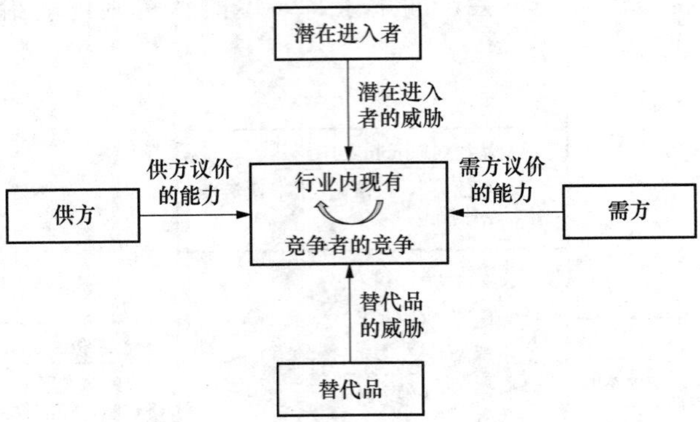

图2-4　波特五力模型

（1）潜在进入者的威胁。潜在进入者是指产业外可能进入某行业成为竞争者的企业。由于潜在进入者的加入会带来新的生产能力和物质资源，并要求取得一定的市场份额，因此对本产业的现有企业构成威胁，这种威胁称为进入威胁。

（2）行业内现有竞争者的竞争。是指产业内各个企业之间的竞争关系和程度。不同产业竞争的激烈程度是不同的。如果一个产业内主要竞争对手基本上势均力敌，无论产业内企业数目有多少，产业内部的竞争必然激烈，在这种情况下，某个企业要想成为产业的领先企业或保持原有的高收益水平，就要付出较高的代价；反之，如果产业只有少数几个大的竞争者，形成半垄断状态，企业间的竞争便趋于缓和，企业的获利能力就会增大。

（3）替代品的威胁。替代品是指那些与本企业产品具有相同功能或类似功能的产品。决定替代品威胁大小的因素主要有：替代品的盈利能力，替代品生产企业的经营策略，购买者的转换成本。

（4）供方议价的能力。供方是指企业从事生产经营活动所需要的各种资源、配件等的供应单位。它们往往通过提高价格或降低质量及服务的手段，向产业的下游企业施加压力，以此来榨取尽可能多的产业利润。决定供方议价能力的因素主要有：供方产业的集中度，交易量的大小，产品差异化程度等。

2.2.3　企业内部条件分析

1. 企业资源分析

（1）企业资源分类。一般来说，企业资源可以分为有形资源和无形资源（见表2-4）。有形资源是指能够看得见的并且可以量化的资产，如机器、设备、房屋、资产等。有形资源又可进一步细分为财务资源、实物资源、人力资源和组织资源；无形资源是指植根于组织历史，伴随着组织的成长而积累，以独特方式存在，并且不能被竞争对手了解和模仿的资产，主要包括技术资源、商誉等。与有形资源相比，无形资源更具潜力。目前，在全球经济中，相对于有形资源，企业的成功更多地取决于知识产权、商誉、创新能力等无形资源。

表 2-4　　企业资源的分类、特征及评估内容

资源		主要特征	主要的评估内容
有形资源	财务资源	企业的融资能力和内部资金的再生能力决定了企业的投资能力和资金使用的弹性	资产负债率、资金周转率、可支配现金总量、信用等级
	实体资源	企业装置和设备的规模、技术及灵活性；企业土地和建筑的地理位置和用途；获得原材料的能力等决定企业成本、质量、生产能力和水准	固定资产现值、设备寿命、先进程度、企业规模
	人力资源	员工的专业知识、接受培训程度决定其基本能力。员工的适应能力影响企业本身的灵活性。员工的忠诚度和奉献精神以及学习能力决定企业维持竞争优势的能力	员工知识结构、受教育水平、平均技术等级、专业资格、培训情况、工资水平与产业平均水平比较
	组织资源	企业的组织结构类型与各种规章制度决定企业的运作方式	企业的组织结构以及正式的计划、控制、协调机制
无形资源	技术资源	企业专利、经营诀窍、专有技术、专有知识和技术储备、创新开发能力、科技人员等技术资源的充足程度决定企业工艺水平、产品品质，决定企业竞争优势的强弱	专利数量和重要性、从独占性知识产权所得收益，全体员工中研究开发人才的比重、创新能力
	商誉	企业商誉的高低反映了企业内部、外部对企业的整体评价水平，决定着企业的生存环境	品牌知名度、品牌重购率、企业形象；对产品质量、耐久性、可靠性的认同度；供应商、分销商认同的有效率、支持性双赢关系、交货方式

（2）企业资源分析重点。进行企业资源分析，关键是要确定企业的资源强势和弱势。资源强势指的是企业所特有的能提高企业竞争力的资源，往往表现为：重要的专门技能（低成本制造诀窍、独特的广告和促销诀窍）、宝贵的有形资产（现代化生产的工厂和设备、遍布全球的分销网络）、宝贵的人力资源（经验丰富、能力强大的劳动力；积极上进、学习能力强的员工队伍；关键领域的特殊人才）、宝贵的组织资源（高质量的计划体系和控制体系）、宝贵的无形资源（品牌形象、企业声誉、员工忠诚度、积极的工作环境和强大的企业文化）、宝贵的技术资源（短周期的新产品开发和上市、大量的专利和专有技术）。资源强势是形成企业核心能力的重要基础。

2. 企业核心能力分析

企业能力是指企业在生产、技术、销售、管理和资金等方面力量的总和。企业能力分析就是对企业关键性的能力进行分析评估，根据分析结果对企业战略做出调整，提升企业的核心能力。所谓的核心能力，指的是企业赖以生存的关键性能力。核心能力既可以是有形的（如可口可乐公司中可乐的配方），也可以是无形的（如企业的社会关系网络）。企业核心能力具有四项基本特征：

（1）增值性和效益性。核心能力要能够为企业创造价值，产生显著的经济效益。

（2）独特性和难以模仿性。核心能力要处于领先地位且难以被其他企业模仿。

（3）延展性和多样性。核心能力要能够应用于多个领域，衍生出新产品或新服务。

（4）协调性和整合性。核心能力必须能够与企业的其他能力相互协调整合，单个的能力不能被认为是企业的核心能力。

通过以上四个特征，我们就可以进行判断，凡是具备以上四项基本特征的能力就是企业的核心能力。在进行企业内部环境分析时，进行核心能力分析是一个重要的任务，企业需要辨识出什么才是核心能力，分析如何培育、应用核心能力。

3. 企业内部环境分析方法

关于企业内部环境分析的方法有很多种，此处主要介绍两种常用的方法：价值链分析法和 SWOT 分析法。

（1）价值链分析法。价值链（Value Chain）这一概念在 1985 年由迈克尔・波特提出。所谓价值链，是指企业设计、生产、销售等生产活动构成的创造价值的动态过程。图 2-5 是波特提出的企业价值链分析模型。同一产业中的企业价值链都是相似的，而价值链的差异就是企业优势的根源。通过价值链分析模型找出优势所在，再灵活运用其他企业难以模仿的差异化因素更好地改进企业的经营活动。

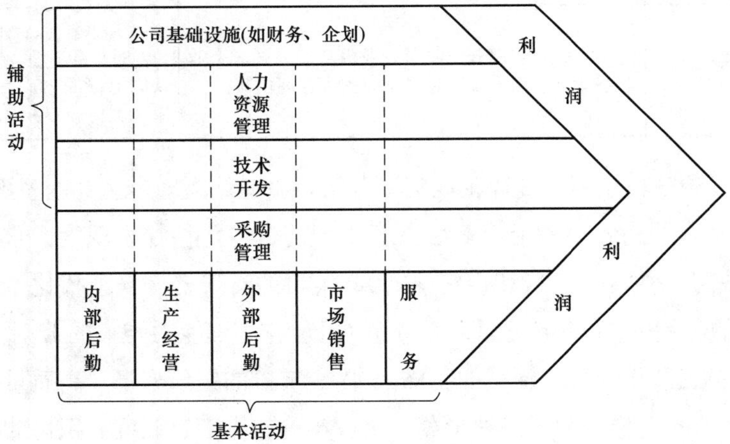

图 2-5　企业价值链分析模型

在进行企业的价值链分析时，我们首先要根据具体情况仿照图 2-5 建立企业价值链分析模型，把各个要素的情况填入模型中。然后站在用户的角度对价值链做出评估，观察价值链的各个环节，逐项比较本企业和其他企业的成本差异，了解本企业的优势所在。确定企业价值链的关键环节是什么尤为重要，要找出使价值增值量最大的关键性活动，并把资源集中运用在这些关键性活动上。

（2）SWOT 分析法。20 世纪 80 年代美国旧金山的维克里教授提出了著名的 SWOT

分析法，S 即优势（Strengths）、W 即劣势（Weaknesses）、O 即机会（Opportunities），而 T 就是威胁（Threats）。SWOT 分析法就是把外部环境的机会和威胁，与内部环境的优势与劣势放到同一个图表中加以对照分析。表 2-5 是 SWOT 矩阵表格形式，利用该矩阵，管理者可以分析企业资源和能力方面的优劣势，制定出更合理的战略，提升企业的竞争力。

表 2-5　　SWOT 矩 阵

优势与劣势 机会与威胁	内部优势（S） 1…，2…，3…，4…	内部劣势（W） 1…，2…，3…，4…
外部机会（O） 1…，2…，3…，4…	SO 战略 依靠内部优势 利用外部机会	WO 战略 利用外部机会 克服内部劣势
外部威胁（T） 1…，2…，3…，4…	ST 战略 利用内部优势 规避外部威胁	WT 战略 克服内部劣势 规避外部威胁

2.3 企业战略制定

经营管理决策牵涉公司总部的高级经理，业务单元及事业部门的经理，业务单元或事业部门主要职能领域如生产制造、市场营销、财务会计、人力资源等的经理，以及产品经理、区域性销售经理和工厂负责人员。在公司里，战略可分为公司层战略、业务层战略、职能层战略三种类型。

2.3.1 公司层战略

公司层战略管理主要关注两个问题：一是公司进入什么业务领域；二是如何管理多个业务单元来为公司创造价值。其具体包括以下四个方面的内容。

（1）解决应该进入什么样的业务领域，各个业务之间应该形成怎样的关系，采取怎样的方式进入新的业务领域，在进入的各个业务领域中分别应该建立怎样的市场地位等问题。

（2）确定要采取的合适的战略行动，以提高公司的长期竞争地位和各项业务的综合盈利能力。这些途径通常包括：提高业务单位的效能，进而提高其运营能力和效率等。

（3）解决跨业务的战略协同效应的问题，将协同效应转化成竞争优势：如果一家公司所涉足的多元化业务之间具有相关联的技术、经营特色及相同的分销渠道或客户等，那么，与不相关联的多元化经营公司相比，这家公司就应该拥有了某种竞争优势的来源。

（4）确定公司资源配置的优先序列，以便将公司的资源投向最有吸引力的业务单元。公司层战略通常表现为增长型战略（growth strategy）、稳定型战略（stability strategy）和收缩型战略（retrenchment strategy）三种类型。

1. 增长型战略

增长型战略是通过内部发展、并购、合资经营或战略联盟等方式扩大产销规模，提高市场地位的战略。该战略以发展为导向，引导企业不断地开发新产品、开拓新市场，采用新的生产方式和管理方式，以扩大企业的产销规模，提升企业竞争地位，增强企业竞争实力。

2. 稳定型战略

稳定型战略是指企业目前的经营方向、市场地位和战略目标都大致保持不变，且稳定增长的战略。公司采取稳定型战略的原因：行业结构和市场需求稳定；企业决策层不希望承担改变战略所带来的风险；战略改变需要改变资源配置格局，所花代价较大，比如大企业；发展太快可能导致资源和能力无法跟上，从而使企业陷入困境。

3. 收缩型战略

收缩型战略，是指企业从目前的战略经营领域收缩和撤退，且偏离战略起点较大的一种经营战略。采取紧缩型战略可能出于多种原因和目的，但基本的原因是企业现有的经营状况、资源条件等不能适应外部环境的变化，难以为企业带来满意的绩效，以致威胁企业的生存，阻碍企业的发，只有采取收缩和撤退的措施，才能抵御对手进攻，避开环境威胁，保存企业实力。

2.3.2 业务层战略

业务层战略所要解决的中心问题，是经营单位（或事业部）在已定的业务或行业内如何超越对手，获取竞争优势的问题。边克尔·波特提出了三种基本的竞争战略，即成本领先战略、差异化战略、集中化战略。任何企业可以从这三种战略中选择一种，作为其主导战略。

1. 成本领先战略

成本领先战略（cost leadership strategy）是指企业通过一系列内部和外部成本控制活动最大限度地降低成本，使得企业成本低于竞争对手，甚至在全行业中处于最低水平，从而获取竞争优势，成为行业成本领先者的战略，所以也称为低成本领先战略。实施成本领先战略成功的关键在于：在满足顾客最重要的产品特征和服务的前提下，实现相对于竞争对手的可持续性成本优势。

2. 差异化战略

差异化战略（differentiation strategy）是指企业向消费者提供与众不同的产品和服务来满足消费者的特殊要求，在行业范围内树立起别具一格的经营特色，以独特性来取得竞争优势。差异化战略要求企业通过差异化将自己与竞争对手区分开来。但差异化战略并不是简单地追求形式上的差异，关键是在消费者感兴趣的方面和环节上树立起自己的特色。例如，丰田提供的各种不同车、公司为政府和企业提供各种不同的咨询服务等都是实行差异化战略的典型。

3. 集中化战略

集中化战略（focus strategy）是指企业把经营的重点目标放在某一特定购买者群体、某种特殊用途的产品，或某一特定地区上，来建立企业的竞争优势及其市场地位的战略。集中化战略围绕一个特定的、相对狭小的目标市场，进行密集型的生产经营活动，提供比竞争对手更为有效的产品或服务，建立竞争优势。

2.3.3 职能层战略

职能层战略管理，是指对公司内特定的职能活动或业务领域所制定的有关生产运作战略、市场营销战略、人力资源战略、财务战略等的管理。职能战略的重点在于发挥各部门的优势，提高组织的工作效率和资源的利用效率、以支持公司层和业务层战略目标的实现。职能战略强调"把事情做好"。相比公司战略和业务战略，职能战略具有更详细、更具体、可量化和操作性强等特点，如确定生产规模和生产能力、设定财务目标和人力资源管理目标等可以量化的指标。

职能层战略在实施公司战略及经营单位战略的过程中起了重要的作用。公司战略确定了公司在宏观环境中的一般态势，而经营单位战略概述了该公司在本行业中的竞争态势。为了提高战略成功的可能性，要为公司的经营部门制定更具体的战略。这些职能层战略澄清了经营单位战略，为经营经理提供了更具体的短期指引。图 2-6 显示了各个职能部门可能采用的具体战略，包括生产、营销和财务等方面，如果有必要，还可以增补其他职能战略，如人力资源战略、研发战略等。

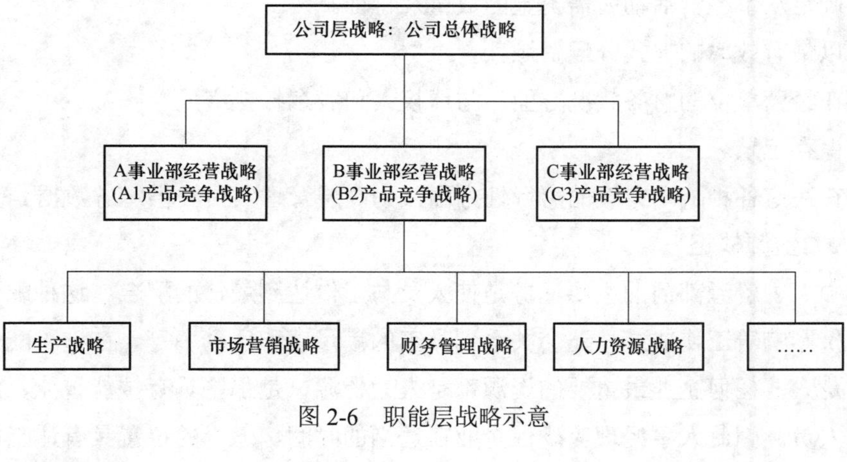

图 2-6　职能层战略示意

1. 生产战略

生产战略涉及对生产企业产品或服务的系统进行选择、设计和改造等问题，而这个作业系统包括将各类投入转化为产品或服务所需要的过程及活动。任何作业系统，无论是服务型的还是制造型的，都是由人员、原料、设施和信息所构成的。制造型作业系统将投入转换为有形产品，而服务型作业系统将知识或技能转化为无形产品。许多企业都拥有制造型和服务型相混合的作业系统。

生产管理的活动可以分为两大类：①系统设计；②作业计划与控制。系统设计从产品或服务的设计着手，这项设计在很大程度上决定着所需要的生产能力。除此之外，系统设计还包括生产过程设计、工作方法设计、能力计划、工作地布置、设备布置等。作业计划和控制的对象是日常作业活动，涉及根据需求预测来计划生产水平、作业系统中的工作安排、系统中的人员安排等。它具体包括生产控制、库存控制、质量控制、成本控制及改进、设备维修等。

2. 市场营销战略

市场营销是指那些将生产者的产品或服务送到顾客或市场中的活动。市场营销的基本任务是，在适当的时候将适当数量的适当产品或服务投放于适当的地点。当这个任务有效地完成之后，既能使企业获利又能高效率地服务于顾客，使其得到满足。市场营销战略的主要内容包括，使企业现有的或潜在的产品或服务与顾客的需求相适应和匹配；将产品或服务存在的信息传递给顾客；在适当的时间和地点具备产品和服务，以利交换；为产品或服务确定价格。

3. 财务管理战略

财务管理是组织企业财务活动，处理财务关系的一项经济管理工作。它要涉及两项职能：第一项职能是筹集资金，以满足经营单位现在和未来对资金的需要；第二项职能是对经营单位的经营成果进行记录、监督和控制。财务管理活动可归结为以下五个方面。

（1）确定从事经营活动所需资金的数量及特征。

（2）以最有效率的方式分配资源。

（3）在经营单位的财务状况方面，与债权人和股东打交道。

（4）保存记录。

（5）在决定各种战略方案的可行性方面，为高层管理人员提供财务数据。

4. 人力资源战略

企业中人力资源部门的主要任务是使人员与工作达到最佳的配合。这种配合的质量如何，不仅影响着工作成绩，还会关系到员工的满足感和出勤率等。在这种配合中起主动作用的是人，任何企业最重要的资源都是人力资源，是那些具有技能智能、创造性和主动性的人员。因此人事经理应确保企业在适当的时间、适当的位置具有适当的人员供应。要达到这个目标，一个完整的人力资源管理过程应该包括下列活动：人力资源规划、招聘、挑选、团体化、培训及发展、评价等。

2.4 企业战略实施

企业战略实施是将企业制定的战略方案付诸行动的过程。企业战略的实施是战略管理过程的行动阶段，直接关系战略的成败，好的战略需要强有力的执行才能达到预期效果，实现管理者的战略意图和战略目标。

2.4.1 企业战略与资源

1. 企业战略实施的任务

企业战略实施是一个自上而下的动态管理过程。自上而下主要是指在公司高层制定了战略目标后，将目标进行层层分解，在这个分解执行过程中，各部门、各单位乃至各个人分工和执行各自的工作任务。动态是指在战略实施中，通过外部环境的预测、内部数据分析，对经营战略、目标、手段进行适时调整、修改和补充的管理过程。

尽管每个企业情况不同，但一般而言，企业战略实施所涉及的各项基础性工作任务和步骤主要体现在以下八个方面（见图2-7）。

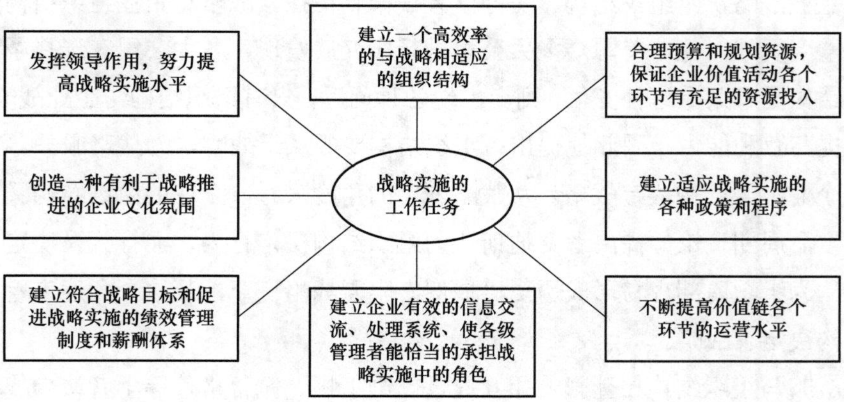

图2-7 企业战略实施涉及的任务及步骤

2. 企业战略与资源的关系

（1）资源对战略的保证作用。战略与资源相适应的最基本关系，是指企业在战略实施过程中，应当有必要的资源保证。而在现实中没有资源保证的战略，又没有充分意识到其危险性的企业不在少数。究其原因，大致可归纳为三点。

1）战略制定者在思考程序上存在缺陷，他们没有注意到确保资源的必要性，从而制定了“空洞”战略。

2）必要的资源难以预测而导致偏差，由于预测不准，结果造成缺乏资源保证的战略。

3）没有把握本企业资源，尤其是看不见的资源而出现错误，造成尚未预料的损失。

（2）战略促使资源的有效利用。即使企业具有充足的资源，也不是说企业就可以为所欲为。过度滥用企业资源，会使企业丧失既得利益，也会使企业丧失应得更多利益的机会。因此，企业采用正确的战略之后，就可以使资源得到有效的利用，发挥其最大效用。更有甚者，战略可促使企业充分挖掘并发挥各种资源，特别是人、财、物上体现出来的看不见的资源的潜力。

（3）战略促使资源的有效储备。由于资源是变化的，因此在企业实施战略过程中，通过现有资源的良好组合，可以在变化中创造出新资源，从而为企业储备了资源。所谓有效储备，是指必要的资源以低成本、快速度，在适宜时机来进行储备。

2.4.2　战略与组织结构

1. 战略与组织结构的关系

组织结构是组织内目标、人员、职责、信息等要素的有效组合方式，是企业的组织意识和组织机制所赖以存在的基础，因此研究战略与组织结构的关系十分必要。随着社会现实的发展，战略与组织结构关系的探索与观点有很多，此处摘选几个重要观点加以说明。

（1）企业战略决定组织结构。美国学者钱德勒在探索战略与企业组织结构的关系方面做出了重要贡献，他对美国众多大公司进行研究后发现，各大公司在选择了新的战略后若组织结构没有跟上这种变化，则会出现各种问题，只有组织结构与企业战略相适应，才能大幅提高获利能力。因此他提出：组织结构要服从于战略，为战略服务。

（2）企业组织结构决定战略。从战略制定的角度来看，企业的组织结构又决定着战略。企业生命周期理论的提出者艾迪斯认为组织结构决定行为，而行为又决定了战略。有的学者认为组织内部容易形成历史“惯例”阻碍战略变革，从这个角度来看，也证实了组织结构决定了战略。

（3）战略与组织结构相互影响相互促进。维丁顿、佩蒂格鲁等学者认为战略变革要成功，就必须使组织结构和战略变革相配合。当企业目标发生重大变化时，企业组织结构的变化发展也会促使企业的战略发生变化。而战略的改变也会促使企业组织结构配合着战略变化升级，如：企业实行跨国经营战略，则组织结构与之前相比也会扩大发展。

2. 组织结构设计的随机制宜理论

组织结构设计的随机制宜理论（也称作权变理论）认为，最适宜的组织结构取决于企业的战略目标和战略，但也受以下因素的影响：企业规模与所处发展阶段、企业环境状况和技术因素。

（1）企业规模与所处发展阶段对组织结构的影响。随着企业规模的扩大，组织结构需要有不同的变化。企业是由简单到复杂、连续地向前发展的。从创业阶段、职能发展阶段、分权阶段发展到参谋激增阶段、再集权阶段。并非所有的企业都按照四阶段依次向前发展，但可以肯定，企业的组织结构会随着规模的变化而变化。企业规模扩大时，需要更高的规范化程度、需要更多的分权减轻决策负担，也会需要更复杂的组织结构防止管理幅度过宽。

（2）企业环境状况对组织结构的影响。企业环境状况是影响组织结构的另一个重要因素，它决定着组织结构。环境与组织结构的对应关系见表2-6。

表2-6　　企业环境状况与组织结构的对应关系

系统 环境	组织结构系统	
	机械系统	有机系统
一般性质	平静的	动乱的
可观测性	肯定的	不确定的
界限关系	比较封闭、较少的限定的成员、固定的和明确划分的	较开放的、很多与外界有关系的成员、变化的和未经明确划分的

（3）技术因素对组织结构的影响。根据伍德沃德和他的助手得出的观点，随着技术复杂性的提高，管理层次的数目会增加，管理人员和监督人员占人员总数的比重会有相应的提高，但技术复杂性和企业的规模之间没有发现显著的关系。单从组织结构的形式来看，不同的技术特点适用不同的组织结构。大规模生产的技术特点，适合采用机械系统。而单件或连续性生产方法的技术特点，适合采用有机系统。

2.4.3　多元化战略实施

1. 多元化战略的概念及分类

（1）概念。多元化战略（diversification strategy）也称为多样化战略，是指企业同时经营两种以上基本经济用途不同的产品或服务的一种发展战略。多元化战略是相对企业专业化经营而言的，其内容包括：产品的多元化、市场的多元化、投资区域的多元化和资本的多元化。产品的多元化，是指企业新生产的产品跨越了并不一定相关的多种行业，且生产多为系列化的产品；市场的多元化，是指企业的产品在多个市场，包括国内市场和国际区域市场，甚至是全球市场；投资区域的多元化，是指企业的投资不仅在一个区域，而且分散在多个区域甚至世界各国；资本的多元化，是指企业资本来源及构成的多种形式，包括有形资本和无形资本诸如证券、股票、知识产权、商标等。

（2）分类。按照安索夫在其著作《企业战略论》中的论述，企业多元化战略可以分为以下四种类型。

1）横向多元化，也称水平多元化，即企业利用现有市场，向水平方向扩展生产经营领域，进行产品、市场的复合开发。

2）纵向多元化，即企业进入生产经营活动或产品的上游或下游产业。

3）同心多元化，也称同轴多元化，即企业利用现有技术、特长、经验及资源等，以同一圆心扩展业务。

4）混合多元化，又称非相关多元化，即企业进入与现有经营领域不相关的新领域，在与现有技术、市场、产品无关的领域中寻找成长机会。

2. 多元化战略的选择

如果企业决定实施多元化战略，那么，它首先面临的问题是多元化方向的决策问题。多元化方向的正确选择是企业多元化经营成功的关键，不同的多元化动机导致不同的选择。

（1）市场拓展型多元化的决策程序。当企业多元化经营的动机是因为原有业务不能满足企业战略发展的需要，则企业多元化方向选择时首先考虑的将是新业务的市场潜力，选择的范围是与企业的技术能力和生产特点相关的业务范围。市场拓展型企业多元化方向选择流程如图 2-8 所示。

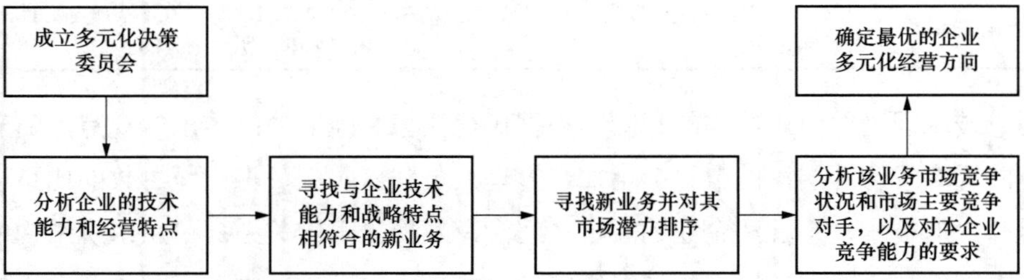

图 2-8　市场拓展型企业多元化方向选择流程

（2）风险规避型多元化的决策程序。不同的业务有着不同的影响因素，各影响因素变化的时间和变化的幅度不同，使得不同的业务有着不同的变化周期，因而也有着不同的风险水平。风险组合理论已经证明，不同变化周期的业务组合，能够降低总的风险水平。因此，对于因单一业务的专业化经营产生风险的企业而言，通过增加不同变化周期的业务，能够在一定程度上降低企业的经营风险。但是，与纯粹的投资组合不同的是，多元化经营是一种直接投资，不仅要考虑新业务与原有业务之间的市场相关性，而且要考虑两者在经营运作上的相似性，这种相似性越大，企业对新业务的经营困难也会越小，经营失败的可能性越小，风险也会越小。因此，企业在实施旨在降低经营风险的多元化进入时，应该既考虑新业务与原有业务的市场相关性，也要考虑两者在经营运作上的相关性。风险规避型企业多元化方向选择流程如图 2-9 所示。

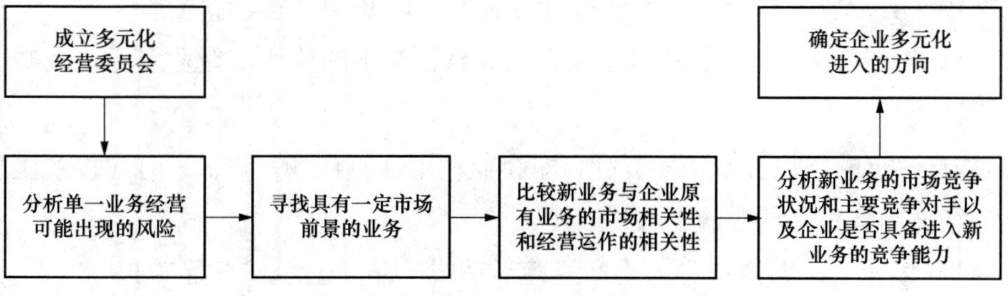

图 2-9　风险规避型企业多元化方向选择流程

（3）能力共享型多元化的决策程序。如果企业多元化经营的动力来自于企业存在过多的剩余能力，则企业应对其过剩的能力进行分析，对于企业可以通过市场转移且不会影响企业整体竞争力的一般剩余能力，可优先考虑将它们通过市场消化。对于难以通过市场转移的核心能力，企业则不得不通过新业务的发展来实现对这些能力的充分利用，这时候企业进入多元化首要考虑的因素是新业务与原有业务在运作上的相关性。

由于我国目前市场经济尚不健全，生产要素市场发育不甚完善，以及中国经济体制固有的导致企业退出机制失灵和重复建设等原因，使许多国有企业生产能力严重过剩，且许多过剩的生产能力难以通过市场消化。但是，企业仍不得不在这种基础上开展多元化，这样的多元化经营成功的效率很低，且难以形成稳定的多元化经营方向。也正因此，企业往往由单一业务经营向多元化经营转变。能力共享型企业多元化方向选择流程如图2-10所示。

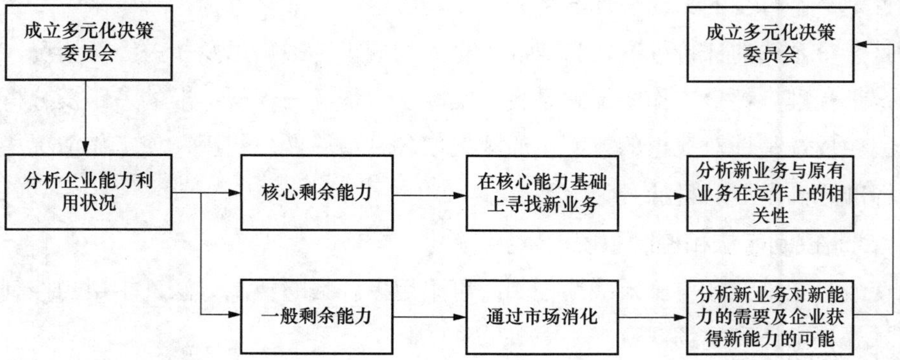

图 2-10 能力共享型企业多元化方向选择流程图

2.5 企业战略控制与评价

由于环境的变化和影响，可能导致企业的行为与企业发展期望不一致，出现偏差。为了保证组织工作能够按照既定的计划进行，管理者必须对组织绩效进行控制，控制是管理工作的第四大职能，也是每个管理人员都必须执行的一项职能。

2.5.1 战略控制

1. 战略控制的步骤

完整的战略过程必须有战略控制，按战略控制一般时间先后顺序分类、按战略控制主体分类、按战略控制的切入点分类。按战略控制时间先后顺序可分为事前控制、实时控制和事后控制，按战略控制主体分类可分为避免型控制和开关型控制，按战略控制的切入点分类可分为财务控制、生产控制、销售规模控制和比率控制等。战略控制过程一般分为五个步骤：

（1）确定战略控制的范围。明确战略控制的范围是在公司层、业务层和作业层的哪些层级。

（2）订立控制标准。控制标准来自战略目标，但不完全等同于战略目标。需要根据企业经营状况制定一些定性以及定量的标准。

（3）收集信息和数据。为了更好地收集信息和数据、减少信息失真状况，企业应该建立专门的部门来负责相关工作。

（4）衡量绩效。预测绩效与控制标准之间的偏差以便控制未来绩效。

（5）诊断与更正。分析偏差的类型，找出偏差的原因，采取实际行动更正这些差异。

2. 战略控制的要素

战略的控制过程三要素包括确定评价标准、评价工作成绩与反馈。这三要素对战略控制来说是必不可少的。评价标准用来检测是否达成了战略目标。一般来说，企业的战略目标是整个企业的评价标准，它取决于企业的规模、战略以及相关经营情况，一般有定性或定量标准。评价工作成绩就是找出实际工作情况与评价标准的差距及分析差距产生的原因。反馈是针对找出的差距与原因采取各种措施做出纠正，使工作情况尽量贴合于评价标准，满足战略目标。

3. 战略控制方法和控制系统

为使战略控制有效实施，战略控制时可采用多种战略控制方法，常用的控制方法主要有：预算、审计和现场观察。

（1）预算。使用最广泛的一种控制方法，以财务指标或数量来表示预期成果。

（2）审计。指客观评价经济活动或事项与标准之间的符合程度，并将结果报告给有关部门或人员的一种过程。

（3）现场观察。指的是管理人员到现场直接观察、发现问题并解决问题。

2.5.2 战略评价

在战略评价方面，近年来的一个创新是把控制工作的不同方面进行系统集成，将组织内部的财务考评和统计报表与对市场、顾客及员工的关注整合起来。以前，企业主要是关心财务绩效的考核和控制，然而，随着环境的变迁，人们越来越意识到，有必要评估组织的其他方面，以更准确地评价组织的价值创造活动。因而产生了有效的战略绩效评价工具，下面重点阐述其中一种常用的方法平衡计分卡法。

1. 平衡计分卡的构成

平衡计分卡（balanced scorecard，BSC）是 20 世纪 90 年代由美国哈佛商学院的罗伯特·卡普兰（Robert Kaplan）和诺朗诺顿研究所（Nolan Norton Institute）所长、美国复兴全球战略集团创始人兼总裁戴维·诺顿（David Norton）提出的一种新方法。平衡计分卡是一种综合性的管理控制系统，该系统把传统的财务指标与运营指标平衡起来，而这些运营指标是与公司成败的核心决定因素密切相关的。平衡计分卡从四个主要角度，即财务绩效、客户服务、内部业务流程、组织的学习与成长能力来分析，如图2-11所示。

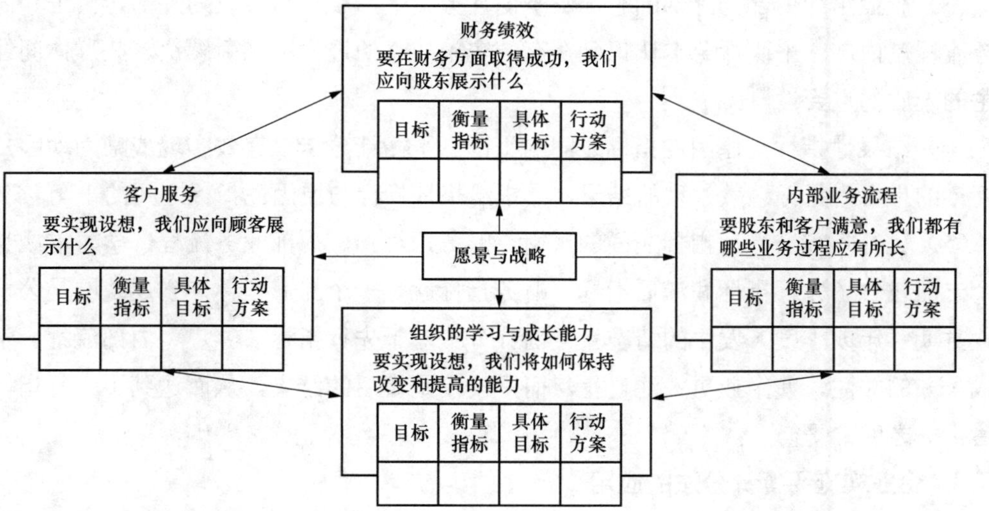

图2-11 平衡计分卡模型

在这四个方面中，管理者要确定核心的绩效指标，这些指标都是需要组织高度重视的绩效内容。

（1）财务绩效指标：反映组织活动对于改进组织的短期财务绩效和长期财务绩效的贡献，它包括销售额、利润额、投资回报率等。

（2）客户服务指标：体现了企业对外界变化的反应，包括顾客满意度、顾客留住率、产品退货率、送货准时率等。

（3）内部业务流程指标：反映企业内部效率，关注导致企业整体绩效更好的过程、决策和行动，如生产率、成本、合格品率、新产品开发周期、出勤率等。内部流程是企业改善其经营业绩的重点。

（4）组织的学习与成长能力指标：侧重于如何为企业的未来而管理好组织的资源与人力资本。有关指标涉及人员、信息系统和市场创新等。

2. 平衡计分卡的平衡思想

平衡计分卡包含了对各项活动的综合评价，其平衡的战略思想体现在以下几个方面。

（1）财务指标和非财务指标的平衡。以前企业考核的一般是财务指标，而对非财务指标（客户、内部流程、学习与成长）的考核很少，即使有对非财务指标的考核，也只是定性的说明，缺乏量化的考核，缺乏系统性和全面性，而平衡计分卡是从四个维度全面地考察企业。它体现了财务指标与非财务指标之间的平衡。

（2）企业的长期目标和短期目标的平衡。平衡计分卡主要是一种战略管理工具，如果以系统的观点来考虑平衡计分卡的实施过程，则战略是输入，财务是输出。也就是说，平衡计分卡是从企业的战略开始，也就是从企业的长期目标开始，逐步分解企业长期目标成短期目标。

（3）企业组织内部与外部的平衡。平衡计分卡中，股东与客户为外部，员工和内部业务流程是内部，平衡计分卡认识到在有效实施战略的过程中平衡解决这些群体间经常发生的矛盾的重要性。

（4）结果性指标与原因性指标之间的平衡。平衡计分卡以有效实现战略为动因，以可衡量的指标为目标绩效管理的结果，寻求结果性指标与原因性指标之间的平衡。

（5）先行指标与滞后指标之间的平衡。财务、客户、内部业务流程、学习与成长这四个方面包含了先行指标和滞后指标。财务指标就是一个滞后指标，它反映的是公司上一段时期（年或季度）发生的情况。平衡计分卡对于先行指标（客户、内部流程、学习与成长）的关注，使企业更关注过程，而不仅仅是事后的结果，从而达到了先行指标和滞后指标之间的平衡。

3. 企业实施平衡计分法的应用

（1）建立平衡积分卡。通过把组织的战略转化成可衡量的指标，组织可以设定目标值，规定完成的期限，指定责任人，并为完成目标设计相应的行动方案。平衡积分卡包含多种要素，如表 2-7 所示。

表 2-7　　　　平 衡 记 分 卡

战略角度 / 维度	战略目标	衡量指标	指标值	行动方案	日期	责任人
财务绩效						
客户服务						
内部业务流程						
组织的学习与成长能力						

1）维度：维度是观察组织和分析战略的视点，每个维度都应从战略目标、衡量指标、目标值和行动方案等方面加以考察。平衡计分卡具体包括财务绩效、客户服务、内部业务流程、组织的学习与成长能力四个维度。

2）战略目标：每个维度都包括一个或多个战略目标。

3）衡量指标：该指标是考量公司战略目标实现结果的定量或定性的尺度。

4）指标值：该值是对期望达到的衡量指标的具体定量要求。

5）行动方案：与项目类似，它由一系列相关的任务或行动组成，目的是达到每个指标的期望指标值。

6）日期：规定战略目标完成的期限。

7）责任人：明确各行动方案落实以及目标考核具体由谁负责。

（2）企业实施平衡积分卡的步骤。平衡计分卡是一种综合性的战略管理控制系统，企业实施平衡积分卡的步骤一般可分为七步。

1）制定公司的愿景与战略。公司的愿景与战略要清晰简明，并对每一个所属单位都有指导意义，使每一部门均可采用一些业绩衡量指标去完成公司的愿景与战略。

2）成立平衡计分法实施委员会，努力在企业各管理阶层对公司的愿景及战略达成共识，并建立财务、顾客、内部、学习与成长四个方面的具体目标。

3）对以上四个方面的具体目标设定最具现实意义的业绩衡量指标。

4）加强企业内部沟通与协调。利用各种渠道，如定期或不定期的报刊、公告栏、标语、会议、邮件等让各层人员了解公司的愿景、战略、目标与业绩衡量指标。

5）确定每期（月、季、年）的业绩衡量指标的具体数据，并与公司的计划和预算相结合。注意各类指标间的因果关系、联动关系。

6）将每期的报酬奖励制度与平衡计分卡挂钩。

7）正确采用员工建议修正平衡计分卡衡量指标以及改进完善公司战略。

2.6 案例分析

企业战略转型：企业的再生

德国巴斯夫集团是一家国际化工巨头企业，全球员工约 112 000 人，在全球 80 多个国家和地区设有子公司，公司业务范围广泛，既有基础型的大宗化学品和聚合物，也有高附加值的功能性业务及其他量身定做的产品。

一直以来，巴斯夫的发展思路和理念都非常超前，因此与其他石化巨头相比，转型也来得更早。2000 年在巴斯夫的整体业务组合中，传统化学行业占比约 50%，是业务的主要组成部分。到 2010 年，利润更低的传统业务已经降低了销售额占比，而利润更高的功能性材料和解决方案随之增加。截至 2020 年底，该业务板块占比已达约 70%。20 多年来，巴斯夫不断地加快调整业务结构，剥离非战略性业务，沿着已有和临近的价值链向下游产业延伸，进入一些与之相关的增长型领域，不断深化业务升级转型。

五菱汽车的前身是成立于 1958 年的柳州动力机械厂，后改名为柳州拖拉机厂，到 70 年代成为全国八大拖拉机厂之一。1980 年工厂积压了大量拖拉机，全年亏损，转做缝纫机、织布机求生存，同时引进日本微型车，研究整车制造，以杂养专。1985年更名为柳州微型车厂，微型车成为核心业务，它的车非常便宜，也很好用，很受目标受众的欢迎。到后来，五菱汽车开始与日本合作，与上汽、通用合作，在微型车领域中坐稳了“龙头老大”的位置。简言之，五菱汽车在横向转型方面，转向做缝纫机、织布机等并不算特别成功，这块业务后来被放弃了，但从拖拉机转向微型车获得成功。纵向转型方面，五菱汽车也做过发动机，跨界转型方面，五菱汽车从刚开始的农村市场为主转向了大城市，甚至出口至海外。

巴斯夫和五菱汽车转型的启示：企业无论规模大小，都需要在它所选择的行业市场中找到可以发展和创新的位置，找到这个位置之后，先在这个位置站稳脚跟安身立命，然后以某个成熟的业务养住一些创新型的业务或项目，给予创新业务足够的空间去喘息、再生，进而一步步推进，整个过程可以称为更新再生（rejuvenation）。对于企业而言，自我转型就是一次再生的过程。

第3章

管理经济学

本章导读

经济学与管理学是一脉相承、密切相关的，但在长期发展中，两者形成了各自的理论体系和研究范式。管理经济学是一门将管理学与经济学相结合的学科，希望将微观经济学与管理学知识相融合，从经济学的角度分析商业行为和商业逻辑，为企业的管理决策提供支持。对电网企业管理者来说，建立一种经济学的思维方式，把握经济运行规律，加深对经济现实的理解，提高决策能力是非常重要的。本章主要介绍了管理经济学的研究内容与方法、微观经济学的基本工具如供求分析、生产与成本分析、市场结构以及市场失灵、政府政策等。管理经济学为企业的经济决策提供了系统而科学的分析方法。学习本章内容可帮助管理人员运用经济学方法思考企业问题，从而作出符合企业经营实际的预测和解释，以此来达到企业的目的。

本章思维导图如图3-1所示。

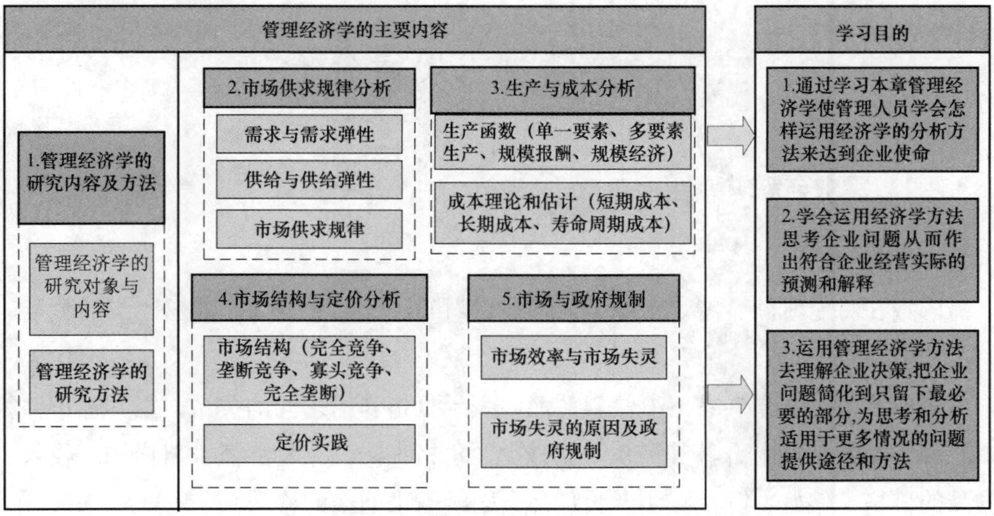

图3-1 管理经济学思维导图

3.1 管理经济学的研究内容及方法

3.1.1 管理经济学的研究对象与内容

管理经济学作为一门应用经济学科，是研究如何配置稀缺资源，以便使得管理更为有效。只要资源具有稀缺性，管理者就可以应用管理经济学的原理做出更有效的决策。管理者要把经济学的理论和经济分析方法应用于企业管理实践，因而管理经济学的研究对象为企业（公司），研究内容包括需求、供给，价格、成本、产量、利润与市场。

3.1.2 管理经济学的研究方法

管理经济学的研究方法主要有边际分析方法、优化方法与有限理性决策方法。边际分析方法作为研究一种可变因素的数量变动会对其他可变因素的变动产生多大影响的方法就是运用导数和微分方法，分析方法广泛运用于经济行为和经济变量的分析过程，如对效用、成本、产量、收益、利润、消费、储蓄、投资、要素效率等的分析中。

经济活动最优化问题通常是一定时期内，用有限的各种资源的优化分配和利用，其目的是为制订经济政策和作出经济决策提供科学依据。最优化，在数学中是指在某种类型约束下，使给定函数实现极大或极小。不论在宏观经济范围内，还是在微观经济范围内，资源的充分有效利用、生产力的合理布局、最优进出口策略、最优投资分配、最优价格体系等。约束优化问题是指具有约束条件的非线性规划问题，将非线性规划问题用线性逼近的方法来近似求解，在可行域中沿某方向作一维搜索寻求最优解。

3.2 市场供求规律分析

3.2.1 需求与需求弹性

1. 需求的定义

需求指在特定时间、特定市场上，消费者对某种商品愿意并且能够购买的数量。

2. 需求曲线

需求曲线作为一条向右下方倾斜的曲线表示价格与需求间的关系，当其他条件相同时，一种物品的价格上升，其需求量就减少，价格下降，该物品需求量增加。收入、相关物品的价格、偏好、预期、买者数量都会影响需求曲线的移动。

3. 影响需求变动的因素

经济学家认识到，除了商品价格，其他变量也会影响需求量。比如消费者的收入、广告支出等影响。所有商品价格之外的其他影响需求量变动的因素称为需求变动因素。绘制商品 X 的需求曲线时，务必将价格之外的其他因素固定为常数。图 3-2 中的 D^0 是一条典型的需求曲线。比如沿着需求曲线从 A 移动到 B，称为需求量变动（change in quantity demanded）。当广告、收入或相关商品价格发生变化时，会导致需求曲线的位置移动而产生需求变动（change in demand）。需求曲线向右移动称为需求增加，因为同一价格下的需求会更多。需求曲线向左移动称为需求减少。

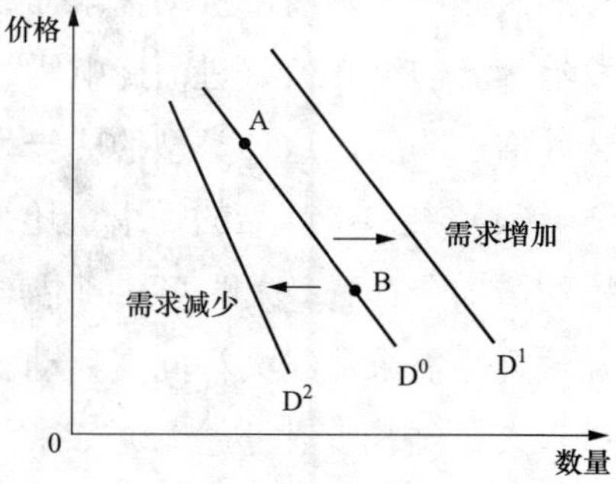

图 3-2　需求变动

（1）消费者收入。商品需求量随着消费者收入增加而增加（需求曲线向右移动）的为正常品，比如牛排、乘飞机旅行、名牌牛仔裤等；当收入增加时，给定价格下消费者的购买数量显著增加。相反，当消费者收入下降时，正常品的需求会减少（需求曲线向左移动）。

但是收入增加也会导致某种商品的需求减少，经济学家称这种商品为劣等品。如腊肠、乘公共汽车旅行以及普通牛仔裤等都可能是劣等品。随着收入增加，在给定价格水平下消费者对这些商品的需求量显著减少。需要特别说明的是，劣等品并不意味着产品质量差，劣等品这一概念仅仅定义收入与需求量成反比的商品，即那些随消费者收入增加而购买量下降、随收入减少而购买量上升的商品。

（2）相关商品价格。若一种商品的价格上涨导致另一种商品的需求增加，则两者称为替代品。比如鸡肉和牛肉、雨衣和雨伞等功能相同的产品。除替代品之外，若一种商品如计算机软件的价格上涨导致消费者在给定价格水平下减少计算机的购买量，这种相互作用的商品称为互补品。当商品 X 与商品 Y 为互补品时，商品 Y 价格下降将增加商品 X 的需求量（商品 X 的需求曲线向右移动）：给定价格下商品 X 的需求量增加源于其互补品——商品 Y 的价格下降。

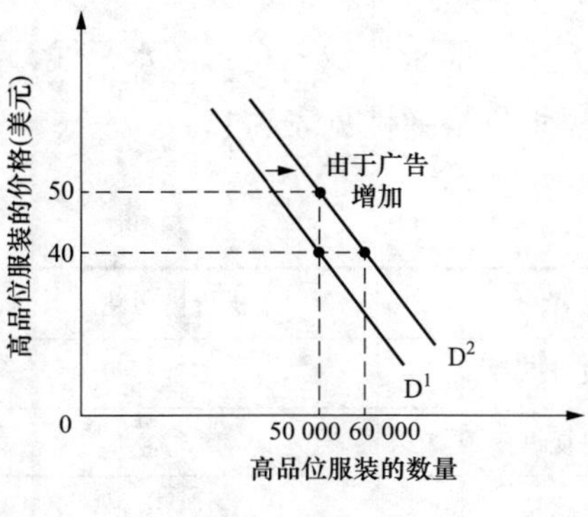

图 3-3　广告和服装需求

（3）广告和消费者偏好。绘制特定需求曲线时，广告投入通常保持不变。广告增加同样会使需求曲线向右移动，如图 3-3 中的需求曲线从 D^1 移到 D^2。广告对需求的影响可从以下方面来解释：在初始需求曲线为 D^1，价格为 40 美元时，消费者对某新产品/服务的需求量为 50 000 单位，广告使需求曲线移至 D^2，价格为 40 美元时消费者需求量上升为 60 000 单位。或者说在初始需求曲线为 D^1，消费者购买 50 000 单位时，仅需支付价格 40 美元，广告使需求曲线移动到 D^2 后，消费者购买 50 000 单位要支付更高的价格——50 美元。

由于广告能够向消费者提供更多有关商品属性或品质的信息，从而吸引更多的消费者购买此商品，所以推动需求曲线右移，这种类型的广告为信息型广告。广告还能够激发消费者的潜在偏好进而影响需求。比如时尚服装的促销广告使消费者偏好特定款式服装并增加购买，这种类型的广告为诱导型广告。

（4）人口。商品的需求量还受人口规模和人口结构的影响。一般来说，随着人口规模的增加会有更多人购买某商品，从而推动需求曲线向右移动。20 世纪，人口日渐增多，导致食品需求曲线大幅向右移动。

人口结构变化也会影响商品需求。比如中年人与老年人所需要的商品类型不同，30～40 岁消费者人数的增多将导致房地产类商品的需求增加，但随着老龄化人口比例提高，医疗服务的需求将日益增加。

（5）消费者预期。消费者预期的变化也会导致需求曲线移动。如果消费者预期明年汽车价格将大幅上涨，那么当前汽车的需求将会增加。实际上，当前购买量只是对明年购买量的替代。通常，当消费者预期未来涨价时，他们将以当前购买取代未来购买。这种消费者行为称为备货，多发生于耐用品。现实中经常出现针对便宜耐用品的囤货行为，如消费者储备洗衣粉以应对杂货店涨价。但是易腐烂商品（如香蕉等）的需求量一般不会受价格预期的影响。

4．需求弹性

需求弹性表示需求量变化对其影响因素变化的反映程度，按影响因素特性不同而分为需求价格弹性、需求收入弹性与需求交叉弹性。

（1）需求价格弹性。需求价格弹性等于需求量变动百分比除以价格变动的百分比，即需求价格弹性＝需求量变动的百分比/价格变动的百分比。如果需求富有弹性即弹性大于 1，价格下降 1%所增加的销售量大于 1%；如果需求缺乏弹性即弹性小于 1，价格下降 1%所增加的销售量小于 1%；如果需求是单位弹性即弹性等于 1，价格下降 1%所增加的销售量等于 1%；如果需求完全无弹性即弹性等于零，需求曲线是一条垂直线，价格如何变，需求不变；如果需求完全有弹性即弹性为无穷大，需求曲线就是一条水平线，价格稍微变一点，就引起需求很大变化。某些商品的需求价格弹性见表 3-1。

表 3-1　　需求价格弹性表

商品种类	需求价格弹性	商品种类	需求价格弹性
报纸和杂志	0.1	收音机	1.2
咖啡	0.25	电视机	1.2
白皮土豆	0.31	电冰箱	1.2～1.6
香烟	0.3～0.4	新汽车	1.2～1.6
鞋	0.4	飞机、船、运动器械	1.3

续表

商品种类	需求价格弹性	商品种类	需求价格弹性
法律服务	0.5	番茄罐头	2.5
医生服务	0.6	航空旅行	2.4
住房	0.9	新鲜豌豆	2.8
警卫	1.0	国外旅行	4.0
公共教育	1.1	新鲜番茄	4.6

（2）需求收入弹性。需求收入弹性表示在一定时期内，某种商品需求量的变动对于消费者收入量变动的反应程度，即需求的收入弹性系数＝需求量变动的百分比/收入变动的百分比。需求的收入弹性系数大于 1，富有收入弹性为奢侈品；需求的收入弹性系数大于在 0 与 1 之间，缺乏收入弹性为必需品；需求的收入弹性系数小于 0 为低档品。几种商品的需求收入弹性见表 3-2。

表 3-2　　需求收入弹性表

商品种类	需求收入弹性	商品种类	需求收入弹性
面粉	−0.36	收音机、电视机	1.22
人造黄油	−0.20	饭馆用餐	1.40
燃料	0.38	牙科服务	1.42
电	0.50	书籍	1.44
煤气	0.50	酒	1.54
药物	0.61	娱乐入场券	1.57
烟草	0.64	首饰和表	1.64
住院治疗	0.69	文具	1.83
医生服务	0.75	公共汽车交通	1.89
瓷器与玻璃器皿	0.77	家庭用电	1.94
衣服	1.02	医疗保险	2.02
理发	1.03	新汽车	2.45
住房	1.04	家庭教育	2.46
电话	1.13	国外旅游	3.09
宗教与慈善事业	1.14		

（3）需求交叉弹性。需求交叉弹性是在其他条件不变的情况下，一种产品的需求变化对其替代品或互补品价格变动的反应程度，需求的交叉弹性＝需求量变动的百分比/替代品或互补品价格变动的百分比。需求交叉弹性可正也可负。替代品的交叉弹性是正的，而互补品的交叉弹性是负的。需求交叉弹性的大小决定需求曲线移动大小；交叉弹性（绝

对值）越大，需求的变动越大，需求曲线移动也越大。如果两种产品替代关系极为密切，例如，两种品牌的矿泉水，则交叉弹性就大。如果两种产品是完全互补的，例如，电影和爆米花，则交叉弹性大。如果两种产品相互没有什么关系，例如报纸与橘子汁，其交叉弹性就小、也许为零。几种商品的交叉弹性见表 3-3。

表 3-3 需求交叉弹性表

商品 A	商品 B	需求交叉弹性	商品 A	商品 B	需求交叉弹性
人造奶油	黄油	+0.81	牛肉	猪肉	+0.28
黄油	人造奶油	+0.67	猪肉	牛肉	+0.14
干奶酪	奶油	−0.61	糖	水果	−0.28
天然气	燃料油	+0.44	电力	天然气	+0.20

5. 需求估计与预测

（1）需求估计。需求估计方法有销售调研法、德尔斐法、顾客调查访问法、市场资料法等。

（2）需求预测。需求预测以市场调查资料为基础，利用现在和过去的历史数据，考虑未来各种影响因素，结合本企业的实际情况，采用合适的科学分析方法，提出切合实际的需求目标。需求预测是为企业给出了其产品在未来一段时间里的需求期望水平，并为企业的计划和控制决策提供依据。总量、变量间相互依赖的定量关系的一种统计分析方法。依自变量的多少，回归分析分为一元回归和多元回归分析；按因变量的多少，可分为简单回归分析和多重回归分析；按照自变量和因变量之间的关系类型，可分为线性回归分析和非线性回归分析等。

3.2.2 供给与供给弹性

1. 供给曲线

供给曲线作为一条向右上方倾斜的曲线表示价格与供给间的关系，当其他条件相同时，价格上升，该物品供给量增加，价格下降，该物品供给量减少。价格、技术、预期、卖者数量等都会影响供给曲线的移动。

2. 影响供给变动的因素

一种商品的市场供给取决于多种因素，绘制供给曲线时通常假定商品价格之外的其他因素不变。沿着供给曲线的移动，如图 3-4 中所示，从点 A 到点 B，称为供给量变动。市场供给曲线向上倾斜揭示了供给定律：当其他因素保持不变时，随着商品价格的上升（下降），该商品的供给量会增加（减少）。价格高的时候，厂商愿意生产更多的产品。

影响供给曲线位置的变量称为供给变动的影响因素，包括投入品价格、技术水平、市场上厂商数目、税收和价格预期。当这些变量中的一个或几个发生变化时，整条供给曲线的位置就会发生移动，这种移动称为供给变动（change in supply）。如图 3-4 所示，供给曲线从 S^0 移动到 S^2 表示为供给增加，因为在任一给定价格下厂商愿意提供更多产品。而 S^0 移动到 S^1 表示为供给减少，因为在任一给定价格下厂商愿意提供的产品数量有所减少。

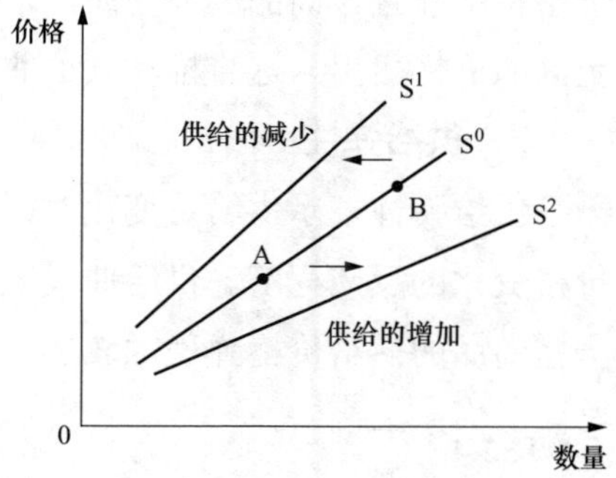

图 3-4　供给变动

（1）投入品价格。供给曲线指不同价格下厂商愿意提供的产品数量。随着产品成本的变化，在给定的价格下厂商愿意提供产品的意愿会变化。尤其是当投入品价格上升时，在每一给定价格下，厂商会减少产品的生产。这种供给减少表现为供给曲线左移。

（2）技术或政策法规。技术变革和政策法规的变化也会影响供给曲线的位置。技术或政策变化若降低了厂商成本，将导致供给增加。反之，则导致供给减少从而推动供给曲线左移，如影响技术效力的自然灾害、提高排污标准的政策法规等都会造成供给曲线左移。

（3）厂商数目。行业内的厂商数目也会影响供给曲线的位置。当新厂商进入时，给定价格下该行业的产量会增加，从而导致供给曲线右移。当一些厂商离开一个行业时，给定价格下可供给产品的数量减少，造成供给曲线左移。

（4）替代品生产。许多厂商拥有兼容生产多种产品的技术。比如通用汽车公司通过更改生产设备可以把卡车组装厂转变为轿车组装厂。当轿车价格上升时，通用汽车公司就会将部分卡车生产线改装成轿车生产线以增加轿车的供给，这将导致卡车的供给曲线向左移动。

（5）税收。税收也会影响供给曲线的位置。货物税是针对每单位售出的产品征收的税种，通常向供应商征收。例如，政府对每加仑汽油征收 0.20 美元的税（从量税）。由于供应商每出售 1 加仑汽油就要向政府缴纳 0.20 美元的税收，因此只有当每加仑汽油能够多卖 0.20 美元时，他们才愿意供应与征税前同样数量的汽油。如图 3-5 所示，税收使供给曲线向上移动了与税额相同的距离。由此，在任意给定价格下，厂商愿意提供的汽油数量较税前减少，税收具有减少供给的效应。

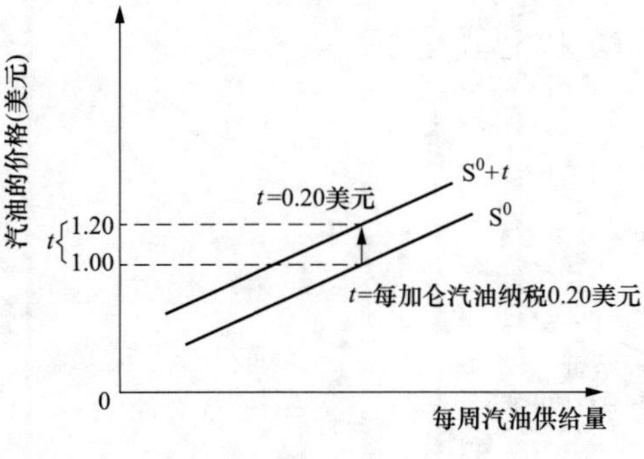

图 3-5　从量（货物）税

（6）价格预期。生产者的价格预期也会影响供给曲线的位置。当前供给量与未来供给量之间存在相互替代性。如果厂商预期未来价格将上涨且该商品为非易腐品，厂商就会“惜售”——减少当前供给量并等待未来以更高的价格卖出。这将推动供给曲线左移。

3. 供给弹性

供给弹性表示供给量变化对影响因素变化的反映程度，供给价格弹性即为供给量对价格变化的反应程度。供给曲线表明价格上升，供给量增加；价格下降，供给量减少。一些商品的供给价格弹性如表 3-4 所示。

表 3-4　　供给价格弹性

商品种类	供给价格弹性		商品种类	供给价格弹性	
	短期	长期		短期	长期
新鲜进口蚕豆	0.1	1.7	西瓜	0.23	0.48
新摘的蚕豆	0.15	∞	甜菜	0.13	1.00
卷心菜	0.36	1.2	甜瓜	0.02	0.04
胡萝卜	0.14	1.0	花菜	0.14	1.10
黄瓜	0.29	2.2	芹菜	0.14	0.95
莴苣	0.03	0.16	茄子	0.16	0.36
新鲜豌豆	0.31	4.4	甘蓝	0.20	0.23
洋葱	0.34	1.00	菠菜	0.20	4.70
新鲜胡椒	0.07	0.26	冬葱	0.12	0.31
西红柿	0.16	0.9			

3.2.3　市场供求规律

需求与供给的结合即为市场供求均衡（见图 3-6），由此便可说明市场上的供求情况与销售量与价格。需求曲线与供给曲线的交点即为市场均衡，交点的价格为均衡价格，数量为均衡数量。而在低于均衡水平的价格上，需求量超过供给量的市场状况称为短缺；在高于均衡水平的价格上，供给量超过需求量的市场状况称为过剩。

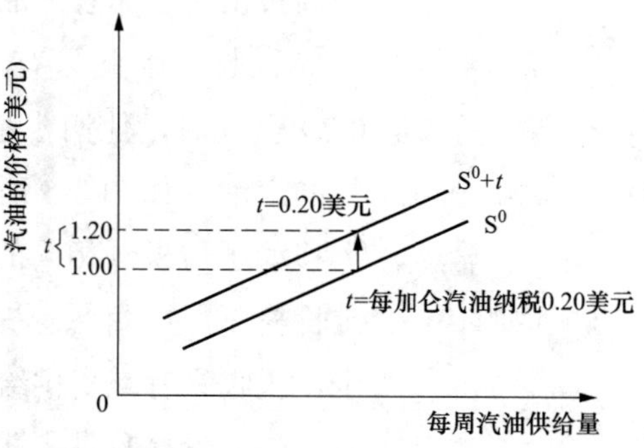

图 3-6　需求、供给曲线及其市场均衡图

在过剩或短缺的情况下，各种各样的竞争压力迫使价格发生变动（在过剩的情形下价格下降，在短缺的情形下价格上升）。价格因此有消除市场不均衡的作用。在价格的作用下，市场出清过程一直持续到达到均衡（即需求量等于供给量）为止。在过剩的情况下，卖者会以更低的价格供应市场，以便吸引人们购买，出售更多的商品。同时，由于价格下降了，就会迫使供给者减少供给量。在市场短缺的情况下，随着价格上升至均衡水平，需求量减少同时供给量相应增加，市场随之出清。当发生市场短缺时，卖者试图利用优势而提高产品价格，但这又会促使人们减少产品购买。同时，价格的提高还会吸引卖者向市场提供更多的产品。这些行为都有帮助短缺市场出清的作用。

3.3 生产与成本分析

生产决策分析就是解决如何生产问题。在市场经济条件下，任何企业都具有双重身份，作为需求者需要各种生产要素，作为供给者向市场提供产品与服务，通常用生产函数来描述生产者的双重身份。从企业的目标与作用，不难看出企业生产决策的重要性。

3.3.1 生产函数

1. 单一生产要素

生产函数指在既定的生产技术条件下，投入和产出之间的数量关系。如果技术条件改变，必然会产生新的生产函数。生产函数反映的是某一特定要素投入组合在现有技术条件下能且只能产生的最大产出。生产函数可用一个数学模型、图表或图形来表示。

生产函数遵循边际报酬递减规律，而边际报酬递减规律的原因是可变要素和不变要素存在一个最佳的投入量的组合，分析总产量、平均产量和边际产量曲线的关系，使生产者始终在一个理性的区域组织生产。在此，要明确几个概念：一是总产量（TP）指一定量的某种生产要素所生产出来的全部产量，二是平均产量（AP）指平均每单位某种生产要素所生产出来的产量，三是边际产量（MP）指某种生产要素增加一单位所增加的产量（见图 3-7）。

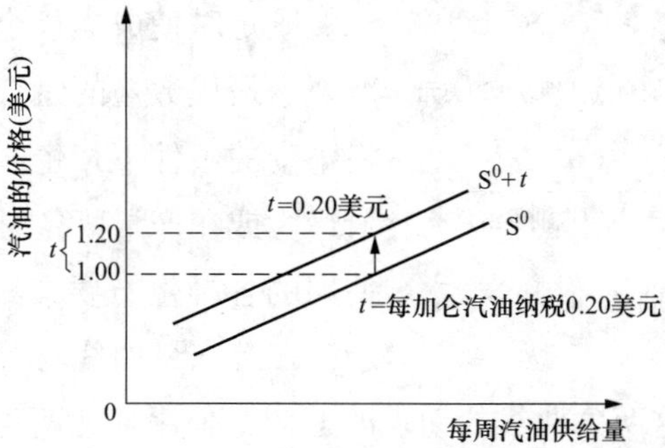

图 3-7　总产量、平均产量和边际产量曲线

由图 3-7 可看出总产量、平均产量和边际产量曲线的如下特点：一是在资本量不变的情况下，随着劳动量的增加，最初总产量、平均产量和边际产量都是递增的，但各自增加到一定程度之后就分别递减。所以，总产量曲线、平均产量曲线和边际产量曲线都是先上升而后下降。这正反映出生产要素的边际收益递减规律。二是边际产量曲线与平均产量曲线相交于平均产量曲线的最高点。在相交前，平均产量是递增的，边际产量大于平均产量（MP＞AP）；在相交后，平均产量是递减的，边际产量小于平均产量（MP＜AP）；在相交时，平均产量达到最大，边际产量等于平均产量（MP＝AP）。三是当边际产量为零时，总产量达到最大，以后，当边际产量为负数时，总产量就会绝对减少。

显然，第二阶段是可变生产要素合理投入区域，生产要素的投入量如果使产量处于这一区域，则该生产要素的投入就是合理的，这对企业确定合理的生产规模有指导作用，边际报酬递减规律在生产中具有普遍意义。它直接影响厂商的边际产量、平均产量和总产量，从而支配着企业的生产行为。边际产量是指最后增加一个单位的生产要素所引起的产量的增量，平均产量是指单位投入要素所带来的产量，总产量即是生产要素投入后的总产出量。

2. 两种生产要素

两种生产要素的生产函数为 $Q=f(L, K)$，其中，L 表示生产要素劳动的投入量，K 表示生产要素资本的投入量。其等产量线为在技术水平不变的条件下，生产相同产量的两种生产要素投入量的所有不同组合的轨迹，如图 3-8 所示。等产量曲线的特点：离原点越近的等产量曲线所代表的产量水平越低；离原点越远的等产量曲线所代表的产量水平越高；同一平面坐标上的任意两条等产量曲线不会相交；等产量曲线是凸向原点的；一条等产量曲线表示不变的产量水平的要素投入数量的可变比例的组合之间的关系。

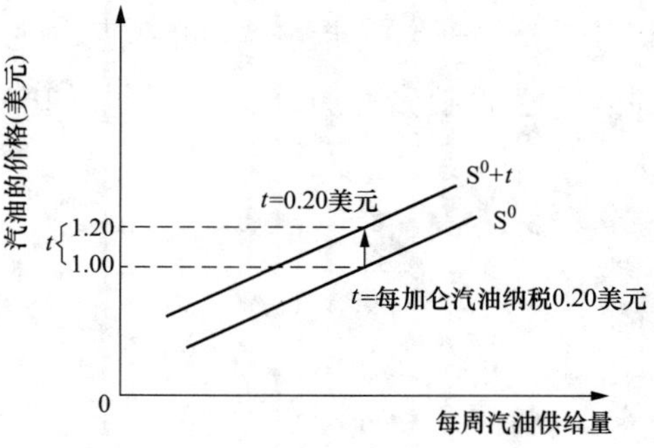

图 3-8　等产量曲线

3. 生产要素最优组合

生产要素最优组合指在要素价格不变时，在存在两种以上可变生产要素的生产中（即长期中），生产者在其成本既定时使产量最大化或产量既定时使成本最小化所需要使用的各种生产要素最优数量的组合。在生产技术和要素价格不变的条件下，生产者在成本既定时实现产量最大或在产量既定时实现成本最小目标时所使用的各种生产要素的数量组合。如图 3-9 所示，在等产量曲线与等成本方程的图形中，生产要素最优组合表现为这两条曲线的切点即 E 点。使用任意两种生产要素的边际技术替代率等于相应的价格比，或者说，每单位成本用于任何要素的购买所得到的边际产量都相等。显然，厂商的生产要素最优组合与利润最大化是一致的。

4. 规模报酬

规模报酬是指在其他条件不变的情况下，企业内部各种生产要素按相同比例变化时所带来的产量变化。规模报酬分析主要描述企业的生产规模变化与所引起的产量变化之间的关系。企业只有在长期内才能变动全部生产要素，进而改变生产规模。因此，企业规模报酬分析属于长期生产理论问题。

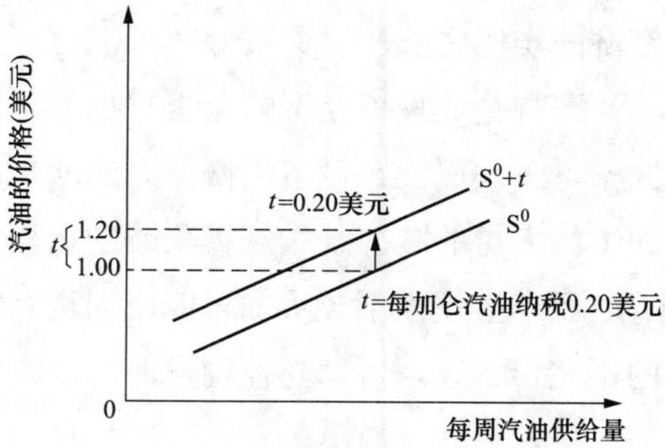

图 3-9 生产要素最优组合图

企业规模报酬变化可分规模报酬递增、规模报酬不变和规模报酬递减三种情况：产量增加的比例大于生产要素增加的比例，即产量为 20 万吨以上，这种情形叫作规模收益递增；产量增加的比例小于生产要素增加的比例，即产量为小于 20 万吨，这种情形称为规模收益递减；产量增加的比例等于生产要素增加的比例，即产量为 20 万吨，这种情形称为规模收益不变。规模报酬变化的原因是规模经济或规模不经济。规模经济是指由于产出水平的扩大或者说生产规模的扩大而引起的产品平均成本的降低。

5. 规模经济

规模经济本质上是指企业的平均成本在较高的产量水平时出现下降的现象。如果企业的长期平均成本（long-run average cost，LRAC）随着产量的增加而递减，那么就可以说该企业正在经历规模经济（increasing returns to scale，IRTS）。长期平均成本随着产量的增加而增加被经济学家认为是规模不经济（decreasing returns to scale，DRTS）的标志。企业的长期平均成本随着产量的增加或减少而保持不变的情形说明这样的企业在产量的范围内正处于有效规模（CRTS）阶段。当最小的 LRAC 线到达这个区域时，最低的产量点被称为最小的有效规模，经常简称 MES，以便与这个区域的最大产量点相区别，最大的产量点被称为最大的有效规模。图 3-10 画出了一条典型的 U 形平均成本曲线，它反映了企业长期中可能经历的不同类型的规模经济。

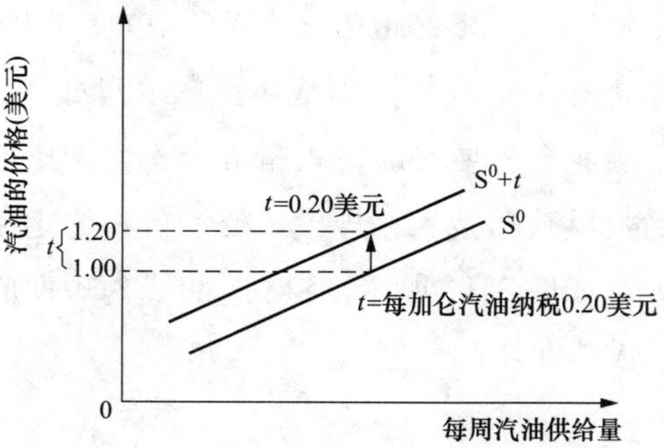

图 3-10 长期平均成本

因规模增大带来的经济效益提高，是当企业的产量规模达到一定水平后，由于各生产要素的有机结合产生系统 1+1>2 的效应，平均成本呈下降的趋势。流水线就是规模经济的实例之一。

影响企业规模经济的因素有很多，比如：人类和资本使用的专业化、各种类型设备的不可分割属性、设备生产能力的增长快于支付价格的增长、备件库存的维护成本降低和维修人员的减少、大规模采购的折扣、筹集资金的成本降低和促销和研发成本的分摊等。而产生规模不经济的可能原因也有很多，比如运输成本不成比例地增加、要素市场的不完善、管理协调与控制方面的问题等。

3.3.2　成本理论和估计

成本是生产和销售一定种类与数量产品以耗费资源用货币计量的经济价值。企业进行产品生产需要消耗生产资料和劳动力，这些消耗在成本中用货币计量，就表现为材料费用、折旧费用、工资费用等。企业的经营活动不仅包括生产，也包括销售活动，因此在销售活动中所发生的费用，也应计入成本。同时为管理生产所发生的费用也应计入成本。

成本有经济成本与会计成本，二者在含义上存在较大差异。每个企业都有自己的会计账户，它记录企业在过去一段时期内生产和经营过程中的实际支出，这被称为会计成本。会计成本常被用于对以往经济行为的审核和评价。而经济学家分析成本的目的在于考察企业的决策，进而分析资源配置的结果及效率，所以经济学中对成本的使用重在衡量稀缺资源配置于不同用途的代价，这就涉及使用一项资源或做出一项选择而放弃的机会，从而就有机会成本问题。

1. 短期成本函数

在短期即特定的时期内，一些投入要素的数量固定不变。短期内管理者可以改变可变投入的使用量，但不能改变固定投入量。而固定投入和可变投入都有成本，所以短期内生产的总成本（total cost）由两方面构成：①固定投入的成本；②可变投入的成本。在短期总成本中分别称为固定成本和变动成本。固定成本（fixed costs）记为 FC，指不随产量变化而变化的成本。变动成本（variable costs）记为 VC（Q），指随产量变化而变化的成本。

固定成本和变动成本之和为厂商的短期成本函数（SMC）。短期成本函数是指反映在企业诸种投入要素中至少有一种要素的投入量固定不变的条件下产量与成本之间关系的数学函数。短期成本函数反映在技术、规模、要素价格给定条件下，最低成本随着产量变动而变动的一般规律。如图 3-11 所示，SMC 曲线为短期成本函数，且过短期总成本 SAC 曲线和平均成本 AVC 曲线的最低点。

2. 长期成本曲线

在长期内，生产规模可以变动。在各种要素数量都能够变动的情况下，如果每一产出水平都是在最优生产规模而以最低成本来生产，那么由此而支付的总成本便是长期总成本，其曲线特征为长期总成本曲线是短期总成本曲线的包络线，即长期总成本曲线与每条短期总成本曲线相切而从下方将无数条短期总成本曲线包围起来（见图 3-12）。

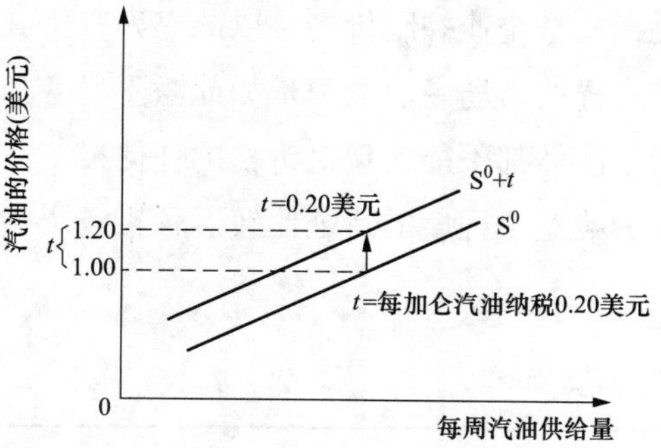

图 3-11 短期成本函数图

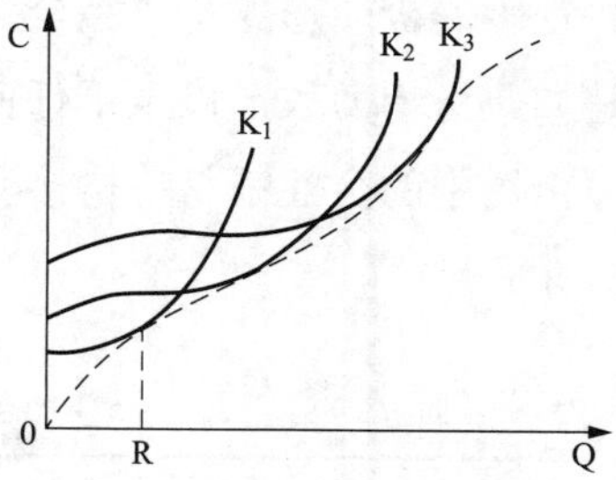

图 3-12 长期成本曲线

由图 3-12 可知，长期总成本（total long-term costs，LTC）是指厂商在长期中在各种产量水平上通过选择最优生产规模所能达到的最低总成本；长期总成本 LTC 曲线是从原点出发向右上方倾斜的。当产量为零时，长期总成本为零，以后随着产量的增加，长期总成本是增加的。长期总成本 LTC 曲线的斜率先递增速度增加；进而以递减速度增加，经拐点之后，又变为以递增的速度增加；LTC 曲线的形状主要是由规模经济因素决定的。

在开始生产时，要投入大量生产要素，而当产量少时，这些生产要素无法得到充分利用，因此，LTC 曲线很陡；随着产量的增加，生产要素开始得到充分利用，这时成本增加的比率小于产量增加的比率，表现为规模报酬递增。最后，由于规模报酬递减，成本的增加比率又大于产量增加的比率。由此可见，LTC 曲线的特征是由规模报酬的变化所决定的。

3. 寿命周期成本

20 世纪 60 年代，美国弗吉尼亚州立大学 B.S. 布兰查德教授将寿命周期成本（life cycle costing，LCC）定义为有形资产在其寿命周期内，包括开发研究费、制造安装费、运行维护费及报废回收费在内的总费用。根据现代成本理论和基于活动的造价方法，LCC 就是以寿命周期理论为基础而包括从工程构思、立项、规划、决策、设计、建设（制造）、竣工验收、运行、使用、维修、后勤保障与报废为止各阶段的成本之总和。

3.4 市场结构与定价分析

3.4.1 市场结构

在经济学中，按竞争程度把市场分为四类：完全竞争、垄断竞争、寡头垄断与和完全垄断。其中，完全竞争和完全垄断是市场结构的两种极端情况，也可以说是理论上的抽象，而现实生活中大量存在的是垄断竞争与寡头垄断。

1. 经济分析中的竞争

在经济分析中，度量竞争程度的最重要指标是企业控制价格并以此作为竞争武器的能力。竞争的极端形式是“完全”竞争。在这样的市场中，竞争是如此激烈，各个企业之间是如此势均力敌，以至于任何卖主或卖主团体都不能实现对价格的任何控制。也就是说，市场中的企业都是价格接受者。根据影响竞争程度的特征比较四种市场类型，如表 3-5 所示。

表 3-5　　四种市场类型对比

市场类型				
市场特征	完全竞争	垄断竞争	寡头垄断	完全垄断
公司数量和规模	公司数量众多，规模相对较小	公司数量较多，规模相对较小	公司数量较少，规模相对较大	一家公司
产品类型	标准化的	差异化的	标准化的或差异化的	独特性
市场进入和退出	非常容易	容易	困难	非常困难或不可能
非价格竞争	不可能	可能	可能或困难	不必要
关键竞争指标				
市场势力	无	低到高	低到高	高
长期经济利润	无	无	低到高，取决于相互依存度	高，受制于政府监管

表 3-5 显示出竞争程度不同的四种市场类型在企业市场势力级别和获得长期经济利润能力两方面指标上的差异。垄断竞争市场中的企业可能拥有一定的市场势力，因为它的产品与其他竞争者在市场上销售的产品有所不同。对于在寡头垄断市场中运营的企业而言，市场势力可能来自差异化其产品的能力、企业相对较大的规模，或同时兼有这两个方面。

市场进入与退出的情况直接影响企业获得长期经济利润的能力。在完全竞争中，进入市场非常容易。因此，如果人们看到这个市场中的企业可以获得经济利润，就会有渴望赚取经济利润的新企业进入。这种新企业的进入会同时快速削弱老企业和新企业获得经济利润的能力，这种情况同样适用于垄断竞争。实际上这也有助于我们对其名称的理解，这种市场一方面可以看作具有“垄断性”，因为产品的差异使企业可以行使一些市场势力（即如价格制定者一样行动）；另一方面也可以看作具有“竞争性”，因为随着时间的推移，新企业的进入会压低并最终消除任何经济利润。

2. 完全竞争

完全竞争是一种不受任何阻碍和干扰的市场结构，是那些不存在足以影响价格的企业或消费者的市场，是经济学中理想的市场竞争状态，也是典型的市场形势之一。可以证明，完全竞争的结果符合帕累托最优。在完全竞争中，同质商品有很多卖者，没有一个卖者或买者能控制价格，进入很容易，并且资源可以随时从一个使用者转向另一个使用者。例如，许多农产品市场就可以看成近似于完全竞争市场。完全竞争市场特点：市场上有许多生产者和消费者，他们都只是价格的接收者，竞争地位平等，生产者提供的产品是同质的（无区别的），资源自由流动，市场信息畅通，企业的进入和退出壁垒基本没有，加入或者退出市场完全自由。

3. 垄断竞争

垄断竞争是介于垄断和完全竞争两种极端情况之间的一种市场结构，既具有完全竞争的特征，也具有某些垄断特征。

垄断竞争是主要市场形势的一种，在经济学中的定义是无限趋近于完全竞争的市场结构。垄断竞争的明显特征是市场中具有众多的生产者和消费者，而且消费者具有明显的偏好，商品与服务“非同质”；市场的进入与退出完全自由的；各生产者提供的许多商品是有差别，但并没有本质区别，是现实生活中最常见的存在形式。垄断竞争是经济学中比较典型的市场形势之一。

垄断竞争企业在短期具有垄断性质，而在长期则是零利润和生产过剩的。垄断竞争的市场的条件有三点：一是生产集团中有大量的企业生产有差别的同种产品，这些产品彼此之间都是非常接近的替代品。例如，牛肉面和鸡丝面。这里的产品差别不仅指同一产品在质量、构造、外观、销售服务方面的差别，还包括商标、广告上的差别和以消费者的想象为基础的虚构的差别。例如，虽然两家饭店出售的同一菜肴（以清蒸鱼为例）在实质上没有差别，但是消费者心理上确认为一家饭店的清蒸鱼比另一家的鲜美，此时存在着虚构的差别。

由于市场上的每种产品之间存在差别，每种带有自身特点的产品都是唯一的，因此每个厂商对自己的产品价格都有一定的垄断力量，从而使得市场中带有垄断的因素。另一方面，由于有差别的产品之间相互又是非常相似的替代品，每一种产品都会遇到其他大量的相似产品的竞争，市场中又具有竞争的因素；二是一个生产集团中的企业数量非常多，以至于每个厂商都认为自己的行为影响很小，不会引起竞争对手的注意和反应，因而自己也不会受到竞争对手的报复措施的影响，例如，盒饭，理发行业；厂商的生产规模比较小，因此进入和退出一个生产集团比较容易。

在垄断竞争市场上，厂商利润最大化的价格和产量决策与完全垄断市场完全一致。分析图3-13中垄断竞争厂商的需求曲线。由于需求曲线向下倾斜，边际收益曲线位于需求曲线下方（与垄断情形下一样）。垄断竞争厂商利润最大化的产量位于边际收益等于边际成本处，见图3-12中的 Q。利润最大化价格是当厂商的产量为 Q 时消费者愿意支付的价格C。厂商的利润为图3-13中的阴影区域。

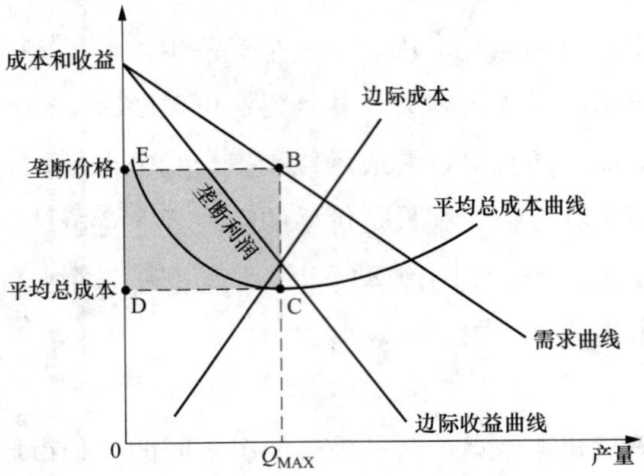

图 3-13 垄断竞争下利润最大化

虽然垄断竞争下与垄断下利润最大化的基本原理一致，但两者之间有一个重要区别：垄断竞争厂商面临的需求曲线和边际收益曲线是基于单个厂商产品的需求，而不是基于产品的市场需求，但垄断厂商面临的需求曲线是整个市场的需求曲线。垄断竞争市场的厂商提供差异化产品，使得行业或市场需求曲线难以界定。市场需求是每一价格水平上所有厂商需求量的加总。由于垄断竞争市场上各厂商的产品不同，需求加总就像把苹果和橘子相加。

4．寡头垄断

寡头垄断（oligopoly）是指一个市场中每个公司的产品无独特性，并且竞争者的数量有限，行业中只有几家大厂商存在的情形。寡头竞争者在市场上，可以根据自己的利益需求，调节价格与产量，国际上的垄断组织有卡特尔、辛迪加、托拉斯、康采恩。寡头垄断具备的特点是：①基本上是同质产品，如基本的化学制品或汽油；②相对少的销售者，如一些大的公司和许多小的跟随大公司的公司；③明显无弹性行业的需求曲线。这里，各个竞争公司仔细地相互监视市场价格。每个公司必须预料提高它自己的价格超过市场价格不会引起在销量上的大的损失，如果可能，竞争者会跟随价格上升。

寡头垄断市场形态的出现主要归因于两点：一是缘于市场竞争的垄断，即企业通过自身的竞争优势所获取的市场垄断，比如微软对操作系统软件领域的垄断；二是缘于政府法定的行政垄断，即政府通过法律法规赋予行业中的某个企业以垄断权力，同时对其进行一定的管制，以改善效率。这种市场形态主要出现在一些具有自然垄断属性的行业当中，比如供水、管道煤气等。

目前寡头垄断有四个模型，分别是斯威齐寡头垄断、古诺寡头垄断、斯塔克博格寡头垄断和伯川德寡头垄断，下面具体介绍这些模型及其特征。

斯威齐模型的建立基于竞争对手对提价和降价的响应。斯威齐寡头垄断（Sweezy oligopoly）具有以下特征：①市场中只有几家厂商为众多消费者提供服务；②厂商的产品差异化；③每家厂商都相信竞争对手会随之降价，但不会随之提价；④存在进入壁垒。

几家大型石油厂商需要决定生产多少石油。石油总产量会影响石油的市场价格，所以每家厂商的基础决策不是定价决策而是石油的产量决策。假如每家厂商必须在其他厂商确定产量的同时决定自己的产量，或者说，每家厂商都期望自己的产量决策不会影响竞争对手的产量决策，这种情形就是古诺寡头垄断（Cournot oligopoly）。古诺寡头垄断具有以下特征：①市场中只有几家厂商为众多消费者提供服务；②厂商的产品差异化或同质化；③每家厂商都相信，当自己改变产量时竞争对手的产量不变；④存在较高的进入壁垒。与斯威齐模型相比，古诺模型的决策制定假设是管理者制定产量决策且相信其决策不会影响竞争厂商的产量决策。古诺模型既适用于同质产品也适用于差异化产品。

在斯塔克博格寡头垄断中，每个跟随者的行动类似于古诺寡头垄断厂商，但领导者不会将跟随者的产量视为给定的，而是相信每个跟随者会根据古诺反应函数对领导者的产量决策作出反应，在此基础上选择使自己利润最大化的产量。斯塔克博格寡头垄断具有以下特征：①市场上只有几家厂商为众多消费者提供服务；②厂商的产品差异化或同质化；③某一厂商（领导者）在其他厂商确定产量之前制定产量决策；④其他厂商（跟随者）将领导者的产量视为给定的，然后在给定领导者产量的情况下确定其利润最大化产量。

没有一个适用于所有情形的寡头垄断模型，寡头垄断势力并不意味着厂商必定获得正利润。伯川德寡头垄断（Bertrand oligopoly）假设厂商提供同质产品且消费者愿意为产品支付（有限的）垄断价格。伯川德寡头垄断具有以下特征：①市场中只有几家厂商为众多消费者提供产品或服务；②厂商的边际成本固定且产品同质；③厂商参与价格竞争并对竞争者的价格作出最优反应；④消费者获得完全信息且没有交易成本；⑤存在进入壁垒。

5. 完全垄断

垄断指只有一家厂商服务于整个市场，且产品没有近似的替代品。垄断是竞争的反面，其条件是只有一个生产者，产品有特色且无替代性，新企业进入市场很难。垄断形成的原因是规模经济性、自然垄断、关键材料占有、专利与特许。完全垄断的弊端是生产不足、分配不公，为此政府要干预，反垄断、对自然垄断进行管制等。

要确定一个市场是否为垄断的，需要明确产品的相关市场。公用事业（如供水和供电）公司都是地方性垄断企业，在这些区域只有一家公用事业公司提供服务，即使存在类似公司，它们也不会为了消费者直接竞争。某特定城市的电力服务几乎没有替代品，消费者必须接受其价格，否则无电力可用。所以，公用事业公司在当地市场上是垄断者。

3.4.2 定价实践

在市场经济中，价格竞争是一种重要的竞争。企业为了求生存、图发展、战胜竞争对手，必须正确地制定价格。企业的目标只是追求最大利润，使用的是利润最大化（MR＝MC）方法。然而实际中，情况往往复杂。例如，企业的产品面临的不止一种市场，二十好几个市场，如国内市场和国外市场，这些市场具有不同的竞争程度。企业往＋往不止生产一种产品，而且在几种产品的需求或生产之间可能具有密切的联系。以盈利作为定价目标、以获得“满意”的利润为目标、以谋求最大利润为目标、以获得一定数量的利润为定价目标；以扩大销售为定价目标；以稳定价格为定价目标；以应付竞争作为定价目标。

1．统一定价

每当管理者被问及他们为何不提高价格时，最常见的回答是，“因为销售量将下降”。然而，这个答案并没有真正回答问题。除非需求是完全刚性的，否则，提高价格通常都会导致销量下降。真正的问题在于，价格的提升将如何影响企业的利润。接下来我们将会表明，真正的答案取决于需求价格弹性和边际成本。

（1）价格弹性。通常来说，如果需求缺乏弹性，价格的增长可以实现更高的利润。所以，一个面临刚性需求的卖家应当提高价格。

（2）利润最大化。价格弹性将沿着需求曲线移动。更进一步说，边际成本将随着生产规模的变化而变化。因此，在确定利润最大化的价格点时，需要以不同的价格一一测试，直至找到使利润增值率与价格弹性绝对值的倒数相等的点为止。

（3）需求和成本的变动。定价法则表明了当需求的价格弹性或边际成本变动时，卖者应如何调整价格。我们首先讨论需求价格弹性的变化。如果需求更富有弹性，那么，价格弹性将是一个更大的负值。因此，根据法则，卖方应该寻找较低的利润增值率。

在价格弹性或边际成本变动的情况下，卖者应同时考虑价格弹性和边际成本来调整其价格。特别需要强调的是，卖者对价格的调整并不需要等于边际成本的变动量。

2．选择定价策略

一般来说，完全价格歧视会导致最大利润。然而，这也要求卖者掌握最多的信息。利润次高的定价策略是直接细分市场价格歧视。采用直接细分市场价格歧视策略时，卖者通过买者的一些固定特性来细分市场。卖者必须能够确定每一个细分市场，并防止一个细分市场的买者购买另一细分市场的产品。

下一个盈利策略是间接细分市场价格歧视，它通过产品属性而不是买方属性来实施。间接细分市场价格歧视比直接细分市场价格歧视利润更低，这是因为：

（1）买方收益。要吸引不同属性的买方在不同的六品中做出选择，卖家必须设计不那么具有吸引力的低端产品。这些产品对买方提供更低的收益。例如，在间接细分市场价格歧视下，航空公司特意向受限机票添加不具吸引力的条款，这样做的主要目的就是为了使它们对商务旅客没有吸引力。

（2）成本。间接细分市场价格歧视可能会产生更高的成本。例如，日用品生产者使用免去零头的优惠券来区分拥有不同价格弹性的消费者群体，但优惠券本身对制造商、经销商和消费者都产生了成本。利润最低的定价策略是统一定价法。这种定价方法没有实施任何价格歧视，但它实施起来最简单，所需的信息量也最少。

3.5 市场与政府规制

3.5.1 市场效率与市场失灵

市场效率与市场失灵是相对的，市场不能有效配置资源就是无效果，也就是失灵。市场效率的衡量标准就是帕累托最优。所谓帕累托最优指市场上至少有一个人处境变好，没有一个人处境变坏，从而资源配置最优。市场失灵表现无效率、信息不充分不对称、不公平和经济波动等。

3.5.2 市场失灵的原因及政府规制

由于市场失灵，从而政府要干预，如反垄断，消除外部影响，促使信息公开、畅通，坚持公共选择理论等。

1. 市场势力

在价格等于边际成本所对应的产量下，消费者剩余和生产者剩余之和最大化。如果是完全竞争行业，则会出现社会有的价格和产量。相反，拥有市场势力的企业将使产出低于社会有效的产量，这是因为其定价超过产品的边际成本。在这种情况下，每多生产一单位产品的社会价值大于生产该单位产品的社会资源成本。所以生产更多的产品就能给社会带来净收益。但是企业出于利润最大化动因而不愿增加产量，于是政府就可能干预市场，规制企业行为以增加社会福利。

2. 外部性

当一方直接将效益或成本传递给其他方时（不是通过市场），外部性（externality）就会产生。外部性可能是正的，也可能是负的。一方直接把利益转让给其他方时，可产生正外部性（positive externalities）。一家旗舰店给其他专卖店带来的更多的顾客就是正外部性。相反，一方直接把成本转让给其他方时，可产生负外部性（negative externalities）。百货商店从附近其他百货商店抢走顾客是一个负外部性。典型的负外部性的例子就是污染，当企业排放不容易被生物降解或者对其他资源造成危害的废弃物时，企业并不需要承担全部成本：比如一家纺织企业排放的废弃物中含有致痛物，如果某纺织企业可以“免费”地将废弃物排放到附近河流中，则该企业有动力向河流排放超过社会有效水平的废弃物该企业从排放中获益，但所排放的废弃物降低了河流的含氧星，阻塞了水流的正常流动，并对鸟、鱼、爬行动物和两栖动物的繁衍带来影响。这就给那些没有参与纺织品生产或消费的人带来了负面影响。政府可以制定相应政策，使企业的排污成本内部化。当生产的内部成本等于社会生产成本时，就能使产出达到社会有效水平。

3. 公共物品

如果一个人增加对某物品的使用，而不会减少其他人所使用的数量，那么这种物品就是公共品。

公共物品是市场失灵的另一个来源。公共物品不仅使购买者受益，而且使其他非购买者受益。公共物品不同于其他大多数物品，日常消费的大多数物品都具有竞争性。简单来说，当你消费某物品时，其他人就不能消费该物品了。比如你为了保护自己的脚购买了一双鞋，那么其他人就不能穿这双鞋，所以鞋子的消费本质上具有竞争性。什么原因导致市场提供的公共物品数量总是无效的？原因是：公共物品一旦启用，每个人都可以消费，那么人们就失去了对该物品付钱的动力。而更倾向于让其他人为该物品付费，自己可以在别人努力的基础上搭便车。如果每个人都这样想，则没有人愿意花钱购买该物品，那么最终该物品将变得不可获得，因为一个消费者或许根本无力购买该公共物品。

公告物品具有两个特征：一是公共品提供了非竞争的消费。如果一个人增加消费不会减少其他人所能使用的数量，则消费是非竞争的（nonrival）。包括无线信号、灯塔、国防设施以及环境保护等。当你在车里收听广播时，你并不妨碍其他人在他们的车里收听同一广播。这完全不同于鞋子的购买。二是非排他性，即公共物品一旦启用，每个人都可以消费它，没有人可以被排除在外。大多数产品或服务的消费都是非排他性消费（non-exclusionary consumption）。比如某汽车制造商生产的一辆汽车，通过上锁来阻止他人使用该汽车，仅将钥匙给那些愿意花钱购买该车的人。

公共物品可以以私人物品的形式传递。比如药物阿托伐他汀的配方是一种公共品。如果多一家制造商使用这个配方，不会减少其他制造商获得该药方。然而，药物是以药片的形式传递给消费者。药片是一种私人物品，如果一个人消费了一片药片，其他人就不能再使用该药片了。所以，如果公共品是以私人物品的形式传递，由于私人物品是排他性的，公共品就可以商业化供给。由此，影响排他性有两个因素：法律和技术。

科学配方是公共品，但是通过专利这一法律概念，法律可将科学配方的使用变为排他性的。专利（patent）就是法律对一种产品或工艺赋予的一种排他性的权利。如果没有专利权所有者的许可，生产该产品或使用其工艺是非法的，这样的非法行为被称为侵权。专利所有者可以起诉侵权者，以法律手段来制止侵权行为并获得补偿。

除了法律，影响排他性的另一个因素是技术。电视节目的内容是一种公共品，但是传递的方式可以是排他的。无线电视是非排他性的。无线转播站无法阻止特定的人观看节目，但是，利用加密技术，用无线播出就可以成为排他性的。加密技术将电视节目传递的方式从非排他性的转变成排他性的。

4. 不完全信息

要保证市场有效运行，市场上的参与者必须获得合理的信息，诸如价格、质量、技术以及从事某种工作或消费某种商品的相应风险等。而在许多情况下，进入者和在位企业不可能拥有完全的价格信息。对企业家和潜在进入者来说，要找到有利的商业机会需要付出成本。进入前的价格或者利润从某种程度上讲是一种信号，这种信号的存在使潜在进入者识别获利机会的成本降低，于是在位者可能会伪造进入前的价格和进入后的利润的联系。限制进入定价就向潜在进入者“隐瞒”了有关的利润信息，从而推迟甚至完全阻止进入（完全阻止比较少见），其阻止能力取决于潜在进入者从其他渠道获取信息的成本。还有一种情况就是潜在进入者不清楚在位企业的真实成本。若潜在进入者得知在位企业的成本高，则会发现其进入市场有利可图。若潜在进入者得知在位企业的成本低，则会发现其进入市场无利可图。若进入者不清楚在位企业的成本，则其会利用所获信息估算在位企业的成本。比如当在位企业定低价时，进入者会推断在位企业的生产成本较低，进而认为无利可图。由此，在位企业可以通过定价低于垄断价格来阻止潜在进入者。若进入前的价格与进入后的利润存在联系，限制进入定价就可以有效地阻止进入。

当参与者拥有不完全信息时，就可能导致要未投入或产出的无效率。比如香烟的消费，如果人们不知道吸烟有害，那么现在因已知的健康风险而不吸的人就可能会吸烟，这个决定的作出基于其对吸烟危险的不完全信息。正因为如此，政府往往扮演市场信息提供者的角色。比如向消费者发布某食品成分、某产品或药品的危险性等信息。政府会采取一些管制措施，如要求企业必须把产品信息印在标签上。政府还会规范企业的工作环境。确保工人了解某些化学品（如石棉）的危害以及采取某些预防措施（如建筑作业中佩戴安全帽等）的好处。

3.6 案例分析

彩电市场

调查显示，国内排名前十位彩电厂家 2002 年产销存出口概况见表 3-6。

表 3-6　**排名前十位彩电厂家 2002 年产销存出口概况**　单位：万台

企业	产量	销量	库存	出口
长虹	634.5	599.8	202.5	44.6
TCT	567.0	567.8	62.4	40.4
创维	411.9	419.2	52.9	93.2
康佳	346.8	429.2	71.2	60.5
海信	303.7	304.4	12.0	16.4
厦华	154.1	151.5	6.4	35.4

续表

企业	产量	销量	库存	出口
海尔	145.2	144.1	3.7	24.6
长白	137.8	140.2	1.8	108.5
大连东芝	126.9	124.4	7.5	88.5
熊猫	99.6	109.3	5.5	50.6
上广电	98.1	102.8	14.9	17.0

从表 3-6 中我们可以看到：

合计产量为 3043.6 万台，销量为 3092.7，占国内市场份额的 80%，因此彩电市场是典型的寡头垄断市场，在普通彩电领域，产品差别不大，企业间利害关系直接，它们之间相互影响，当一家企业的价格和产量发生变化，就会影响到其他企业的销售量和利润，这样势必会引起这些企业作出强烈的反应。所以任何一家企业对自己的价格和产量的决策，都是在充分考虑了相互影响的条件下作出的。

而从本案例给出的数据还可以看出，2002 年彩电市场产销量出现较大的增长，主要并不是国内需求扩大，而是外销出口增加造成的，2001 年出口了 579.7 万台，而 2002 年 1～6 月累计已出口了 743.1 万台，据信息产业部统计显示，2002 年全年中国出口彩电 1800 万台，是 1997 年时的 5 倍。作为彩电业今年最大的亮点，100% 的出口增长着实让中国彩电在国际市场上火了一把。国际市场的增长缓解了国内彩电市场供大于求的矛盾，海信、长虹、TCL 等企业不约而同地调整了国际市场的出口计划。

因此，出口的拉动作用造成了彩管需求增加，价格上升。

彩电市场价格需求弹性分析如下。

由于国内彩电市场是寡头垄断市场，因此如果一个主要企业提高价格，行业中的别的主要企业都不会跟着改变自己的价格，因此提价的企业销量会减少很多，从而对自己很不利，从斯维齐模型可以看出这时的降价企业需求状况，是一条相对富有弹性的需求曲线。而且企业要想获得最大的利润，只能是在技术上有了很大的突破，企业成本变化很大，才需对价格重新做出调整。

国内近两年的事实也证明了这点。大型彩电企业竞相往高端发展，广东现代国际市场研究有限公司进行的最新调查表明，高端彩电正在被中国消费者接受，而合理的价格策略则是重要的市场突破口。

从以上的各方面分析可以看出，在同质的市场上，对交叉弹性的需求分析，价格应该采用竞合策略，尽管占彩电成本一半的彩管价格上涨了 10%，但是各彩电企业基于市场竞争的考虑，也不会采取涨价的策略。而是会进一步挖掘自身潜力，努力降低生产成本，同时，调整产品结构，加大研发力度，使彩电由低端向高端发展，从高端产品中获得高额利润。

如果自己是某个彩电企业老总，必须首先对本企业进行市场定位，通过分析本企业的优势、劣势，产品满足市场的功能效用，了解本企业在市场中所处的位置，在细分市场方面确立自己的客户群体，在满足这部分客户群的同时，了解国际市场情况，利用现有的硬件设施，开发符合国外相关市场的产品标准，努力开拓国外市场。同时，在国内不能采用提价策略，而是实行品牌开发战略，充分利用这种状况，研发高端产品，捷径是采取与国外大公司合资、合作的方式，努力占领高技术的制高点，做好技术储备，同时做好整合资源的准备，广告宣传适当转移，使自己今后的主要利润来源定位在高端产品方面，这样才能使自己的企业不致被市场所淘汰。

第4章

企业财务管理

本章导读

随着社会经济的快速发展，产生了很多新兴的电力产业，使电力行业的发展以及竞争非常激烈。因此，对于现阶段激烈的市场环境，电网企业就需要不断地加强对核心竞争力的合理提升，才可以很好地对客户需求进行满足，以此对提升市场占有额、为企业自身的长久发展奠定良好的基础。在对企业核心竞争力提升当中，对电网企业财务管理效率不断优化是主要的方式之一。电网企业财务管理效率的合理提升，能够使得电网企业的资金安全和利润都得到有效提升，也可以保证电网企业投入的资金价值可以获得很好的提升。在实际的生产运行当中，电网企业都需要有基本的财务支撑。采用科学合理的财务管理方式，可以确保电网企业实现资金筹措行为，并且将所筹措的资金合理地应用到企业的经济活动和生产运行中，确保电网企业可以实现有效的生产。在此基础上，电网企业采用科学合理的财务管理还可以实现投资以及利益的有效分配，可以很好地把电网企业资金的价值表现出来，从而为电网企业经济发展提供良好的支撑。

本章思维导图如图4-1所示。

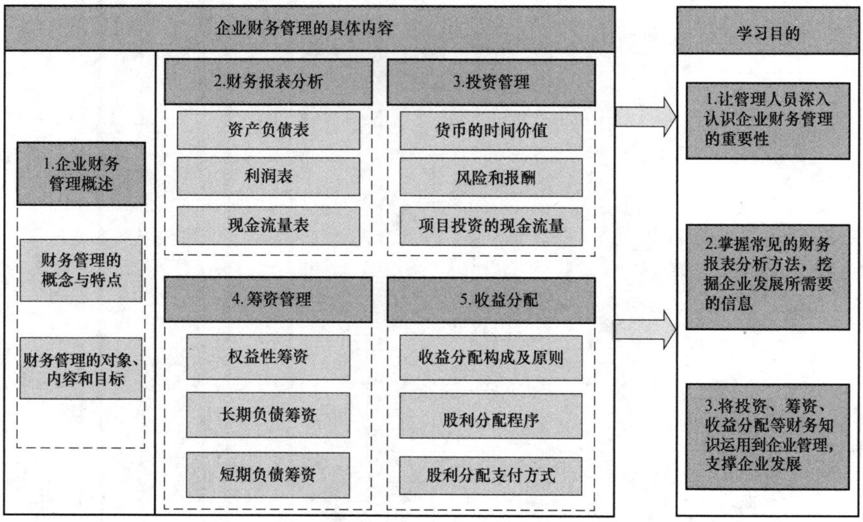

图4-1　企业财务管理思维导图

4.1 企业财务管理概述

4.1.1 企业财务管理的概念与特点

财务管理是企业管理的重要组成部分，财力资源的取得和管理是企业成功经营的最重要的条件之一，它直接关系到企业的兴衰成败。市场经济特别是资本市场的不断发展，使财务管理在现代企业管理中扮演了越来越重要的角色。为此，要了解什么是财务管理，必须先分析什么是企业的财务活动。

1. 企业财务活动

企业财务活动是以现金收支为主的企业资金收支活动的总称。在社会主义市场经济条件下，一切物资都具有一定量的价值，它体现着耗费于物资中的社会必要劳动量，社会再生产过程中物资价值的货币表现，就是资金。在市场经济条件下，拥有一定数额的资金，是进行生产经营活动的必要条件。企业生产经营过程，一方面表现为物资的不断购进和售出；另一方面则表现为资金的支出和收回，企业的经营活动不断进行，也就会不断产生资金的收支。企业资金的收支，构成了企业经济活动的一个独立方面，这便是企业的财务活动。因此，企业的财务活动可以分为融资活动、投资活动、经营活动、利润及其分配活动这四个方面，企业财务活动可见图 4-2。

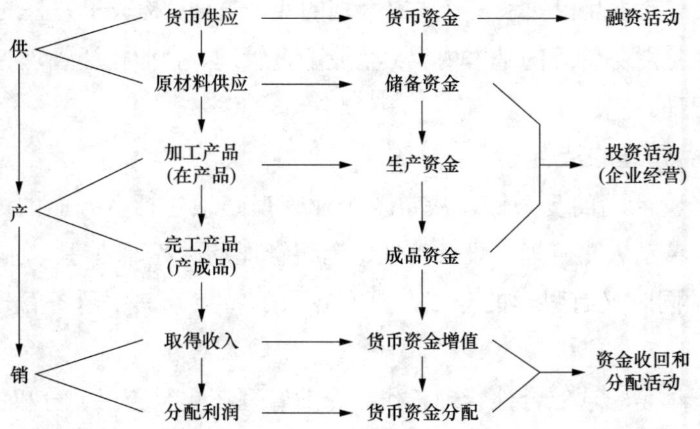

图 4-2 财务活动示意图

（1）企业融资引起的财务活动。在商品经济条件下，企业要想从事经营，首先必须筹集一定数量的资金，企业通过发行股票、发行债券、吸收直接投资等方式筹集资金，表现为企业资金的收入。企业偿还借款，支付利息、股利及付出各种费用等，则表现为企业资金的支出。这种因为资金筹集而产生的资金收支，便是由企业融资而引起的财务活动。

（2）企业投资引起的财务活动。企业筹集资金的目的是把资金用于生产经营活动，以便取得盈利，不断增加企业价值。企业把筹集到的资金投资于企业内部，用于购置固定资产、无形资产等，便于形成企业的对内投资；企业把筹集到的资金投资于购买其他企业的股票、债券或与其他企业联营进行投资，便于形成企业的对外投资。无论是企业购买内部所需各种资产，还是购买各种证券，都需要支出资金。而当企业变卖其对内投资的各种资产或收回其对外投资时，则会产生资金的收入。这种因企业投资而产生的资金的收支，便是由投资而引起的财务活动。

（3）企业经营引起的财务活动。企业在正常的生产经营活动中，会发生一系列的资金收支。首先，企业要采购材料或商品，以便从事生产和销售活动，同时，还要支付工资和其他营业费用；其次，当企业把产品或商品售出后，便可取得收入，收回资金；再次，如果企业现有资金不能满足企业经营的需要，还要采取短期借款方式来筹集所需资金。上述各方面都会产生企业资金的收支，此即属于企业经营引起的财务活动。

（4）企业分配引起的财务活动。企业在经营过程中会产生利润，也可能会因对外投资而分得利润，这表明企业有了资金的增值或取得了投资报酬。企业的利润要按规定的程序进行分配。首先，要依法纳税；其次，要用来弥补亏损，提取公积金、公益金；最后要向投资者分配利润。这种因利润分配而产生的资金收支便属于由利润分配而引起的财务活动。

因此，企业财务活动的四个方面，它们不是相互割裂、互不相关的，而是相互联系、相互依存的。正是上述互相联系又有一定区别的四个方面，构成了完整的财务管理活动，这四个方面也就是财务管理的基本内容：企业融资管理、企业投资管理、营运资金管理、利润及其分配管理。

2. 企业财务管理的特点

企业生产经营活动的复杂性，决定了企业管理必须包括多方面的内容，如生产管理、技术管理、劳动人事管理、设备管理、销售管理及财务管理等。各项工作既互相联系、紧密配合，同时又有科学的分工，具有各自的特点。其中财务管理的特点有如下几个方面。

（1）财务管理是一项综合性管理工作。企业管理在实行分工、分权的过程中形成了一系列专业管理，有的侧重于实用价值的管理，有的侧重于价值的管理，有的侧重于劳动要素的管理，有的侧重于信息的管理。社会经济的发展，要求财务管理主要是运用价值形式对经营活动实施管理。通过价值形式，把企业的一切物质条件、经营过程和经营结果都合理地加以规划和控制，达到企业效益不断提高、财富不断增加的目的。因此，财务管理既是企业管理的一个独立方面，又是一项综合性的管理工作。

（2）财务管理与企业各方面具有广泛联系。在企业中，一切涉及资金的收支活动，都与财务管理有关。事实上，企业内部各部门与资金不发生联系的现象是很少见的。因此，财务管理的触角，常常伸向企业经营的各个角落。每一个部门都会通过资金的使用与财务部门发生联系。每一个部门也都要在合理使用资金、节约资金支出等方面接受财务部门的指导，受到财务制度的约束，以此来保证企业经济效益的提高。

（3）财务管理能迅速反映企业生产经营状况。在企业管理中，决策是否得当，经营是否合理，技术是否先进，产销是否顺畅，都可以迅速地在企业财务指标中得到反映。例如，如果企业生产的产品适销对路，质量优良可靠，则可带动生产发展，实现产销两旺，资金周转加快，盈利能力增强，这一切都可以通过各种财务指标迅速地反映出来。这也说明，财务管理工作既有独立性，又受整个企业管理工作的制约。财务部门应通过自己的工作，向企业领导及时通报有关财务指标的变化情况，以便把各部门的工作都纳入提高经济效益的轨道，努力实现财务管理的目标。

综上所述，可以把财务管理的概念概括为：企业财务管理是企业管理的一个组成部分，它是根据财经法规制度，按照财务管理的原则，组织企业财务活动，处理财务关系的一项经济管理工作。

4.1.2 财务管理的对象、内容和目标

财务管理是有关资金的筹集、投放和分配的工作。财务管理的对象是现金或者（资金）的循环和周转，主要内容是融资、投资和股利分配，主要职能是决策、计划和控制。

1. 财务管理的对象

财务管理主要是资金管理，其对象是资金及其流转。资金流转的起点和终点是现金，其他资产都是现金在流转中的转化形式，因此财务管理的对象也可以说是现金及其流转。财务管理也会涉及成本、收入和利润问题。从财务的观点来看，成本和费用是现金的耗费，收入和利润是现金的来源。财务管理主要在这种意义上研究成本和收入，而不同于一般意义上的成本管理和销售管理，也不同于计量收入、成本和利润的会计工作。

（1）现金流转的概念。在生产经营中，现金（cash）变为非现金资产，非现金资产又变为现金，这种周而复始的流转过程称为现金流转（the cycle of cash）。这种流转无始无终，不断循环，又称为现金的循环或资金循环。现金的循环有多条途径。例如，有的现金用于购买原材料，原材料经过加工成为产成品，产成品出售后又变为现金；有的现金用于购买固定资产，如机器等，机器在使用中逐渐磨损，其价值进入产品，陆续通过产品销售变为现金。各种流转途径完成一次循环，即从现金开始又回到现金所需的时间不同。购买商品的现金可能几天就可以流回，购买机器的现金可能要许多年才能全部返回现金状态，现金变为非现金资产，然后又回到现金，所需时间不超过一年的流转，称为现金的短期循环。短期循环中的资产是流动资产，包括现金本身和企业正常经营周期内可以完全转变为现金的存货、应收账款、短期投资等。现金变为非现金资产，然后又回到现金，所需时间在一年以上的流转，称为现金的长期循环。长期循环中的非现金资

产是长期资产，包括固定资产、长期投资、无形资产和其他资产等。

1）现金的短期循环。如图 4-3 所示为现金短期循环的基本形式。

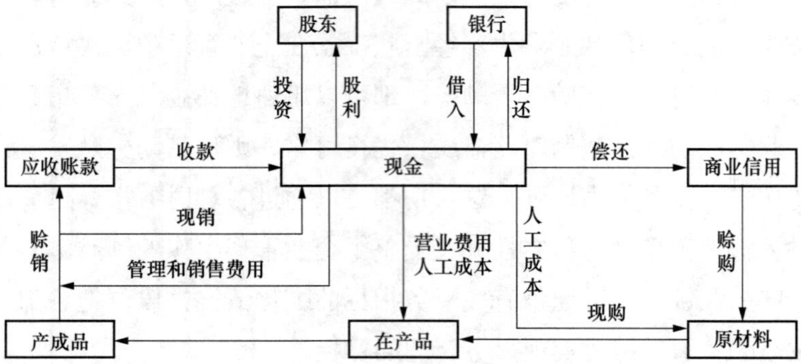

图 4-3 现金短期循环的基本形式

2） 现金的长期循环。如图 4-4 所示为现金长期循环的最基本的形式。

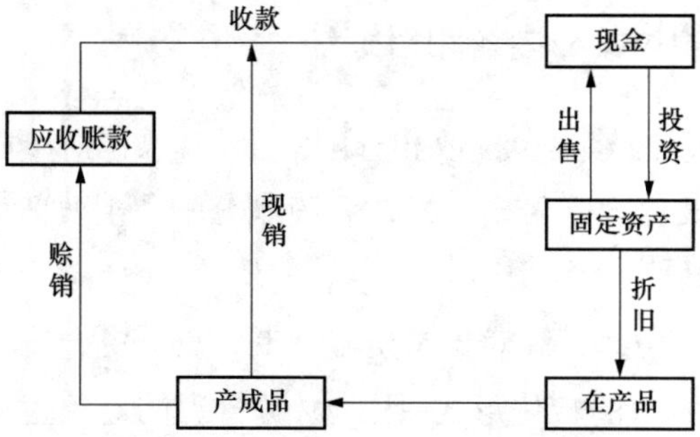

图 4-4 现金长期循环的最基本的形式

企业用现金购买固定资产，固定资产的价值在使用中逐步减少，减少的价值称为折旧费。折旧费和人工、材料费共同构成产品成本，出售产品时收回现金。有时，出售固定资产可使之变为现金。长期循环是一个缓慢的过程，房屋建筑物的成本往往要几十年才能得到补偿。

例如，某公司的损益情况（单位：元）如下：

销售收入		10 000
制造成本（不含折旧）	5000	
销售和管理费用	1000	
折旧	2000	8000
税前利润		2000
所得税（30%）	600	
税后利润		1400

该公司获利1400元，现金却增加了3400元。因为销售收入增加现金10 000元，各种现金支出是6600元（付现成本5000元＋付现费用1000元＋所得税600元），现金增加3400元，比净利多2000元（3400－1400），这是计提折旧2000元引起的。利润是根据收入减去全部费用计算的，而现金余额是收入减去全部现金支出计算的。折旧不是本期的现金支出，但却是本期的费用。因此，每期的现金增加是利润与折旧之和。利润会使企业增加现金，折旧也会使现金增加，不过，折旧还同时使固定资产的价值减少。

如果该公司本年亏损，情况又怎样呢？假设其损益情况（单位：元）如下：

销售收入		10 000
制造成本（不含折旧）	9000	
销售和管理费用	1000	
折旧	2000	12 000
亏损		（2000）

该公司虽然亏损2000元，但现金的余额并未减少。因为本期现金收入10 000元，现金支出也是10 000元（9000＋1000）。在企业不添置固定资产的情况下，只要亏损额不超过折旧额，企业的现金余额就不会减少。

（2）长期循环和短期循环的联系。现金是长期循环和短期循环的共同起点，在换取非现金资产时分开，分别转化为各种长期资产和短期资产。它们被使用时，分别进入“在产品”和各种费用账户，又汇合在一起，同步形成“产成品”，产品经出售又同步转化为现金。转化为现金以后，不管它们原来是短期循环还是长期循环，企业可以视需要重新分配。折旧形成的现金可以买材料，原来用于短期循环的现金收回后也可以投资于固定资产。

2. 现金流转的不平衡

如果企业的现金流出量与现金流入量相等，财务管理工作将大大简化。实际上这种情况很少出现，不是收大于支就是支大于收，绝大多数企业一年中会多次遇到现金流出大于现金流入的情况。

现金流转不平衡的原因有企业内部的，如盈利、亏损或扩充等；也有企业外部的，如市场变化、经济兴衰、企业间竞争等。

（1）影响企业现金流转的内部原因。

1）赢利企业的现金流转。不打算扩张的赢利企业，其现金流转一般比较顺畅。它的短期循环中的现金大体平衡，税后净利使企业现金多余出来，长期循环中的折旧、摊销等也会积存现金。赢利企业也可能由于抽出过多现金（如支付股利、偿还借款、更新设备等）而发生临时流转困难。此外，存货变质、财产失窃、坏账损失、出售固定资产损失等，会使企业失去现金，并引起周转的不平衡。不过，赢利企业如果不进行大规模扩充，通常不会发生财务困难。

2）亏损企业的现金流转。从长期的观点看，亏损企业的现金流转是不可能维持的。从短期来看，又分为两类：一类是亏损额小于折旧额的企业，在固定资产重置以前可以维持下去；另一类是亏损额大于折旧额的企业，不从外部补充现金将很快破产。亏损额小于折旧额的企业，虽然收入小于全部成本费用，但大于付现的成本费用，因为折旧和摊销费用不需要支付现金。因此，它们支付日常的开支通常并不困难，甚至还可能把部分补偿折旧费用的现金抽出来移作他用。然而，当计提折旧的固定资产达到必须重置的时候，灾难就来临了。积蓄起来的现金，不足以重置固定资产，因为亏损时企业的收入是不能足额补偿全部资产价值的。此时，财务主管的唯一出路是设法借钱，以购买设备使生产继续下去。这种办法只能解决一时的问题，它增加了以后年度的现金支出，会进一步增加企业的亏损。除非企业扭亏为盈，否则就会变为"亏损额大于折旧额的"企业，并很快破产。这类企业如不能在短期内扭亏为盈，还有一条出路，就是找一家对减低税负有兴趣的赢利企业，被别人兼并，因为合并一个账面有亏损的企业，可以减少净利企业的税负。亏损额大于折旧额的企业，是濒临破产的企业。这类企业不能以高于付现成本的价格出售产品，更谈不上补偿非现金费用。这类企业的财务主管，必须不断向短期周转中补充现金，其数额等于现金亏空数。如果要重置固定资产，所需现金只能从外部筹措。一般来说，他们从外部寻找资金来源是很困难的。贷款人看不到偿还贷款的保障，是不会提供贷款的；所有者也不愿冒险投入更多的资金。因此，这类企业如不能在短期内扭亏为盈，不如尽早宣告倒闭。这类企业即使被其他企业兼并，连减低盘进企业税负的价值也没有。因为盘进企业的目的是节税，以减少现金流出，如果被盘进的企业每年都需要注入现金，则违背其初衷。

3）扩充企业的现金流转。任何要迅速扩大经营规模的企业，都会遇到相当严重的现金短缺情况。不仅固定资产的投资要扩大，还有存货增加、应收账款增加等，都会使现金流出扩大。

这类企业的财务主管人员的任务不仅是维持当前经营的现金收支平衡，而且要设法满足企业扩大的现金需要，并且力求使企业扩充的现金需求不超过扩充后新的现金流入。

首先，应从企业内部寻找扩充项目所需资金，如出售短期证券、减少股利分配、加速回收应收账款等。

其次，内部筹措的资金不能满足扩充需要时，只有从外部筹集。从外部筹集的资金，要承担资产成本，还要还本付息，会引起未来的现金流出。企业在借款时就要注意到，将来的还本付息的现金流出不要超过将来的现金流入。如果不是这样，就要借新债还旧债，利息负担会耗费掉扩建形成的现金流入，使项目在经济上失败。

（2）影响企业现金流转的外部原因。

1）市场的季节性变化。通常来讲，企业的生产部门力求全年均衡生产，以充分利用设备和工人，但销售总会有季节性变化。因此，企业往往在销售淡季现金不足，销售旺季过后现金过剩。企业的采购用现金流出也有季节性变化，尤其是使用农产品作原料的企业更是如此。集中采购而均匀耗用，使存货数量周期性变化。采购旺季有大量现金流出，而现金流入并不能同步增加。企业人工等费用的开支也会有季节性变化。有的企业集中在年终发放奖金，要用大量现金；有的企业利用节假日加班加点，要付成倍的工资；有的企业使用季节性临时工，在此期间人工费大增。财务主管要对这些变化事先应有所准备，并留有适当余地。

2）经济的波动。任何国家的经济发展速度都会有波动，时快时慢。在经济收缩时，销售下降，进而生产和采购减少，整个短期循环中的资金减少了，企业有了过剩的现金。如果预计不景气的时间很长，而推迟固定资金的重置，折旧积存的现金也会增加。这种财务状况给人以假象。随着销售额的进一步减少，大量的经营亏损很快接踵而来，现金将被逐步销蚀掉。当经济“热”起来时，现金需求迅速扩大，积存的过剩现金很快被用尽，不仅扩充存货要大量投入现金，而且受繁荣时期乐观情绪的鼓舞，企业会对固定资产进行扩充性投资，并且往往要超过提取的折旧。此时，银行和其他贷款人大多也很乐观，愿意为赢利企业提供贷款，融资不会太困难。但是，经济过热必然造成利率上升，过度扩充的企业背负巨大的利息负担，会首先受到经济收缩的打击。

3）通货膨胀。通货膨胀会使企业遭遇现金短缺的困难。由于原料价格上升，保持存货所需的现金增加；人工和其他费用的现金支付增加；售价提高使应收账款占用的资金也增加。企业唯一的希望是利润也会增加，否则，现金会越来越紧张。提高利润，不外乎增收节支。增加收入，受到市场竞争的限制。企业若不降低成本，就难以应对通货膨胀造成的财务困难。通货膨胀造成的现金流转不平衡，不能靠短期借款解决，因其不是季节性临时现金短缺，而是现金购买力被永久地“蚕食”了。

4）竞争。竞争会对企业的现金流转产生不利影响。但是，竞争往往是被迫的，企业经营者不得不采取他们本来不想采取的方针。价格竞争会使企业立即减少现金流入。在竞争中获胜的一方会通过多卖产品挽回其损失，还受到销量减少的打击，现金周转可能严重失衡。

广告竞争会立即增加企业的现金流出。最好的结果是广告促进销售，加速现金流回。若竞争对手也作推销努力，企业广告只能制止其销售额的下降。有时广告并不能完全阻止销售额下降，只是下降得少一些。

3. 财务管理的内容

企业财务管理的最终目标是企业价值最大化，提高企业价值的主要途径是提高收益率和减少风险。企业收益率的高低和风险的大小又决定于投资项目、资本结构和股利分配政策。因此，企业财务管理的主要内容是投资管理、融资管理、营运资金管理和股利分配管理。然而税收与企业的经营管理、财务管理、成本核算的各个方面都有密切联系，因此，企业税收筹划也成为企业理财活动的重要内容。

（1）投资管理。投资是指企业投入资金，以期在未来获取收益的一种行为。对外投资是指购买其他企业的股票和债券、购买政府债券、金融债券，以及直接对其他企业的投资等；对内投资是指企业内部购置长期资产的投资，包括固定资产、无形资产等。

企业的投资按不同的标准可以分为以下类型：

1）直接投资和间接投资。直接投资是指把资金直接投放于生产经营性资产，以便获取利润的投资。例如，开办工厂或商店，购置设备等。间接投资又称证券投资，是指把资金投放于证券等金融性资产，以便取得股利或利息收入的投资。

2）长期投资和短期投资（以投资的回收时间）。长期投资是指一年以后才能收回的投资，包括对厂房、机器设备等固定资产的投资，以及购买股票和长期债券等。短期投资又称为流动资产投资，是指能够或准备在一年内收回的投资，例如对应收账款、存货、短期有价证券等投资。

（2）筹资管理。筹资是指企业根据生产经营活动对资金的需要量，采用适当的方式获取资金的行为。企业的资金来源，按不同标准可以分为以下类别。

1）权益资金和借入资金。权益资金，也称权益资本，是指企业投资者提供的资金，它没有固定的偿还期限，筹资风险小，但期望的报酬率较高。借入资金是指债权人资金，它需要按期归还，并支付固定的利息，有一定的风险，但低于权益资金。资本结构，主要就是指权益资金与借入资金的比例关系。如何确定最佳资本结构，是筹资决策的重要内容。

2）长期资金和短期资金。长期资金是指企业可长期使用的资金，主要来自权益资金和长期负债、长期借款。短期资金主要来自银行短期借款和商业信用，如何确定长期资金和短期资金的比重，是筹资决策要解决的另一个重要问题。

（3）收益分配管理。利润分配是指决定在企业获取的税后利润中，有多少作为股利分配给股东，有多少留在企业作为再投资。过高的股利支付率，会影响企业再投资的能力，使未来收益减少，造成股价下跌；过低的股利支付率，可能会引起股东不满，股价也会下跌。

股利决策的制定受多种因素的影响，包括税法对股利和出售股票收益的不同处理、未来公司的投资机会、各种资金来源、机器成本、股东对当期收入和未来收入的相对偏好等，公司必须根据具体情况制定出本公司最佳的股利政策。股利政策，从另一个角度看也是保留盈余决策，是企业内部融资问题。因此，有人认为股利政策属融资的范畴，而并非一项独立的财务管理内容。需要注意的是，融资决策与投资及股利分配有密切的关系，融资的数量和时间取决于投资的需要，而投资的总量也要考虑到融资总量，筹集资金的成本率就是投资的最低要求收益率。在股利分配时，也必须考虑到企业投资与融资的需要。

4. 财务管理的目标

财务管理的目标就是企业财务活动所希望实现的结果，是评价企业财务活动是否合理的基本标准。关于企业的财务管理目标，目前流行的说法有股东权益最大化、企业价值最大化等。应该说，各种说法都有其科学的地方，只是考虑的角度不同而已。

（1）利润最大化。利润最大化是西方微观经济学的理论基础。西方经济学家以往都是以利润最大化这一概念来分析和评价企业行为和业绩的。这种观点认为，利润代表了企业新创造的财富，利润越多，则企业的财富增长得越多，越接近企业生存、发展和盈利的目标。以利润最大化作为财务管理的目标，有其合理的一面。企业追求利润最大化，就必须讲求经济核算，加强管理，改进技术，提高劳动生产率，降低产品成本。这些措施都有利于资源的合理配置，有利于经济效益的提高。

但是，以利润最大化作为财务管理目标存在如下缺点：

1）利润最大化没有考虑利润实现的时间，没有考虑资金时间价值。

2）利润最大化没有考虑取得的利润与投入资本的关系，利润最大化不等于利润率最大化。实现的高额利润可能是牺牲了大量的经济资源而获得的。

3）利润最大化没有考虑获取的利润同其承担风险的关系。在项目和投资的选择上，收益固然重要，但忽视了项目和投资的风险，一旦出现不利的事实，企业将陷入困境，甚至破产。利润最大化目标下，财务决策仅仅局限于比较不同项目收益的大小作为决策的依据，显然是不可取的。

4）利润最大化难以协调企业同经营者之间的利益。当企业的利润目标与经营者的利益一致时，才会促进经营者努力达到利润最大化目标。经营者获取利润的多少往往通过考核其经营业绩的方式进行丈量，而考核其经营业绩的指标主要是销售额和利润额指标。为了追求经营绩效，他们往往会将收益放在第一位，而忽视了经营和投资的风险。在目标不能达到的情况下，他们往往又会挖空心思在账面上做手脚，虚增收入和利润，蒙骗广大社会公众，不利于企业的长远发展。

5）利润最大化没有考虑企业的可持续发展。利润最大化目标只是一种短期性目标，只顾眼前利益，不顾企业的长远发展，导致企业短期虽然实现了利润最大化而长期发展能力削弱了。

因此，现代财务理论认为，利润最大化并不是企业财务管理的最佳目标。

（2）每股盈余最大化。每股盈余最大化即每股收益最大化，每股收益是净利与发行在外普通股股数的比率，这种观点是把企业实现的净利同企业的投入进行对比。但是以每股盈余最大化作为企业财务管理的目标也有一些缺陷，仍然没有考虑资金的时间价值，也没有考虑风险因素。

（3）股东财富最大化。股东财富最大化是指通过财务上的合理经营，为股东带来最多的财富。在股份公司中，股东财富有其所拥有的股票数量和股票市场价格两方面来决定。在股票数量一定，当股票价格达到最高时，则股东财富也达到最大。所以，股东财富最大化，又演变为股票价格最大化。在运行良好的资本市场里，股东财富最大化目标可以理解为最大限度地提高现在的股票价格。企业财务管理的最佳目标就是使每股股票的目前价值最大化。

与利润最大化目标相比，股东财富最大化目标有其积极的方面，这是因为：

1）考虑了货币的时间价值和投资的风险价值，有利于选择投资方案，统筹安排长短期规划、有效筹集资金、合理制定股利政策因素；

2）反映了资产保值增值的要求，股东财富越多，企业资产的市场价值越大；

3）有利于克服管理上的片面性和短期行为；

4）有利于社会资源合理配置，社会资本通常流向企业价值最大化或股东财富最大化的企业或公司，从而实现社会效益最大化。

但应该看到，股东财富最大化目标也存在一些缺点：

1）它只适用于上市公司，对非上市公司则很难适用；

2）它只强调股东的利益，而对企业其他关系人的利益重视不够；

3）股票价格受多种因素影响，并非都是公司所能控制的，把不可控因素引入理财目标是不合理的；

4）对于非上市公司，只有对企业进行专门评估，才能真正确定其价值。而在评估这些企业的资产时，容易评估标准和评估方式的影响，不易做到客观、准确，也导致企业价值确定困难。尽管股东财富最大化存在上述缺点，但如果一个国家的证券市场高度发达，市场效率极高，上市公司可以把股东财富最大化作为企业财务管理的最佳目标。

4.2 财务报表分析

4.2.1 企业财务报表体系及内容

我国会计准则规定，企业对外报送的会计报表中，主要包括资产负债表、利润表、现金流量表。

1. 三张报表反映的经济内容

（1）资产负债表是反映企业在某一特定日期（某一会计期末：月末、季末、年末）财务状况的报表，可以了解企业资产、负债、所有者权益的内容和结构。

（2）利润表是反映企业在一定时期内经营成果的报表，通过利润表，可以了解企业利润的实现情况和利润结构，考核经营者的业绩。

（3）现金流量表是反映企业在一定时期内资金流动情况的报表，通过现金流量表，可以了解企业现金的收入和支出，分析企业资金的使用情况。

会计报表按编制时间不同，可以分为年度报表（简称年报）、半年度报表、季度报表（简称季报）和月度报表（简称月报），我国会计准则规定，资产负债表、利润表为月度报表，现金流量表、所有者权益变动表可以按月编制，也可以按年编制。

除以上三张报表外，企业还可以根据需要编制补充报表。本书主要介绍资产负债表、利润表和现金流量表。

2. 资产负债表

（1）资产负债表的概念。资产负债表是反映企业在某一特定日期（月末、季末、年末）财务状况的报表。资产负债表是静态报表，表中的数据是时点数，就像一张照片，反映企业在报告期末瞬间的情况。

资产负债表以“资产＝负债＋所有者权益”这一基本会计等式为基础设计，表中按照一定的分类标准和一定的次序，列示企业在特定日期的资产、负债、所有者权益数额及其相互关系，即企业的财务状况。

（2）资产负债表的作用。从资产负债表上，会计信息使用者可以获取以下信息：

1）企业的短期偿债能力。资产负债表中有关流动资产和流动负债的信息，有助于报表使用者分析和评价企业的短期偿债能力。

2）企业的长期偿债能力和资本结构。长期偿债能力，是指企业偿还全部债务本金和信息的能力。资本结构是指企业权益总额中负债与所有者权益的相对比例，负债的相对比例越大，企业的偿债压力越大，长期偿债能力也就越弱。资产负债表可以为分析和评价企业的资本结构和长期偿债能力提供信息。

3）企业的财务弹性。财务弹性是指当企业面临突发性资金需要时，是否有能力采取及时有效的措施调度资金，迅速应对。

（3）资产负债表的分析方法。在这里将对某企业的资产负债表进行分析，在之后的利润表及现金流量表也都应用此企业数据进行分析如表 4-1 所示。

表 4-1　　某企业的资产负债表　　单位：万元

项目	年初数		年末数		增减变动	
流动资产	金额	比重	金额	比重	金额	比重
货币资金	24 821	37.34%	21 586	33.33%	－3235	189.07%
应收账款	290	0.44%	154	0.24%	－136	7.95%
预付账款	726	1.09%	32	0.05%	－694	40.56%
其他应收款	29 411	44.25%	39 239	60.59%	9828	－574.40%
存货	3399	5.11%	2137	3.30%	－1262	73.76%
其他流动资产	151	0.23%	86	0.13%	－65	3.80%
流动资产合计	58 798	88.46%	63 234	97.65%	4436	－259.26%
长期股权投资	800	1.20%	24	0.04%	－776	45.35%

续表

项目	年初数		年末数		增减变动	
固定资产	9187	13.82%	2458	3.80%	−6729	393.28%
减：累计折旧	3359	5.05%	1684	2.60%	−1675	97.90%
固定资产净值	5828	8.77%	774	1.20%	−5054	295.38%
在建工程	42	0.06%	46	0.07%	4	−0.23%
无形资产	377	0.57%	180	0.28%	−197	11.51%
减：累计折旧	107	0.16%	42	0.06%	−65	3.80%
无形资产净值	270	0.41%	138	0.21%	−132	7.71%
长期待摊费用	732	1.10%	543	0.84%	−189	11.05%
非流动资产合计	7672	11.54%	1525	2.35%	−6147	359.26%
资产总计	66 470	100.00%	64 759	100.00%	−1711	100.00%
流动负债合计	38 784	57.44%	29 962	45.19%		
非流动负债合计	28 739	42.56%	36 334	54.81%		
负债合计	67 523	100.00%	66 296	100.00%		

1）资产规模分析。从表 4-1 可以看出，公司本年的非流动资产的比重 2.35%远远低于流动资产比重 97.65%，说明该企业变现能力极强，企业的应变能力强，企业近期的经营风险不大。与上年相比，流动资产的比重，由 88.46%上升到 97.65%，非流动资产的比重由 11.54%下降到 2.35%，主要是由于公司分立，将公司原有的安盛购物广场、联营商场、旧物市场等非超市业态独立出去，报表结果显示企业的变现能力提高了。

2）资产结构分析。从表 4-1 可以看出，流动资产占总资产比重为 97.65%，非流动资产占总资产的比重为 2.35%，说明企业灵活性较强，但底子比较薄弱，企业近期经营不存在风险，但长期经营风险较大。

流动负债占总负债的比重为 57.44%，说明企业对短期资金的依赖性很强，企业近期偿债的压力较大。

非流动资产的负债为 42.56%，说明企业在经营过程中对长期资金的依赖性也较强。企业的长期的偿债压力较大。

3. 利润表

（1）利润表的概念。利润表，又称为损益表或收益表，是反映企业在一定时期内（月份、季度、年度）经营成果的报表。利润表是动态报表，表中的数据是时期累计数，就像一组录像，反映了企业在某一时期内的累计经营成果。

利润表是根据“收入－费用＝利润”的会计等式设计的，以权责发生制原则和配比原则为基础编制，列示了企业在一定会计期间内取得的收入和费用，并通过计算确定企业的净利润（或净亏损）。

（2）利润表的作用。对于会计信息使用者来说，利润表的作用主要有以下几个方面：评价企业的经营成果和盈利能力；评价企业的偿债能力；预测企业未来的现金流量；考评企业管理当局的经营业绩；为利润分配提供依据。

（3）利润表的分析。在此承接上一节案例对企业的利润表进行简单的分析。

1）利润表结构分析如表4-2所示。

表4-2 利润表结构 单位：万元

项目	本年累计	上年同期	增减变动
主营业务利润	262	466	−204
其他业务利润	756	3349	−2593
利润总额	−464	−1921	1457
净利润	−464	−1921	1457

根据利润表构成分析表，我公司的主营业务利润、其他业务利润是盈利的，但是利润总额和净利润都是亏损的，由此这可以看出我公司是具备盈利能力的，但由于费用较大，导致公司亏损。

2）资产盈利能力分析如表4-3所示。

表4-3 资产盈利能力分析

项目	本年累计	上年同期	本年比上年
资产净利率	−0.71%	−2.93%	2.22%

$$资产净利率=净利润\div资产平均总额\times100\%$$

$$净资产收益率=净利润\div平均净资产\times100\%$$

公司资产净利率本年累计的比上年同期的增长了2.22%，这表明公司的资产利用的效益有所好转，利用资产创造的利润增加。

在分析公司的盈利能力时，应重点分析公司的净资产收益率，因为该指标是最具综合力的评价指标，其是被投资者最为关注的指标。但从公司的资产负债表可以看出，公司的股东权益已经为负数，分析净资产收益率已经没有任何意义。

综合以上分析，可判断出公司现在的盈利能力极弱，随着行业内部竞争压力增大，利润空间呈下滑的趋势，公司先要生存下去只有做到：

1）扩大经营规模，实现薄利多销，才能扭转亏损的趋势。

2）努力拓展其他业务，寻找新的经济增长点，否则企业会存在经营费用过高，发展后劲不足的风险。

4. 现金流量表

（1）现金流量表的概念。现金流量表是反映企业在某一会计期间内现金流入和流出情况的报表。现金流量表中的“现金”是广义的概念，包括货币资金和现金等价物。

1）货币资金是指企业的库存现金、可随时用于支付的银行存款和其他货币资金。

2）现金等价物是指企业持有的期限短、流动性强、易于转换为已知金额的现金、价值变动风险很小的投资，通常指自购买日起3个月内到期的短期债券投资。

现金流量是指一定时期内企业现金和现金等价物收入和支出的金额。在现金流表上，现金流量分为经营活动现金流量、投资活动现金流量、筹资活动现金流量三类。

（2）现金流量表的作用。对于报表使用者来说，现金流量表的作用可以概括为以下几个方面：

1）判断企业的偿债能力和支付能力，并预测企业未来的现金流量。

2）反映企业现金盈缺的原因，以便加强现金管理。

3）将经营活动现金净流量与净利润进行对比，可以评价净利润的质量。

4）有助于提高会计信息的可比性和真实性。

（3）现金流量表的分析如表4-4所示。

表4-4　现金流量表　单位：万元

项目	本期金额	构成	上年同期	构成	增减变动	增减变动率
一、经营活动产生的现金流量						
销售商品、提供劳务收到的现金	10 318	84.20%	11 758	51.55%	−1440	32.65%
收到的租金	129	1.05%	1029	4.51%	−900	−3.46%
收到的税费返还	1576	12.86%	1819	7.97%	−243	4.89%
收到与其他经营活动有关的现金	231	1.89%	8204	35.97%	−7973	−34.08%
经营活动现金流入小计	12 254	100.00%	22 809	100.00%	−10 555	0.00%
购买商品、接收劳务支付的现金	10 165	80.72%	12 202	51.63%	−2037	29.09%
经营租赁支付的现金	0	0.00%	0	0.00%	0	0.00%
支付给职工以及为职工支付的现金	1202	9.54%	1364	5.77%	−162	3.77%
支付的各项税费	305	2.24%	462	1.95%	−157	0.47%
支付其他与经营活动有关的现金	921	7.31%	9605	40.64%	−8684	−33.33%
经营活动现金流出小计	12 593	100.00%	23 632	100.00%	−11 039	0.00%
经营活动产生的现金流量净额	−339		−823		484	0.00%

续表

项目	本期金额	构成	上年同期	构成	增减变动	增减变动率
二、投资活动产生的现金流量						
收回投资收到的现金	2244	100.00%	0		2244	100.00%
取得投资收益收到的现金	0	0.00%	0		0	0.00%
处置固定资产、无形资产和其他长期资产收回的现金净额流出小计	0	0.00%	0		0	0.00%
筹资活动现金流出小计	33 836	72.77%	25 352	51.47%	8484	21.30%
现金流出小计	46 499	100.00%	49 256	100.00%	−2757	0.00%
现金及现金等价物净增加额	−3236		17 954		−2119	−118.02%

公司现金流量表结构分析，包括流入结构、流出结构和流入流出比例分析：

1）流入结构分析。在全部现金流入量中，经营活动所得现金占28.32%，比上年同期下降5.61%，投资活动所得现金占5.19%，比上年同期上升5.19%，筹资活动所得现金占66.49%，比上年同期上升0.43%。由此可以看出公司其现金流入产生的主要来源为经营活动、筹资活动，其投资活动对于企业的现金流入贡献很小。

2）流出结构分析。在全部现金流出量中，经营活动流出现金占27.08%，比上年同期下降20.90%，投资活动流出现金占0.15%，比上年同期下降0.55%，筹资活动流出现金占72.77%，比上年同期上升21.30%。公司现金流出主要在经营活动、筹资活动方面，其投资活动占用流出现金很少。

3）流入流出比例分析。从公司的现金流量表可以看出：

经营活动中：现金流入量12 254万元，现金流出量12 593万元，公司经营活动现金流入流出比为0.97，表明1元的现金流出可换回0.97元现金流入。

投资活动中：现金流入量2244万元，现金流出量70万元，公司投资活动的现金流入流出比为32.06，表明公司正处于投资回收期。

筹资活动中：现金流入量28 765万元，现金流出量33 836万元，筹资活动流入流出比为0.85，表明还款明显大于借款。

将现金流出与现金流入量和流入流出比例分析相结合，可以发现该公司的现金流入与流出主要来自经营活动和筹资活动。其部分投资活动现金流量净额用于补偿经营活动支出和筹资支出。

综合以上量化分析本年公司在现金流量方面得出如下结论：获现能力很弱，且主要以偶然性的投资活动获得，其经营活动、筹资获现能力为负值，这样造成企业以偶然性的投资活动所产生的现金来补偿其日常经营活动、筹资所产生现金不能补偿其本身支出的部分支出，可以看出公司维持日常经营活动及偿还筹资所需的资金压力较大，如运营不当，极易造成资金链断裂。

4.2.2　财务报表分析目的和方法

1. 财务报表分析的目的

财务分析是指采用适当的方法，对财务报表中的有关数据进行比较、分析和研究，评价企业的财务状况和经营成果，预测企业未来的发展趋势，为报表使用者进行经济决策提供依据。

2. 财务报表分析方法

财务分析方法主要包括对比分析法、比率分析法、趋势分析法以及结构分析法等。

3. 财务分析的主要内容

财务分析的主要内容有偿债能力分析、营运能力分析和盈利能力分析。

4.3　投　资　管　理

4.3.1　货币的时间价值

货币的时间价值，是指货币经过一段时间的投资与再投资后所增加的价值，也称为资金的时间价值。

不是所有的货币都具有时间价值，货币时间价值产生的前提是把货币作为资金投入生产经营过程。

由于所有的投资都带有这样或那样的风险，加之客观存在的通货膨胀因素，实际上货币的增值额中还包含了风险报酬和通货膨胀贴水，在计算货币时间价值时应将这两部分扣除。

货币时间价值是在不考虑风险因素和通货膨胀因素的前提下，货币随着时间的推移而发生的增值，也称为资金的时间价值。

货币投入生产经营过程后，其数额随着时间的推移而持续增长，这是一种客观的经济现象。企业资金循环和周转的起点是投入货币资金，企业用它来购买所需的资源，然后生产出新的产品，产品出售时得到货币量大于最初投入的货币量。资金的循环和周转以及因此实现的货币增值，需要或多或少的时间，每完成一次循环，货币就增加一定数额，周转的次数越多，增值额也越大。因此，随着时间的延续，货币总量在循环和周转中按几何级数增长，使得货币具有时间价值。

例如，由于货币随时间的延续而增值，现在的 1 元钱与将来的 1 元多钱甚至是几块钱在经济上是等效的。换一种说法，就是现在的 1 元钱和将来的 1 元钱经济价值不相等。

由于不同时间单位货币的价值不相等，所以，不同时间的货币收入不宜直接进行比较，需要把它们换算到相同的时间基础上，然后才能进行大小的比较和比率的计算。由于货币随时间的增长过程与利息的增值过程在数学上相似，因此，在换算时广泛使用计算利息的各种方法。

4.3.2 风险和报酬

1. 风险的概念

风险是指在一定条件和一定时期内可能发生的各种结果的变动程度，是事件本身的不确定性。因此，在研究风险时总是侧重于减少损失，主要从不利方面考察风险，把风险看成是不利事件发生的可能性。

2. 风险的类别

从投资者角度看，风险分为两类：市场风险和公司特有风险。

市场风险，是指由于那些对所有公司都产生影响的因素引起的风险，如战争、经济衰退、通货膨胀、通货紧缩等。这类风险涉及所有投资者且无法分散，因此又称为系统风险。

公司特有风险，是指由个别公司的特定事件造成的风险，只对个别公司产生影响。如英国石油公司墨西哥湾的漏油事件。这类风险通常是随机发生的，可以通过多角化投资来分散，因此又称为非系统风险。

公司特有风险又分为经营风险和财务风险两类：①经营风险是指由于生产经营的不确定性带来的风险，是所有商业活动共有的，也称为商业风险。经营风险使企业收益变得不确定。②财务风险是指由于负债带来的风险，也称为筹资风险。如果企业没有负债，资产全部来自股东，那么企业就没有财务风险，只有经营风险。

3. 风险和报酬的关系

风险与报酬的基本关系是，风险越大，要求的报酬率越高。风险和报酬的这种关系，是市场竞争的结果。

风险和期望投资报酬率之间的关系可用公式表示如下：

$$期望投资报酬率=无风险报酬率+风险报酬率$$

公式中的无风险报酬率是最低的社会平均报酬率，通常以国库券利率表示，因为国库券到期时连本带息肯定可以收回，被称为无风险投资。风险报酬率的高低则与风险大小有关，风险越大，要求的报酬率越高，因此风险报酬率是风险的函数。

4.3.3 项目投资的现金流量

项目投资，主要指针对生产型固定资产的投资。固定资产投资决策大致分四个步骤：

第一步是估计投资方案的现金流量；

第二步是确定资金成本或期望的投资回酬率；

第三步是计算投资方案的收入现值；

第四步是将收入现值与该投资方案所需支出比较，以确定该方案是否可行。其中估计投资项目的现金流量是投资决策的首要环节，也是分析和评价投资方案时最重要的步骤。

1. 项目投资现金流量的概念

现金流量包括现金流出量、现金流入量和现金净流量三个具体概念。

（1）现金流出量。指该投资项目引起的企业现金支出的增加额。例如，企业购置一条生产线，可以引起以下现金流出：

1）购置生产线的价款；

2）因生产能力扩大，需要追加的流动资金；

3）生产线的维护修理费用。

（2）现金流入量。指该投资项目引起的企业现金收入的增加额。例如，企业购置一条生产线，可以引起以下现金流入：

1）营业现金流入，指由于扩大生产能力，使企业的营业收入增加，扣除有关的付现成本增加额后的余额，为该生产线引起的现金流入；

2）该生产线出售或报废时的残值收入；

3）收回的流动资金，指该生产线出售或报废后，可以相应减少流动资金，收回的流动资金可用于别处，因此视为投资方案的现金流入。

（3）现金净流量。指现金流入量减去现金流出量的差额。流入量大于流出量时，净流量为正数。

2. 项目投资现金流量的计算

（1）确定投资方案现金流量应遵循的基本原则是：只有增量现金才是与该项目相关的现金流量。

（2）为了正确计算投资方案的增量现金流量，需要正确判断哪些支出会引起企业总现金流量的变动，哪些支出不会引起企业总现金流量的变动。判断时应注意三个问题：

1）不考虑沉没成本。沉没成本是指已经支出而无法收回的资金，这种成本对企业当前的投资决策不产生影响，在分析评价投资方案时不必考虑。

例如：某公司在 3 年前曾经打算建一条新的生产线，请专家做过可行性论证，并为此支付了 10 万元咨询费。后来由于有了更好的投资机会，该项目被搁置，该笔咨询费已经作为费用入账。现在由于市场变化，企业重提旧事，在进行投资分析时是否要考虑这笔咨询费用呢？答案是否定的。因为这笔费用已经发生，属于沉没成本，不管该公司是否采纳这个方案，它都已无法收回，与该项目未来的现金流量无关。

2）要考虑机会成本。在资源有限的条件下，选择了一个投资方案，意味着必须放弃其他的投资机会，其他投资机会可能带来的收益就是采纳本方案的一种代价，被称为本方案的机会成本。

3）要考虑投资方案对本企业其他部门的影响。

3. 项目投资现金净流量与净利润

在投资决策中，通常用现金净流量，而不用净利润作为评价方案优劣的标准，其原因是：

（1）在整个投资有效期内，现金净流量总额与净利润总额大体相等，因此可以用现金净流量取代净利润，作为评价投资方案净收益的指标。

（2）现金流量是按照收付实现制原则计算的，是企业实际收到或付出的现金，它不受人为因素的影响，可以保证客观性。

（3）采用现金流量，可以促使企业在投资决策时考虑时间价值因素。

（4）一个投资项目能否维持下去，并不取决于一定期间内是否盈利，而在于有没有现金用于各种支付。因此，在进行投资决策分析时，现金净流量比净利润更重要。

4.4 筹资管理

4.4.1 筹资方式

筹资方式是指企业筹集资金时所采取的具体形式。目前我国企业筹集资金的方式主要有以下几种：

（1）吸收直接投资。是指企业按照“共同投资、共担风险、共享利润”的原则，直接吸收国家、法人或个人投资的一种筹资方式。

（2）发行股票。是指股份公司按照“同股同权，同股同利”的原则，通过资本市场公开或定向发行股票筹集资金的一种方式。

（3）内部留存收益。留存收益是留存在企业的税后利润，包括按规定从税后利润中提取的盈余公积和根据投资人意愿留在企业的未分配利润。

（4）向银行借款。企业可以根据需要向银行或非银行金融机构借入款项，有固定的偿还期限须支付利息。

（5）利用商业信用。商业信用是商品交易中因延期付款或延期交货所形成的借贷关系。采用延期付款方式采购商品，相当于占用了供货商的资金，是企业筹集短期资金的重要方式。

（6）发行公司债券。即企业通过发行本公司债券向社会筹集资金。

（7）融资租赁。也称为资本性租赁，是区别于经营性租赁的一种长期租赁形式，是企业筹集长期资金的一种方式。

4.4.2 权益性筹资

权益性筹资的来源，按投资主体不同，分为国家、法人、个人和外资。权益性筹资的具体方式，包括吸收直接投资、发行普通股票筹资、留存收益筹资等。

1. 吸收直接投资

（1）直接投资的出资形式。企业采用吸收直接投资方式筹集资金时，投资者可以用现金、厂房设备、材料物资、无形资产等作价出资。

（2）吸收直接投资的成本。吸收直接投资的成本，是指企业因吸收直接投资而支付给出资人的投资报酬。

（3）吸收直接投资的优缺点。与发行股票筹集资金相比，吸收直接投资具有以下优点：手续简便快捷，资金筹集的速度快，筹资成本低；可以直接获得投资者的先进设备和先进技术，尽快形成生产能力和生产规模，尽快占领市场；支付投资报酬的方式灵活，分红压力小。

吸收直接投资也有缺点。主要表现为：直接面向投资者筹集资金，使企业吸收资金的数量有限，企业较难迅速扩张，因此依靠吸收直接投资筹集权益性资金的企业，一般规模不会太大；采用直接吸收投资方式筹集资金，投资者数量相对较少。但每个投资者的持股比例相对较大，有可能分散企业控制权。

2. 发行普通股票筹资

股票是一种有价证券，是股东按其所持股份享有权利和承担义务的证明，它代表股东对公司的所有权。

按照股东权利和义务的不同，股票分为普通股票和优先股票。普通股票，是股份公司发行的具有平等权利和义务、股利不固定的股票。普通股票具备股票的最一般特征，是股份公司股本的最基本部分。一般情况下，股份公司只发行普通股票。优先股票，是股份公司发行的、相对于普通股票具有优先权的股票。这种优先权主要体现在分配股利和公司剩余财产时，其顺序优先于普通股票，但它不具有表决权，或者表决权的形式受到限制。一般认为，优先股兼有债券的性质。

3. 留存收益筹资

留存收益，是指留存在企业的净利润（税后利润）。留存收益是企业筹集权益性资金的一种重要方式。我国企业的留存收益由盈余公积和未分配利润两部分组成。

（1）盈余公积。盈余公积是限定用途的留存收益，是企业按照企业法规定从净利润中提取的积累资金，包括法定盈余公积和任意盈余公积。企业法规定，法定盈余公积按净利润的10%提取，只能在一定条件下用于转增注册资本、弥补亏损和发放股利；任意盈余公积根据股东的意愿提取，按股东大会确定的用途使用。

（2）未分配利润。未分配利润是未限定用途的留存收益。留存收益筹资的成本，企业的留存收益由税后利润形成，属于权益资本，相当于股东对企业追加了投资。股东对这部分投资与股本一样，要求获得与普通股等价的报酬，所以留存收益也要计算成本。留存收益成本的计算与普通股基本相同，只是不发生筹资费用。

留存收益筹资的优缺点：留存收益是企业内部形成的资金，无须通过一定的方式去筹集，具有以下优点：

（1）资金成本较低。以留存收益筹资，不发生资金筹集费用，因此资金成本低于吸收直接投资和发行股票。

（2）可以保持原有股东的控制权。以留存收益筹资，所增加的权益资本不会改变企业的股权结构，不增加新的股东，可以保持原有股东对企业的控制权。

（3）可增加企业财务实力。以留存收益筹资，必然要减少向股东分配的利润，从而减少现金流出企业，既可以解决企业生产经营发展的资金需要，又可以增加企业的权益资本，提高企业举债的能力。

采用留存收益筹资的缺点是：

（1）筹资金数量有限。留存收益来自企业积累的净利润，其所能提供资金的最大数额是企业当期的税后利润和上年末盈余公积与未分配利润之和。

（2）资金使用受限制。如留存收益中法定盈余公积的使用，要受国家有关法规的制约。

4.4.3 长期负债筹资

以负债形式筹集资金的特点是：具有时间性，需到期偿还；不论企业经营好坏，需固定支付债务利息；但是负债的资金成本一般低于权益性资金，而且不会分散股东对企业的控制权。

在我国，长期负债筹资主要有长期借款和发行债券两种方式。

1. 长期借款筹资

长期借款是指企业向银行或非银行金融机构借入的使用期超过一年的借款，主要用于购置固定资产，以及流动资金的长期占用。

（1）长期借款的种类。目前我国金融机构提供的长期借款主要有：

按照提供贷款的机构。可以分为政策性银行贷款和商业银行贷款。此外，企业还可以从信托投资企业取得实物或货币形式的信托投资贷款，从企业集团财务企业取得各种贷款。

按照借款的用途，可以分为固定资产投资借款、更新改造借款、科研开发和新产品试制借款等。

按照有无担保。分为信用借款和抵押借款。信用借款是指仅凭企业信用或担保人信誉而取得的借款；抵押借款是指要求企业以抵押品为担保取得的借款。

（2）长期借款筹资的成本。长期借款成本包括利息和筹资费用。

（3）长期借款筹资的优缺点。

采用长期借款筹资的优点是：筹资速度快。长期借款属于直接筹资，只要借贷双方达成协议，即可签订借款合同取得借款，因此其筹资速度快于发行股票和债券；筹资成本低。从我国目前情况看，长期借款的利率一般低于企业债券利率，而且由于是直接筹资，筹资费用也较少；筹资弹性大。借款时企业与银行直接交涉，可根据双方的实际情况直接商定借款期限、数额、利率等。在借款期间，如果企业的资金需要量发生变化，可与银行协商修改借款数额和条件。借款到期后，如果有正当理由，还可与银行协商后延期归还；可以通过财务杠杆作用，提高股东的投资回报。长期借款利率是固定的，无论企业盈利多少，银行只按借款合同收取利息，当企业的资产报酬率高于借款利率时，企业股东将享受财务杠杆利益。获得更多的收益。

长期借款的缺点主要表现为：财务风险较高，长期借款必须按期还本付息，如果企业经营不利或资金周转困难，可能会产生不能按期偿债的风险，甚至会导致破产；限制性条款比较多。由于长期借款的期限长、风险大，银行通常会在借款合同中提出一些有助于保证借款及时收回的条件，如限制支付现金股利，定期向银行提交财务报表，限制资本支出规模等。这些条款可能会限制企业的生产经营活动；资金数量有限。银行为了减低风险。出借的长期借款都有一定限度，因此企业能够申请到的长期借款都有一定的上限。

2. 发行债券筹资

（1）债券的种类。企业债券按不同的分类标准可以分为不同的类别。按债券是否记名，可分为记名债券和不记名债券。记名债券，是指在券面上标注债权人姓名或名称，并在发行企业的债权人名册上进行登记的债券。记名债券的转让须执行严格的法律程序和手续，并办理过户。不记名债券，是指在券面上未标注债权人姓名或名称，也未在发行企业的债权人名册上登记的债券。不记名债券的转让自由方便，仅需办理过户手续。

按有无财产担保，企业债券可分为抵押债券和信用债券。抵押债券是指发行企业以特定财产作为抵押品的债券。信用债券是指没有特定财产作抵押，完全凭企业信用发行的债券。

按能否转化为企业股票，分为可转换债券和不可转换债券。可转换债券，是指在一定期间内，可以按照事先规定的转换比率或转换价格转换为本企业普通股票的债券。不可转换债券，是指不能转换为本企业普通股票的债券。由于可转换债券给了债权人更多的选择权利，因此其利率一般低于不可转换债券。

（2）发行债券筹资的成本。债券成本包括债券利息和筹资费用。债券投资也有其优缺点。

债券筹资的优点有：资金成本较低。与股票筹资相比，债券的发行成本较低。此外，债券利息在税前支付，可以减少企业所得税的交纳，因此债券筹资的使用成本也较低；可以保持股东的控制权。债券持有人不参与企业的经营管理，从而保持了股东对企业的控制权；可以通过财务杠杆作用，提高股东的投资回报。债券利率是固定的，企业无论盈利多少，都只需支付固定的利息，更多的收益可以分配给投资者或用于扩大经营，因此债券筹资有可能提高股东的投资回报。

债券筹资的缺点主要表现为：财务风险大。因为债券有固定的到期日，必须按期还本付息。如果企业一时资金周转失灵，无法按期向债券持有人还本付息，就会陷入财务困境，甚至导致企业破产；筹资周期长.限制条件多。企业发行债券筹集资金需要履行一系列手续，所需要的时间较长，而且发行债券的限制条件比借款更严格，可能会限制企业的生产经营活动和以后的筹资能力；筹资数量有限。发行债券筹资的数量通常有一定限制，当企业的资产负债率超过一定程度后，债券筹资成本会迅速上升，甚至发行不出去。

3. 融资租赁筹资

（1）融资租赁的种类。融资租赁，又称为资本租赁，是一种长期租赁形式。可解决企业对长期资金的需要，其特点是租赁期较长，一般为租赁资产寿命的一半以上；在租赁期内，出租方一般不提供维修和保养服务。租赁期满后，承租方可以将租赁物退还出租方，也可以作价买下或延长租期续租。

融资租赁包括以下三种形式：

1）直接租赁。直接租赁是指承租人直接向出租人租入所需要的资产，并支付租金。

2）售后回租。售后回租是指根据协议，企业将资产卖给出租人后，再将其租回使用。

3）杠杆租赁。杠杆租赁涉及三方当事人：承租人、出租人、资金出借人。

从承租人角度看，杠杆租赁与前两种租赁形式并无区别，都是按合同规定取得资产使用权，并定期支付租金。但对出租人却不同，出租人只需支付购买资产所需要的部分资金，出租人拥有该资产所有权，但同时又是债务人，既收取租金又要偿还债务。如果出租人不能按期偿还借款，资产所有权就要转归资金出借人。

（2）融资租赁筹资的成本。融资租赁筹资成本包括设备价款和租息两部分。设备价款是包括设备买价、运杂费和途中保险费等；租息又可分为租赁企业的融资成本和融资手续费，其中融资成本是指融资租赁企业为购买租赁设备所筹资金的成本，即设备租赁期内的利息，租赁手续费包括租赁企业承办租赁业务的营业费用和一定的盈利。

（3）融资租赁筹资的优缺点。对承租企业而言，融资租赁是一种特殊的筹资方式，不必预先支付资金便可获得需要的设备。其优点主要表现为：

1）筹资速度快。融资租赁是筹资与设备购置同时进行，比借款后再购置设备所需时间短，可使企业迅速获得所需资产，尽快形成生产能力。

2）设备淘汰风险小。随着科技进步，设备的更新周期越来越快，设备陈旧过时的风险很大。由于融资租赁期限为资产使用年限的一定比例，且大多数租赁协议都规定由出租人承担设备陈旧过时的风险，因此减少了承租人的风险。

3）财务风险较小。租金在整个租期内分摊，减轻了企业集中支付的负担，降低了企业不能偿付的危险。

4）租金可在税前扣除，减少了企业所得税的缴纳。

融资租赁筹贷的最大缺点是资金成本较高。一般来说，其租金总额往往超出设备买价许多，租息比借款利息高得多。当承租企业发生财务困难时，固定的租金会构成一项沉重负担。

4.4.4　短期负债筹资

短期负债所筹集的资金，使用时间比较短，一般不超过一年。短期负债筹资最主要的形式是短期借款和商业信用等。

1. 短期借款筹资

短期借款，是指企业向银行或其他非银行金融机构借入的期限在一年以内的借款。包括生产周转借款、临时借款、结算借款等。

与长期负债筹资方式相比，短期借款筹资的优点是：

（1）筹资速度快。短期借款偿还时间短，债权人风险小、顾虑少，因此企业获得短期借款的时间比长期借款短很多。

（2）筹资弹性大。债权人对短期借款的限制相对宽松，企业可根据资金需要随时借入和归还，便于企业灵活调度资金。

（3）筹资成本较低。一般来说，短期借款利率低于长期借款和发行债券。

但是短期借款偿还期短，要求企业在短期内拿出足够的资金偿还，如果企业资金安排不当，可能会陷入财务困境，因此短期借款筹资的风险比较大。此外，短期借款利率波动较大，有时甚至会高于长期负债。

2. 商业信用筹资

商业信用，是指在商品交易中由于延期付款或预收货款所形成的企业之间的借贷关系。

（1）商业信用的种类。利用商业信用筹集资金，主要有以下形式：

1）预收货款，是指企业在销售商品时，在交付商品之前向买方预先收取部分或全部货款的信用形式。相当于卖方向买方借用了资金后用货物抵偿。一般用于生产周期长、资金需要量大的商品的销售，或者卖方已知买方信用欠佳的情况。在预收货款信用方式下，卖方可以得到暂时的资金来源，但买方则要预先垫支一笔资金。

2）延期付款，①延期付款，但不涉及现金折扣。指企业购买商品时，卖方允许企业在交易发生后的一定时期内按发票面额支付货款。②延期付款，但早付款可享受现金折扣。在这种条件下，如果买方提前付款，卖方可给予一定的现金折扣；如果买方在信用期内付清货款，则不享受现金折扣。

（2）商业信用筹资的优缺点。采用商业信用筹资的最大优点是容易取得。首先，商业信用是一种持续性的信贷方式，它与商品交易同时进行，无需办理筹资手续，只要企业信誉好，很容易取得商业信用。其次，如果没有现金折扣，或企业不放弃现金折扣，则利用商业信用筹资没有实际成本。但是商业信用期限一般较短，如果放弃现金折扣，所付出的成本也比较高。

4.5 收益分配

4.5.1 收益

企业作为独立的经济实体，应当以自己的经营收入抵补其支出，并且实现盈利。企业盈利的大小在很大程度上反映企业生产经营的经济效益，表明企业在某一会计期间的最终经营成果。企业的收益一般分为会计收益和经济收益。会计收益也称为会计利润，它是指企业在一定时间内从事各项经营活动所获取的财务成果。

4.5.2 构成

企业的利润，就其构成来看，既有通过生产经营活动而获得的，也有通过投资活动而获得的，还包括那些与生产经营活动无直接关系的事项所引起的盈亏。根据我国企业会计准则的规定，企业的利润一般包括营业利润、投资收益（减损失）、补贴收入营业外收支净额等部分。如图 4-5 所示。

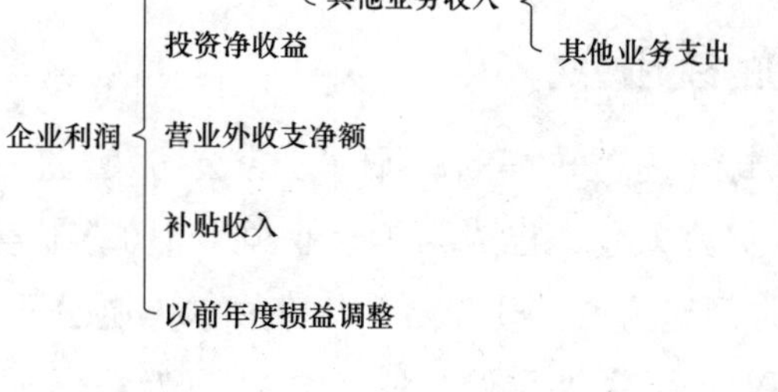

图 4-5 企业的利润

4.5.3　股利分配程序与支付方式

1. 股利分配程序

根据我国企业法规定，企业的税后利润应按以下顺序进行分配：

（1）提取法定盈余公积。根据公司法的规定，法定盈余公积的提取比例为当年税后利润的10%。

（2）向优先股东分配股息。如果股份制公司发行了优先股票，应在提取法定盈余公积后，按照固定的股息率向优先股东支付股利。

（3）提取任意盈余公积。经公司董事会提议并经股东大会批准后，可以从利润中提取任意盈余公积。

（4）向普通股东分配股利。

2. 股利支付方式

目前我国公司制企业的股利支付方式主要有两种：

（1）现金股利。现金股利是以现金支付的股利，是股利支付的主要方式。

（2）股票股利。股票股利是公司以增发的股票作为股利的支付方式。

3. 股利的发放程序

股份制公司分派股利时，首先由董事会制订分配预案，经股东大会讨论通过后正式宣布。一般按照下列日程进行：

（1）宣布日。在宣布日，董事会正式公布分红方案。

（2）股权登记日。股权登记日是宣布分红方案时确定的一个具体日期，是决定股东能否取得股利的时间界限。

（3）除息日。除息日是股票所有权与领取股利的权利分离的日期。凡是在除息日当天或以后购入公司股票的股东，将不能获得已宣布发放的股利。

（4）股利发放日。也称为付息日，是公司将股利正式发给股东的日期。

4.6 案例分析

案例1　戴尔公司的理财模式

1984年迈克尔·戴尔用1000美元注册了一家公司。经过20年的努力，2003年底美国戴尔电脑公司（简称戴尔）已成为年营业额达410多亿美元的全球性大企业。

这个商业奇迹的创造者——现年39岁的戴尔电脑公司创始人迈克尔·戴尔在谈到戴尔成功的秘诀时说：“我们取胜主要是因为我们拥有一个更好的商业模式。”而这个模式就是著名的“戴尔理财模式”。正是依靠这种模式，辅以高效率的生产流程和科学化成本控制管理，戴尔公司过去20年在个人电脑市场取得了成功。

1.“戴尔理财模式”的具体内容

戴尔公司根据顾客的订单装配产品，然后直接将产品寄送到顾客手中。这个模式的要义就是抛开传统商业销售链的中间商和零售商环节，节省了成本，降低了产品价格。这种模式没有现成的理论，归纳起来有以下主要特点：

（1）按单生产：戴尔根据顾客通过网站和电话上的订单来组装产品，这使顾客有充分的自由来选择自己喜欢的产品配置。公司根据订单订购配件，无需囤积大量配件占用资金。

（2）直接与顾客建立联系：戴尔通过直销与顾客建立了直接联系，不仅节省了产品通过中间环节销售所浪费的时间和成本，还可以更直接、更好地了解顾客的需求，并培养一个稳定的顾客群体。

（3）高效流程降低成本：戴尔通过建立一个超高效的供应链和生产流程管理，大大降低了生产成本。

（4）产品技术标准化：戴尔所经营的技术产品多是标准化的成熟产品，因此该公司总是能让顾客分享到有关行业进行大量技术投资和研发而取得的最新成果。

2．低成本＋高效率＋好服务

低成本一直是戴尔公司的生存法则，也是“戴尔理财模式”的核心，而低成本必须通过高效率来实现。戴尔的生产和销售流程，以其精确管理、流水般顺畅和超高效率而著称，因此，戴尔能有效地将成本控制在最低水平。力求精简是戴尔提高效率的主要做法。公司把电话销售流程分解成简单的八个步骤，其自动生产线全天候运转，配件从生产线的一端送进来，不到两小时就变成产品从另一端出去，然后直接送往客户服务中心。戴尔在简化流程方面拥有550项专利。分析家们普遍认为，这些专利也正是其他公司无法真正复制貌似简单的“戴尔理财模式”的最主要原因。

罗林斯早在2002年就提出了宏伟的发展计划，即要在5年内让戴尔营业额翻一番，达到600亿美元。尽管有人对戴尔的一些做法提出批评，但人们却不得不承认戴尔的确具备实现以上目标的能力。

启示：就本章知识点来说，戴尔公司的成功与成熟的企业财务管理模式有很大的关系，他能根据自身的财务状况，对企业的投资、筹资以及利润的分配进行很好的管理，制定适合自己的理财模式，从而取得成功。

案例2 百富勤的失败

百富勤的发展历程：先后收购广生行和泰盛发展集团。百富勤通过收购途径一飞冲天，其业务已扩大到亚太区，已成为香港屈指可数的投资银行集团。

主要事件：1996年5月，百富勤安排上海实业（上海市政府在港的窗口公司）上市，还以配售及认股方式在短期内为上实筹措额外资金10亿美元。

1993年，上海石化首次发行H股在全球募股3.44亿美元，百富勤任经办人；广州广船股份4000万美元H股发行，由百富勤任包销商及保荐人。

1994、1995年，仪征化纤3.07亿美元H股由百富勤任包销商，此外还有哈尔滨动力1.45亿美元H股、东北输变电机制造5800万美元H股等。

百富勤在1997年7月至10月的股票损失在数亿港元以上(估计近10亿港币)。在遭到外汇风险、股市下跌的双重打击下，1998年1月12日下午5时，百富勤宣告破产。

分析：百富勤失败的主要原因。

（1）主要的原因是公司在报告及会计程序、风险管理和内部审计上的基础系统性均不足，反映了百富勤过于重视招揽生意，而忽略提供所需监管系统的公司文化。

（2）较弱的风险防范和控制能力。投资银行内部独立的风险控制体系远远没有有效运行。小型投资银行在风险防范和控制水平相对滞后的情况下还可以取得一定的发展，但随着公司规模的扩大，风险防范和控制的重要性就会日益显现出来。百富勤在不到 10 年的时间里一跃成为香港投资银行界的佼佼者，但随着其规模的扩张，风险防范和控制能力却没有能够相应地得到提高。

（3）扩张带来的风险和回报不对称。当1997年东南亚金融风暴来临时，百富勤便开始节节失利，1993年以后，随着东南亚国家债市的迅速扩展，百富勤在东南亚国家的债券业务量扩张近85倍。1997年6月，百富勤出售超过20亿港元的资产套现改善企业财务状况，并选准已接受国际货币基金组织援助方案的印尼作抄底炒作新兴市场。

（4）风险过于集中。在形势发生逆转的情况下没有及时调整策略，在不利的情况下继续扩张招致大量汇率风险。贬值货币所在国的紧缩政策、经营部门的违约行为和企业破产个案激增，临的信用风险大为增加。风险过分地集中于某一币种和某一国家，信用风险过度集中于某一债权人，投资风险过高是根本原因，但导致百富勤倒闭的直接导火线是其资产流动性的不足，即现金流量不足。

总结：外部审计的职责是为客户提供独立的意见和建议，同时也应当能为客户指出其潜在缺陷及风险。百富勤的会计师将工作范围仅局限于传统的审计工作，从未与百富勤的董事会面商计相关事务，也没有给百富勤高层管理人员提供关于公司监控系统所存在的缺陷或潜在风险的意见。百富勤的法律顾问也未能确保及时跟进会计报表中的批评。一位资深金融评论家说：百富勤的破产经过，就像一位精力旺盛的小伙子，由于一口痰恰在喉咙里，自己无法吐出，又没有别人帮助，最后窒息而死。而这口致命的“痰”就是不当的财务管理过程。

第5章

电网企业营销管理

本 章 导 读

电网企业营销管理是电网企业运营和发展的基础，是电网企业经济来源的保障，电网企业营销管理对于企业自身的长远发展具有重要意义。在激烈的经济市场竞争中，电网企业想要取得良好的发展，需要具备良好的营销管理体系以及优质的服务质量。为了实现这一目标，需要电网企业充分认识到其营销管理其中的问题，进而采取相应的措施来提高其服务质量，这也是企业发展中需要重视的内容；当前阶段，人们对电能的需求量也呈现逐年上升的趋势，这为电网企业带来了更大的商机，但是当前多数电网企业在营销过程中存在不同程度的问题。

因此，本章将对电网企业营销管理的整体框架进行概述，从对市场营销的概念引入，通过对市场营销、电力市场营销、电网企业营销基本业务的介绍，将电网企业营销管理与之结合起来。引入电力市场调查，调查推进有助于市场经营、规划、生产和销售决策的信息的采集。并对电力营销市场细分进行概括，以明晰当前所属电网企业哪个环节出现问题时方便找到相应的策略。从宏观的角度对当前电网企业营销管理整体制定出相应的营销策略及较为重要的电价策略。

本章思维导图如图5-1所示。

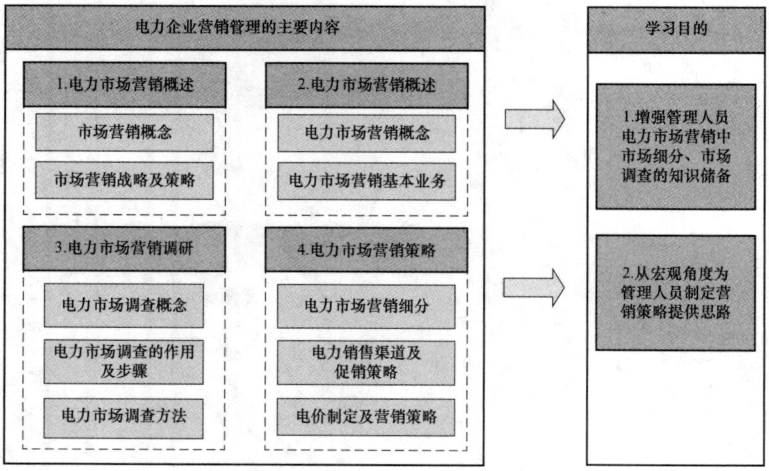

图5-1 电网企业营销管理思维导图

5.1 电力市场营销概述

5.1.1 市场营销概念及特点

1. 市场营销概念

市场营销又称作市场学、市场行销或行销学，主要是指营销人员针对市场开展经营活动、销售行为的过程。它是在创造、沟通、传播和交换产品中，为顾客、客户、合作伙伴以及整个社会带来经济价值的活动、过程和体系。MBA、EMBA 等经典商管课程均将市场营销作为对管理者进行管理和教育的重要模块包含在内。

2004 年，市场营销定义被重新修订。即市场营销既是一种组织职能，也是为了组织自身及利益相关者的利益而创造、传播、传递价值给客户，并进行客户关系管理的一系列过程。新定义是近 20 年来关于市场营销定义的首次修订，此修订引起了广大营销者的普遍重视。如图 5-2 所示，新定义不论在表述的重点还是在着眼点上都有了创新。具体表现为：

（1）明确了顾客地位。顾客在市场营销中居于中心地位。不难发现新定义在表述上始终是围绕“顾客”而展开的，尤其强调了要重视“管理客户关系”。

（2）承认了顾客价值。顾客驱动着市场，新定义不是停留在市场营销要有盈利这样一个水平上，新旧定义的交替实际上是承认了顾客价值驱动着市场。

（3）更看重与顾客的互动。市场营销活动应该在营销的各个环节。市场营销过程时就是紧紧围绕顾客价值来阐述的。

图 5-2　市场营销

2. 市场营销特点

（1）市场营销是一个过程：市场营销不仅是一种经营哲学，更是一种应用性很强的学问。它的发展历程就注定了它的实践性。强调它的操作性，自然可以把市场营销活动看作一个过程。新定义主要是从客户价值的角度来阐述的，这样一个角度的转变其实是对市场营销提出了更高的要求。

（2）市场营销有着较高的地位：市场营销是一项组织职能。在国外的组织中，市场营销的作为一项组织的作用受到了高度的重视，而在中国的企业中，近年来也越来越受到重视。新定义中一开始就明确了市场营销作为组织职能的地位，因此作为组织职能，需要把市场营销的地位抬到一定的高度。

（3）市场营销目标不是单一的目标：市场营销不仅仅是某一个组织的事情。在现代社会里，随着经济全球化的发展，各种组织与组织之间的联系比历史上任何一个时候都更为广泛。市场营销不仅要以本组织的利益为目标，而且要兼顾到和它有相关关系的各种组织的利益。

（4）市场营销以客户为导向：定义中明确给出了市场营销是应该着重于客户价值。市场营销在理念上应该以关注客户价值为核心，专注于更好地创造、传播和传递客户价值，管理客户关系，专注于把自己的事情做好，这就是最好的市场营销，这也是市场营销最本质的要求。

5.1.2 市场营销战略

现代营销学之父菲利普·科特勒将市场营销战略定义为：业务单位意欲在目标市场上用以达成它的各种营销目标的广泛原则，其内容主要由三部分构成：目标市场战略、营销组合和营销费用预算。

市场营销战略（marketing strategy）是指企业在现代市场营销观念下，为实现其经营目标，对一定时期内市场营销发展的总体设想和规划。市场营销战略作为一种重要战略，其主旨是提高企业营销资源的利用效率，使企业资源的利用效率最大化。由于营销在企业经营中的突出战略地位，使其连同产品战略组合在一起，被称为企业的基本经营战略，对保证企业总体战略实施起关键作用。

1. 核心要点

为实现营销战略目标的营销规划在实施中必须注意的问题：

（1）识别环境的发展趋势。环境发展趋势可能给企业带来新的机会，也可能带来新的难题，如新的法律、新的政策的实施，对企业营销可能产生有利或不利的影响，掌握环境的发展趋势是企业制定战略计划的重要前提。

（2）识别各种机会。有效地利用潜在的机会，对发展新产品、改进现有产品、发现产品的新问题，吸引竞争对手的顾客、开发新的细分市场都极为有利。

（3）用开阔的经营观点招待企业生存的条件。树立市场需求观念，把眼光放在广阔的市场上以适应市场变化。

（4）充分利用现有资源。运用同样数量、同样类型的资源去完成新的战略目标。

（5）避免和声誉较高的名牌商品展开正面竞争。名牌商品都处于高度的商品保护地位，如果新商品只是一味模仿而无什么改进，就很难取得成功。

（6）加强企业商品在市场上的地位，增加商品的竞争能力。

（7）厂牌引申。将成功商品的厂牌用于新的优质商品，使顾客对新商品有良好的印象。

（8）明确规定企业发展方向。企业不但要有具体目标，制定达到目标的措施规划，而且应确定具体的时间进度。

2. 市场营销战略步骤

当今社会，企业之间的竞争变得越来越激烈，变化莫测的市场中，如何在市场竞争占据一席之地，也成为众多的企业在市场营销战略制定中不可忽略的问题。营销战略分为以下几点：

（1）市场分析，分析市场上的消费者的特征。

（2）市场细分，根据产品能够满足消费者的需求来细分市场。

（3）选择细分市场。选择有吸引力的市场。企业已经很难同时满足所有消费者的需求，选择最容易进入的、相对来说利润最大的一个或几个市场。

（4）市场定位。市场定位是非常重要的一项环节。一个失败的市场定位可能对品牌造成极为严重的打击。重塑由于市场定位错误而受损的品牌比建立一个新品牌的成本还要高，因此这一项需要格外注意。

3. 企业营销管理过程

企业营销管理过程是市场营销战略管理的内容和程序的体现，是指企业为达成自身的目标辨别、分析、选择和发掘市场营销机会，规划、执行和控制企业营销活动的全过程。

企业市场营销管理过程包含着四个相互紧密联系的步骤：分析市场机会，选择目标市场，确定市场营销策略，市场营销活动管理。

（1）分析市场机会。在竞争激烈的买方市场，有利可图的营销机会并不多。企业必须对市场结构、消费者、竞争者行为进行调查研究，识别、评价和选择市场机会。

企业应该善于通过发现消费者现实的和潜在的需求，寻找各种“环境机会”，即市场机会。而且应当通过对各种“环境机会”的评估，确定本企业最适当的“企业机会”的能力。

对企业市场机会的分析、评估，首先是通过有关营销部门对市场结构的分析、消费者行为的认识和对市场营销环境的研究。还需要对企业自身能力、市场竞争地位、企业优势与弱点等进行全面、客观的评价。还要检查市场机会与企业的宗旨、目标与任务的一致性。

（2）选择目标市场。对市场机会进行评估后，对企业要进入的哪个市场或者某个市场的哪个部分，要研究和选择企业目标市场。目标市场的选择是企业营销战略性的策略，是市场营销研究的重要内容。企业首先应该对进入的市场进行细分，分析每个细分市场的特点、需求趋势和竞争状况，并根据本公司优势，选择自己的目标市场。

（3）确定市场营销策略。企业营销管理过程中，制定企业营销策略是关键环节。企业营销策略的制定体市场营销组合的设计上。为了满足目标市场的需要，企业对自身可以控制的各种营销要素如质量、包装、价格、广告、销售渠道等进行优化组合。重点应该考虑产品策略、价格策略、渠道策略和促销策略，即“4Ps”营销组合。

随着市场营销学研究的不断深入，市场营销组合的内容也在发生着变化，从“4Ps”发展为“6Ps”。又有人提出了“4Cs”为主要内容的市场营销组合。

（4）活动管理。企业营销管理的最后一个程序是对市场营销活动的管理，营销管理离不开营销管理系统的支持。需要以下三个管理系统支持。

1）市场营销计划。既要制定较长期战略规划，决定企业的发展方向和目标，又要有具体的市场营销计划，具体实施战略计划目标。

2）市场营销组织。营销计划需要有一个强有力的营销组织来执行。根据计划目标，需要组建一个高效的营销组织结构，需要对组织人员实施筛选、培训、激励和评估等一系列管理活动。

3）市场营销控制。在营销计划实施过程中，需要控制系统来保证市场营销目标的实施。营销控制主要有企业年度计划控制、企业盈利控制、营销战略控制等。

营销管理的三个系统是相互联系，相互制约的。市场营销计划是营销组织活动的指导，营销组织负责实施营销计划，计划实施需要控制，保证计划得以实现。

5.1.3 市场营销策略

市场营销策略是指企业根据自身内部条件和外部竞争状况所确定的关于选择和占领目标市场的策略。它是制定企业战略性营销计划的重要组成部分，其实质就是企业开展市场营销活动的总体设计。企业制定市场营销策略，目的在于充分发挥企业优势，增强竞争能力，更好地适应营销环境变化，以较少的营销投入获取最大的经济效果。

1. 策略技巧

（1）开拓新市场。企业应该意识到市场的重要性，应该成立专门的市场部。专门进行市场分析和市场调研。收集产品及时数据，想办法将产品打入相关市场，先区域市场，再到国内市场，最后进入国际市场，有效地进行产品的销售。

（2）多渠道销售模式。企业对产品的销售不应该是单一渠道销售，建议企业应该采取多渠道对产品进行销售，以葡萄酒厂为例。在之前，葡萄酒厂都会把生产的葡萄酒交给经销商去销售，而后来发现，这种单一渠道并不能更好地解决产品的销售问题，于是葡萄酒商就开始寻找新的销售渠道，也就是后来出现的葡萄酒商直接成立葡萄酒直销店，直接把葡萄酒卖了消费者，另外还把葡萄酒直接卖给一些饭店，酒店。这就是种很明显的采取多渠道销售模式。

（3）良好的产品开发战略。企业的产品开发战略需要一定的技术，资金，成本的基础，但是在产品开发时，首先必须透彻地了解市场的需求，了解顾客的需要，开发的应该是满足客户需要的产品。而一种产品开发战略需要一定的创新性，要求企业有一定的创新能力，企业能够很好地对新事物进行探索，有创新能力的企业才是有发展潜力的企业，新产品开发战略能很好地提高企业的竞争力和适应力，这也需要企业花费较大的成本去寻找新市场，特别是对于那些正在成长的新市场对企业来说是更有利的。

（4）营销技巧。企业需要发展，那必然需要好的营销方式，尤其是产品方面，打好产品战，能让企业在市场竞争中站稳脚跟，提升企业的竞争力，让企业在众多的竞争者中立于不败之地。

2. 营销策略影响因素

企业欲想在当前日趋激烈的市场竞争中立于不败之地，其中的一个重要因素，就是要对其营销策略做出科学的抉择。营销策略一般分为三种：无差异营销；差异营销；集中营销。企业要对上述三种营销策略择其优者而用之，且用得恰到好处，使其收到预期的成效，通常应考虑以下因素：

（1）企业的资源能力。当企业资源能力有限无法占领比较大的市场时，唯一比较切实可行的选择就是采用集中营销策略，即针对一部分特定消费者群的需求，进行专业化生产，将力量集中一个或少数几个目标市场，以在小市场中取得较大的市场份额。

（2）产品的同质性。即购买者对产品特征的感觉相似的程度。若企业投放市场的是同质的或相似的产品，如汽油、食盐等，那就采取无差异营销策略，以通过大批量生产订单、大量营销来迎合市场上最大多数人的需求，从中赢得利润。

（3）市场的同质性。即各细分市场中的消费者的需求、偏好、消费习惯、购买行为及各种特征相似的程度。若市场同质性较高，各市场购买的数量相同或相似，对营销刺激的反应也大致相同，则最好采用无差异营销策略。

（4）产品在生命周期中所处的阶段。所谓产品生命周期，就是指产品从投放市场起到退出市场的全过程。它一般分为导入期、成长期、饱和期、衰退期几个阶段。当企业推出的一种新产品处于导入期时，广告宣传应针对消费者对该产品一无所知的状况，大造声势，偏重介绍其产品的基本性能、用途、特点等，以逐步消除消费者对产品的陌生感，并不断加深消费者对产品的良好印象，故宜采用无差异营销策略，或者全力以赴投入某目标市场，采用集中营销策略。当产品进入成长期时，广告宣传的重点就要转移到诱导消费者对产品的兴趣和偏好上来，以激发消费者的购买欲望，并进而变为购买行动。而当产品进入成熟期，鉴于产品已在消费者中享有一定的声誉，加之市场上已有不少同类产品参与竞争，因此，为使消费者不“喜新厌旧”，对其产品仍有一种“怀念感”，企业应在广告宣传中突出宣传该产品的独到之处，即与同类产品相比有的“差别性优势”，运用差异营销策略，使消费者通过比较，对该产品仍有信赖感，以激发其购买欲，使其生命周期得以延长。

（5）竞争者的营销策略。当竞争者使用差异营销时，本企业仍以无差异营销策略则势必败北；若竞争者采用无差异营销策略时，如果某些其他因素对自己有利，则可采用差异营销策略与之竞争。

（6）竞争者的数目。若市场上的竞争对手寥寥无几或企业推出的产品不愁销路，就不可不必采用成本较高的差异营销策略。反之，当市场上同类产品的竞争对手众多时，企业为突出其产品与同类产品所存在的差异性，强化购买者对该产品的印象，使不同的消费者群都对本企业产品“一见钟情”，以扩大其市场覆盖面，自然以差异营销为上策。

总之，企业在选择目标市场营销策略时，必须根据主客观条件进行通盘考虑，充分考虑权衡利弊，做出明智的选择。

5.2 电力市场营销概述

5.2.1 电力市场营销概念

1. 电力市场营销概念由来

自市场营销学产生以来，关于市场营销的基本概念，国内外许多企业家、营销专家和权威机构都做过不同的论述，下面列出几种典型的说法。

（1）1960 年美国市场营销协会关于市场营销的定义是：市场营销是引导货物和劳务从生产者到消费者或用户所进行的一切企业活动。

（2）1978 年尤金·麦卡锡在《基础营销学》中关于市场营销的定义是：市场营销是指一个企业或组织所进行的，包括调查研究目标顾客，引导满足需要的商品和劳务从生产者流向目标顾客，以实现企业或组织的目标的一些活动。

（3）1984 年菲利普·科特勒在《营销管理》中对市场营销的定义是：市场营销是指企业的这种业务活动：识别目前尚未满足的需要和欲望，估量和确定需要量的大小，选择和决定企业能最好地为它服务的目标市场，并且决定适当的产品、劳务和计划，以便为目标市场服务。

（4）1985 年美国市场营销协会关于市场营销的定义是：市场营销是个人或组织对思想、货物和劳务的构思、定价、促销和分销的计划与执行过程，以创造达到个人或组织的目标的交换。

（5）1991 年菲利普·科特勒在《营销管理》中对市场营销的定义是：市场营销是为了满足任何个人和群体的需要与欲望，创造与上述人交换产品和价值的一种社会管理过程。

借鉴上述关于市场营销的定义，市场营销就是指导企业生产以及连接生产与销售的一系列经济活动的总称。这些活动主要包括市场调查与预测、市场细分与目标市场选择、产品策略、价格策略、销售渠道策略和促销策略等。

随着电力体制改革的深入，对电力市场的认识已经趋于共识，电力市场的营销活动已经成为电网企业的一项重要的经济活动。

因此，电力市场营销就是指导电力产品的生产、输送和销售，满足电力用户经济、合理、安全、可靠地使用电力产品，不断提高电网企业经济效益的一系列经济活动的总称。

2. 电力市场营销的特点

随着市场经济的发展和人民生活水平的提高，社会对电力产品的需求由简单化的稳定分配向复杂多变的商品买卖转化，从而使上述矛盾更加复杂，而这些矛盾对电网企业来讲必须解决，但这些矛盾又不是直接生产过程所能解决的。过去出现的矛盾可以在国家计划指导下解决，而在市场经济体制下，电网企业必须转变观念，学会通过电力市场营销活动来解决电力生产与需求之间的各种分离、差异和矛盾，使电力供应与需求之间相适应。因此，电力市场营销如图 5-3 所示具有以下特点。

（1）电力需求预测成为电力市场营销中的重要内容。由于电力生产的特点是发电、输电、配电和售电同时进行，电能不能储存，所以电力生产与需求之间存在多方面的矛盾，包括电力生产与需求在空间和时间上的分离，在需求数量、质量标准、电价以及需求信息上的矛盾等。因此，电力需求预测就成为电力市场营销中一项非常重要的工作，预测必须及时而准确，才能保证电力市场营销活动的顺利开展。

（2）电力营销活动针对发电市场和售电市场分别展开。电力市场通常分为两级市场：发电市场和售电市场，由于两级市场具有不同的特点，因此，电力营销活动要针对发电市场和售电市场，分别以发电企业和售电企业为主体展开，包括市场细分的依据、目标市场的选择、市场竞争策略以及市场营销组合策略等。

（3）电力市场营销组合策略具有特殊性。电力产品以及电力生产的特殊性，决定了电力市场营销组合策略的特殊性。这种特殊性表现在电力产品与服务策略、电价策略、电力销售渠道策略和电力促销策略，与一般产品的市场营销组合策略是不同的。

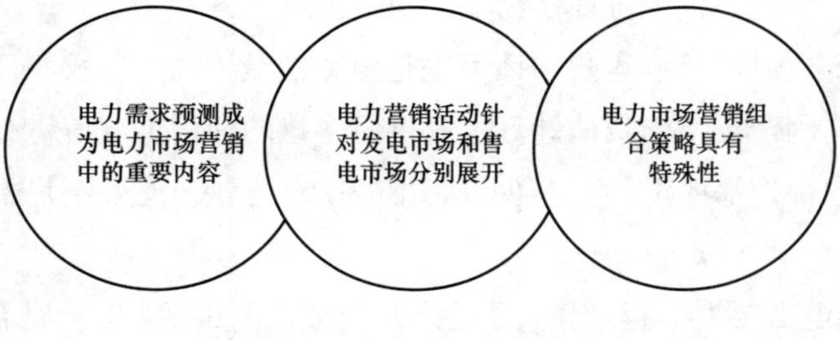

图 5-3　电力市场营销特点

5.2.2 电力市场营销基本业务

1. 业务扩充

业务扩充我国电网企业在用电营销工作中的一个业务术语，它的主要含义是：受理客户用电申请，根据电网实际情况，办理供电与用电不断扩充的有关业务工作，以满足客户用电的需求。是电力的售前服务行为。

为了给客户提供快捷便利的服务，业扩工作要坚持“一口对外”，规范业扩工作流程，客户只要进入客户服务中心，就能在规定期限内从申请到用上电。

（1）业务扩充的主要环节。

1）客户新装、增容的用电业务受理，即用电申请。

2）根据客户和电网的情况，制定供电方案。

3）组织业扩工程的设计、施工和验收。

4）对客户内部受电工程进行设计审查、中间检查和竣工验收。签订供用电合同。

5）装设电能计量装置、办理接电事宜。

6）资料存档。

（2）受理用电申请。

1）受理用电申请的方式：营业柜台、电话、网站。

2）填写用电申请表：用电申请表一般分为居民用电申请表、低压用电申请表、高压用电申请表、双电源用电申请表。

用电申请表是供电企业制订供电方案的重要依据，客户应如实填写，包括用电地址、用电性质、用电设备清单、用电负荷（负荷特性）、保安电源、用电规划、工艺流程、用电区域平面图、对供电的特殊要求等。

客户办理用电申请时，应向供电企业提供用电工程项目批准的文件和有关的用电资料，如客户的营业执照、用电地址、用电性质、用电设备清单、用电负荷（负荷特性）、保安电源、用电规划、工艺流程、用电区域平面图。

（3）填写用电申请表台账：由负责申请的工作人员填写。

（4）供电可行性审查论证：由营销科的用电检查人员牵头，会同有关人员及客户，对客户申请现场查勘进行供电可行性论证，确定供电方案。

1）用电申请必要性审查。客户申请用电是电力法赋予的一项权利。为了对客户负责，应综合客户申请原因，提出的负荷计算，原供电容量的使用情况等进行论证，测算在原有容量中通过其内部挖潜改造，有多少可利用的富余容量，对其不足部分需新增多少容量。

2）双电源供电必要性审查。双电源是指两个独立的电源，客户是否需要双电源，主要取决于用电性质是否需要及电网供电条件是否可能。对于可用可不用的一般不用，对于非用不可且电网供电又有条件的，应当支持。

3）供电可能性审查。客户新建受电工程项目在立项阶段，事先应与供电企业联系，就工程供电的可能性、用电容量和供电条件等达成意向性协议，方可审批、确定项目。

4）供电合理性审查。根据国家的能源政策和环境保护的有关规定，审查客户能源使用是否合理，客户在设备选型配套中，是否采用用电单耗小、效率高的设备和国家推广的新技术新工艺。

(5) 供电方案的确定。注意：供电方案正确与否，将直接影响电网结构与运行；影响客户所需的供电可靠性和电压质量，还为正确执行分类电价，正确安装电能计量装置，合理计收电费以及建立供用双方的业务关系，解决日常用电中各种问题奠定了一定基础。

(6) 委托供电。公用供电设施能力不足或公用配电网未到达的地区，为解决该地区一些客户的用电，供电企业委托该地区有供电能力的直供高压客户，代理向其他客户实施的供电，应征得该客户的同意，但不得委托重要的国防军工客户转供电。

委托转供电应遵守下列规定：

1）供电企业与委托转供户（简称转供户）应就转供范围、转供容量、转供期限、转供费用、计量方式、电费计算、转供电设施建设、产权划分、运行维护、调度通信、违约责任等事项签订协议。

2）转供区域内的客户（简称被转供户），视同供电企业的直供户，与直供户享有同样的用电权利，其一切用电事宜按直供户的规定理。

3）向被转供户供电的公用线路与变压器的损耗电量应由供电企业负担，不得摊入被转供户用电量中。

4）在计算转供户用电量、最大需量及功率因数调整电费时，应扣除被转供户、公用线路与变压器消耗的有功、无功电量。

5）委托的费用，按委托的业务项目的多少，由双方协商确定。

(7) 临时供电。

1）对基建工地、农田水利、市政建设等非永久性用电，可供给临时电源。临时用电期限除经供电企业准许外，一般不得超过6个月，逾期不办理延期或永久性正式用电手续的，供电企业应终止供电。

2）使用临时电源的用户不得向外转供电，也不得转让给其他用户，供电企业也不受理变更用电事宜。如需改为正式用电，应按新装用电办理。

3）因抢险救灾需要紧急供电时，供电企业应迅速组织力量，架设临时电源供电，架设临时电源所需的工程费用和应付的电费，由地方人民政府有关部门承担。

(8) 业务扩充工程。业务扩充包括工程设计、设计审查、设备购置、工程施工、中间检查、工程验收等。

1）工程设计和审查：根据客户提供的资料对供电方案具体设计和审查，设计和审查要符合城乡电网建设与改造规划及有关标准、规定和规程。

2）签订工程承包合同。

3）设备购置：符合有关规定。

4）工程施工：在工程施工中，业扩报装负责对客户受电工程实施监督管理工作。在受电工程施工期间，应根据审核同意的设计和有关施工标准实施监督。要注意审核设计、施工单位编制的概预算，对不符合标准的收费项目通知其调整；审查施工单位是否具备相应的施工资质，安全防范措施是否符合标准要求，对施工设备、施工工具、试验仪器等要随时抽查，发现违反安全规定的责令其更换；负责检查施工单位所用的材料、设备是否符合规定标准，有无偷工减料、以次充好的现象，制止使用国家明令淘汰的输变电设备、材料。

5）工程验收：工程验收分土建施工验收、中间检查、竣工检验验收。

（9）土建验收。在土建施工完毕后进行，对电缆接地装置预埋件、暗敷管线等隐蔽工程应配合土建事先检查验收。

（10）中间检查。在电气设备安装约 2/3 时开始，对变电工程进行检查，一般为 1～4 次，直至验收合格。对低压供电的客户不进行中间检查。

（11）竣工检验验收。经过土建验收和中间验收及整改，工程竣工后，施工单位提供竣工报告和资料，由营销用电检查人员牵头，组织有关人员按设计图、设计规程、运行规程、验收规范和各种防范措施等要求，对供电工程的工程质量进行全面检查、验收。

2. 变更用电业务

变更用电业务是指改变由供用电双方签订的《供用电合同》中约定的有关用电事宜的行为，属于电力营销活动工作中的“日常营业”范畴。它的定义是：客户在不增加用电容量和供电回路的情况下，由于自身经营、生产、建设、生活等变化而向供电企业申请，要求改变原《供用电合同》中约定的用电事宜的业务。

客户在办理变更用电时，应填写“变更用电申请表”，并携带有关证明文件，是单位的要加盖公章。到供电企业客户服务中心办理手续，变更《供用电合同》的约定。变更用电业务包括：减容、迁址、改变供电点、改压、暂停、暂换、更名（过户）、移表、暂拆、调整光（力）比、部分撤销、改类、分户、并户、终止用电等项目。

（1）减容：减少合同约定的用电容量。指客户在正式用电后，由于生产经营情况发生变化，考虑到原用电容量过大，不能全部利用，为减少基本电费的支出或节能的需要，提出减少从用电合同规定的用电容量的一种变更用电事宜。

（2）迁址：迁移受电装置用电地址。指客户正式用电后，由于生产、经营原因或市政规划，需将原用电的受电装置迁移他处的一种变更用电业务。

3. 营业电费管理

营业电费管理也称抄核收。营业电费管理直接影响到企业的经济收入，关系到企业能否及时足额回收电费；企业能否及时足额向国家上缴利税；能否取得企业扩大再生产的积累资金等实现企业效益和社会效益的最大化具有十分重要意义。目前我国的电网企业营业电费管理组织机构不够细分，随着企业的发展，强化电费管理，应用现代化技术向全社会电力消费者提供优质、快捷、方便的电力，细分供电企业营销系统，一方面要采用先进的技术装备，尽量做到规范化、程序化和自动化；另一方面还要建立严密的组织机构和合理的工作程序流程。

电费管理工作流程：装表接电工作票—立卡存档—分区分类立账—抄表—核算—审核登账—收费—实收下账—统计报表—账务处理—营销分析。

（1）抄表：是指抄表员按照规定的时间，用不同的抄表方法对客户电能表当月用电所指示的数值准确抄录下来，供计算电费使用，是关系电网企业的电费能否准确及时地核算与回收上缴，关系到企业效益和社会效益。

抄表方式：挨家挨户执抄表本手抄、抄表器挨家挨户抄、全自动化抄表（集抄）。

（2）电费核算：是电费管理的中枢。抓好电费核算工作，电费能否按照规定及时、准确地收回，账务是否清楚，统计数字是否准确，关键在于电费核算的质量。

电费的计算：包括电量电费的计算、基本电费的计算、功率因数调整电费的计算、代征费用的计算。

电费回收：按时回收电费是为电网企业上缴税金和利润提供资金，从而保证国家的财政收入，还可为维持电网企业再生产过程中补偿生产资料耗费等开支所需的资金。电网企业如不能及时、足额地回收电费，将导致电网企业流动资金周转缓慢或停滞，使电网企业生产受阻面影响安全供电正常进行。

电费回收率＝实收电费/应收电费

（3）电力营销稽查：电网企业需要建立一种先进的稽查管理模式，具体模式主要包括：专题式稽查模式、专项式稽查模式以及日常普通的稽查模式。其中日常电力稽查模式主要是针对电网企业的营销展开不定期或者定期的检查，检查的内容为正常的业务流程内容，通过实施灵活的检查方法，凭借相关人员丰富的稽查经验进行日常性的突击检查，最终制定出企业完美的营销稽查方案。电网企业建立稽查模式的直接目的在于针对有效信息加强管理，通过信息系统针对当前的营销稽查模式筛选出明确的稽查对象以及基础内容。另外专题式的电力营销模式更是建立在有效提高电力营销质量之上，认真核实举报投诉情况以及客户提供的相关信息，经过完善的听证会制度讨论后才能制定电力产品的差价方案，确定稽查对象的合理性。

5.3 电力市场营销调研

5.3.1 电力市场调查概念

企业为了实现经营目标，进行市场经营、规划、生产和销售决策，运用先进的技术手段和方法，采用一定的程序，有系统、有目的、有组织、有计划地收集、加工、处理市场信息，并得出结论的一系列调查活动称为市场调查。

电力市场调查内容：电力市场调查内容（见图5-4）包括企业市场营销的各个方面，具体地说，可概括为以下六个方面。

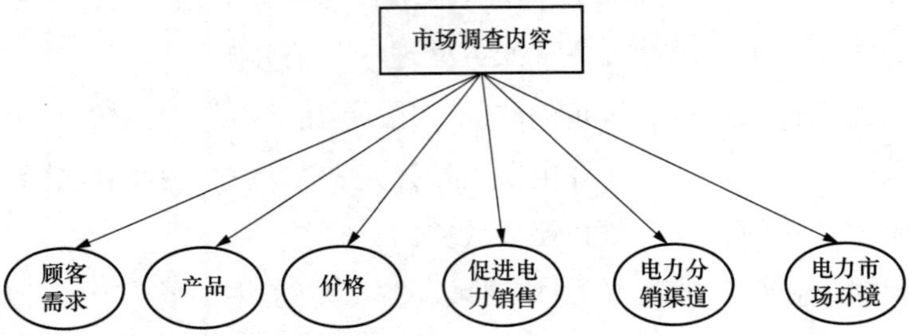

图5-4 电力市场调查内容

1. 顾客需求

从市场营销的观念来说，企业的一切活动都是为了满足顾客的需要，因此，对顾客需求情况的调查，应该成为市场调查的主要内容。对顾客需求情况的调查应包括：现有顾客对需求情况的调查；对影响需求的各种因素变化情况的调查；对潜在顾客需求情况的调研。

2. 产品

产品（包括服务）是企业赖以生存的物质基础。一个企业要想在市场竞争中求得生存和发展，就必须始终一贯地生产出顾客满意的产品来。

3. 价格

电价对产品的销售和企业的获利情况有着重要的影响，尤其在社会主义市场经济条件下，积极开展电价的调查研究，对企业制定正确的电价策略有着重要的作用。电价调查的内容包括：市场供求情况及其变化趋势的调查；影响电价变化各种因素的调查；电力产品需求价格弹性的调研；替代产品价格的调查。

4. 促进电力销售

促进电力销售的调查有人员推销的调查，各种营业推广的调查以及企业形象的调查等多方面的内容。人员推销的调查包括销售力量大小的调查；销售人员素质的调查；销售人员分派是否合理的调查；销售人员报酬的调查。各种营业推广的调查，增容扩销，电网企业的公共关系与企业形象的调查研究。

5. 电力分销渠道

电力销售渠道的选择是否合理，电力产品的发、送、变、配安排得是否恰当，对于提高电力销售效率、降低电力销售费用有着重要的作用。

6. 电力市场环境

政治环境：指政府对电力产品的有关方针政策和法令、条例。经济环境。包括各种重要经济指标，如：国内生产总值及其构成；电力消费水平和电力消费结构；气候及其他重要自然条件。

科技环境：主要了解新的电力技术、新的电力工艺的发展速度和发展趋势，应用及推广情况等。竞争环境。包括发电厂的竞争者数目与经营规模；主要竞争对手所提供的服务方式等。以上各项内容，是从电力市场调研的一般情况来讲的，各个电网企业在不同时期，在电力市场营销中遇到的问题不同，所要调研的问题也就不同所以，各个不同的电网企业，必须根据自己的具体情况来确定各个时期的电力市场调查研究重点，并组织力量，把电力调查研究工作做好。

5.3.2 电力市场调查的作用

在电力市场营销中，电力市场调查的作用表现于以下三个主要领域。

1. 电力市场

电力市场调查可以帮助决定电力产品的潜在销售量，了解电力市场的大小与性质。电力市场调查要分析电力产品的消费者意见与态度，研究进行电力市场细分与电力目标选择的依据；就电力价格、电力分销渠道与电力促销方法，分析电力市场竞争形势；根据电力市场营销区域内的消费者需求，估计可能的电力销售量；研究建立电力销售区域，使电力销售组织对于网点（售电站）、人员能做最佳的配置；研究分配电力销售任务，使电力促销人员的行动有努力目标。

2. 电力产品

电力市场调查可对电力产品不断提出电力营销策略的建设，以适应变动的电力市场情况。电力市场调查要分析电力产品改进的需要，以获得电力竞争的利益；发现电力产品的新用途，以扩展电力市场范围，为电力产品发掘市场，包括电价、电力的输送等情况。

3. 电力分销

电力市场调查可以对日益复杂的电力分销方法和策略，提出分销意见建议。电力市场调查要分析供电方的边际价值，分析电力销售统计，包括顾客、地区与电力产品利益，分析电力分销方法，选定最有效的电力分销渠道与电力分销策略，研究电力消费者关系，增进对电网企业产品的好感与接受性。

5.3.3 电力市场调查步骤

电力市场调查既可以由自身的调研部门进行，也可以委托外部的专业调研部门进行。无论电网企业内部组织调研，或外部组织调研，都要求电力营销管理人员与电力调研人员密切配合，有计划、有步骤地开展调研工作。电力市场调查步骤如图5-5所示。

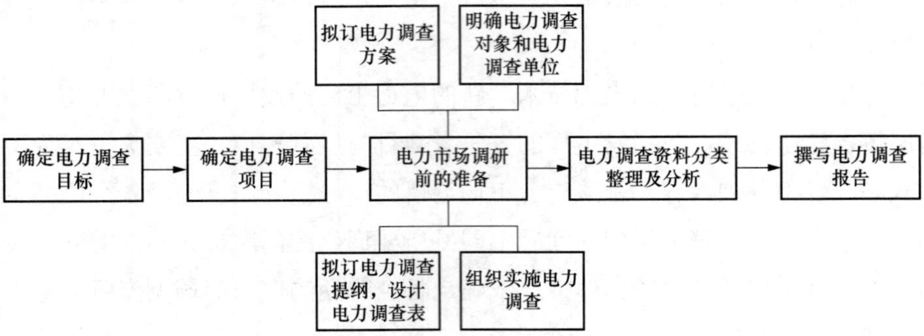

图 5-5　电力市场调查步骤

1. 确定电力调查目标

一般来说，电力市场调查的目标，是通过调查、收集资料、分析、研究电网企业营销活动中存在的问题，提出解决问题的可行办法。但由于电力市场营销活动是千变万化、极为复杂的，因此，在具体的电力市场调查时，要根据客观需要，确定具体的电力调查目标。

2. 确定电力调查项目

在电力调查目标确定以后，要根据目标的要求，确定具体的调查项目。任何调研目标，都需要通过多个项目的调查才能实现，调研项目从不同的角度、层次来满足电力调查目标的要求。

3. 电力市场调研前的准备

（1）拟订电力调查方案：所谓电力调查方案，就是对某项电力调查的设计，包括电力调查的目的要求，电力调查的具体对象，电力调查资料的收集方法等，包括电力调查的目的要求，电力调查的具体对象，电力调查资料的收集方法等，它是指导电力调查实施的依据。

（2）明确电力调查对象和电力调查单位：所谓电力调查对象系指要进行分析研究的那些电力调查内容的总体，它分散存在于许多性质相近的调查单位之中。而电力调查单位则是取得有关电力市场特征、标志或情况的具体承担者。

（3）拟订电力调查提纲，设计电力调查表：这是将电力调查内容进一步具体化的关键一步。为提高调查工作的成效，应先准备要调查哪些具体问题，收集哪些基本数据。

（4）组织实施电力调查：实施电力调研就是调研人员着手收集材料，为进一步分析提供依据的过程。电力调研人员要收集有关资料，包括二手资料，是指经别人搜集、整理过的资料，在开始一个调研项目初期，一般先收集二手资料，这就是案头调研。二手资料主要有两个来源：一是内部资料，包括企业营销信息系统中贮存的各种数据。二是外部资料主要是政府的各类出版物，公开出版的各种报刊、书籍，各类咨询公司，信息中心提供的各种有关数据。二手资料可能存在着可获性、时效性和准确性等方面的问题。为此，还要进行原始资料的收集，原始资料指调研人员通过发放问卷、面谈、抽样调查等方式搜集到的第一手资料。实地调研是指电力调研人员亲自深入营销实践，现场收集材料的过程。

4. 电力调查资料分类整理

对调查所获取的原始资料，进行阅读和编辑整理，既要剔除调查资料中可查出错误的部分，又要采取适当的方法进行资料分类处理，以便分析使用，即：分类、校核、列表。

5. 电力调查资料分析

在电力调查资料整理分类的基础上，电力市场调研人员需运用某些统计方法，对资料进行检验和分析。包括多维分析法、因素分析法、回归分析法、相关分析法、判断分析法、群体法以及因差法等。

6. 撰写电力调查报告

经过资料的分析，对电力调查的问题做出结论，并提出实现电力调查目标的建设性和书面意见，供领导决策。电力调查报告一般应包括：调查的目标，调查的范围和使用的重要方法，调查的结论，建设性的建议，必要的附件。

5.3.4 电力市场调查方法

电力市场调研方法很多，选用的方法是否得当，对调研结果的功效影响极大。一般有以下几种方法：

（1）询问法。该法是以询问的方式了解情况，搜集资料，并将所要调查的问题以面谈、电话、书面等形式向被调查者提出询问，从而获得所需的各种情况和资料。

（2）观察法。它是在不向当事人提问的条件下，通过各种方式对调查对象作直接观察，在被调查者不知不觉中，观察和记录其行为、反应或感受。

（3）实验法。实验法在搜集市场研究资料中应用很广，特别是在因果关系的研究中，实验法是种非常重要的工具。

随着中国电力体制改革的深入，对生产结构进行了调整，追求资源的合理配置，电网企业逐步认识到市场营销的重要性。市场细分是市场营销的起点，所谓电力市场细分，就是按照电力市场不同消费主体的性质和特点对其进行划分，以分析不同消费群的用电特点、主要需求，制定适合不同细分市场的营销对策。

其中，电力市场细分应该具有下面几个条件：

（1）可衡量性：指客户的用电需求信息可以并且能够被很好地收集和量化，能够很清晰地界定各个子市场的范围，能够测量其规模大小和需求量。

（2）进入性：指供电企业的市场营销能力和电力资源条件必须能够满足所选定的子

市场。

（3）可盈利性：细分后的客户市场的需求和规模应该能够满足供电企业实现其盈利的目的。

（4）反应差异：清晰的市场细分后，电网企业对其营销组合中任一因素的变动，都会很快得到各个子市场的差异性的反应。

5.4 电力市场营销策略

5.4.1 电力市场营销细分

1. 电力市场按用户行业细分

（1）工业用电。工业用电可以细分为大型工业用电和普通工业用电。而大型工业用电，它的用电需求量一般比较大，特别是其中的石化、冶金、电子、化工等行业。而且它们属于第二产业中的主体产业，它的发展又关联着国民经济的发展，国家的调控政策又不断地促进其迅猛发展。普通的工业用电自身也有着用电不稳定，缺乏政策扶植力度，资金链容易中断。但是它们中的一些大型企业还是有着很好的发展前景。

（2）农业用电。农业用电中最主要的是农业的灌溉用电。由于它本身季节性的特点，还深受农村供电条件差的限制，它的市场发展潜力一直没有被真正地挖掘出来。随着国家农村电网改造的实施，它的用电潜力也会真正地显现出来。

（3）城乡居民生活用电。随着人们生活水平的不断提高，居民生活用电量的比重也在逐年增长，国家推行的城乡电网改造，又刺激着城乡居民对一些大耗电量电器的需求，因此它的市场潜力很大。

（4）商业和其他照明用电。随着人民经济生活水平的不断提高，第三产业也得到了迅猛的发展。但对其本身来说，它的比重还相对较小，但相应的现阶段却增长较快。在相当一段时间内，它的用电量也会得到持续的发展。

2. 电力市场按目标市场细分

（1）效益目标市场。效益目标市场是指在整个电力营销过程中，能够为电网企业取得主要利润的电力市场。如城乡居民用电、商业用电和大型工业用电市场。

（2）结构目标市场。这类市场虽然不会给电网企业带来大量的利润，但它可以帮助电网企业提高其售电量，建立健全用电市场结构，从而能够占领能源市场的用户集合。它以农业用电和公用事业用电为主。

（3）公益性目标市场。这类电力市场客户是以公益性质为目的的用电客户。要保留必要的公益性调节性发用电计划，以确保居民生活、农业、公益性服务用电，此类市场不以营利为主要目的。

5.4.2 电力销售渠道策略

在配电网开放模式下，发电、输电、配电三个环节相分离，各自成为独立的经营实体，三者之间的关系为电力买卖关系。不仅发电企业竞价上网，大用户可以通过电网经营企业直接向发电企业购买电力，而且零售用户也可以自由选择供电商。这种运营模式下形成了如下的发电市场渠道策略和售电市场销售策略。

1. 发电市场渠道策略

在配电网开放模式下，发电市场的销售渠道可以选择以下两种方式：一是发电企业直接向大用户供电；二是发电企业将电力销售给电网企业。

（1）发电企业直接向大用户供电。该电力销售策略是指发电企业与电力大用户直接进行电力交易，电网企业在此过程中承担输电服务并按规定收取输电服务费用。发电企业供电流程如图 5-6 所示。

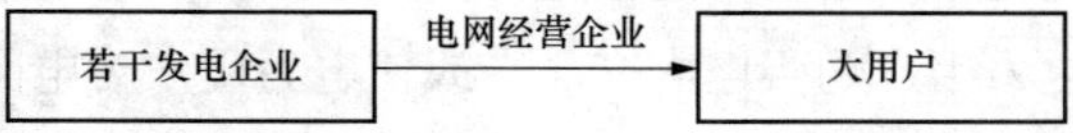

图 5-6 发电企业供电流程

直接向大用户供电策略具有如下特点：

1）电力销售渠道的起点是若干发电企业，各发电企业与电力大用户直接签订电力合约进行电力买卖。

2）电力作为特殊的商品，其必须经过输电网进行输送，因此，电力大用户需向电网企业按相关政策交纳相应的输电服务费用。

3）电力销售渠道的终点是电力大用户，电力大用户获得了选择供电商的权利。

（2）发电企业将电力销售给电网企业。该销售渠道策略是指发电企业将所生产的电力销售给电网经营企业，发电企业不直接面对电力用户。发电企业售电流程如图 5-7 所示。

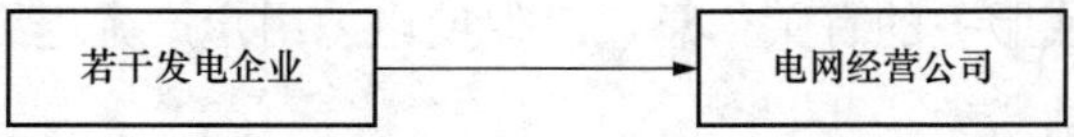

图 5-7 发电企业售电流程

将电力销售给电网企业策略具有以下特点：

1）电力销售渠道的起点是若干发电企业，发电企业主要按照公平竞争的规则参与电力市场，实行竞价上网。

2）电力销售渠道的终点是电网经营企业，不直接面向电力用户。

2. 售电市场渠道策略

在配电网放开模式下，售电企业成为独立的经营企业，一方面向电网经营公司购买电力，另一方面将电力销售给电力用户，售电企业通过买卖电力获得利润。因此，售电市场渠道策略就是售电企业将从电网经营企业购买来的电力销售给电力用户。

售电市场渠道策略具有以下特点：

（1）电力销售渠道的起点是售电企业，售电企业通过降低电价或提高服务质量等策略提升市场竞争力。

（2）电力销售渠道的终点是各类电力用户，各类电力用户均具有选择供电主体的权力。

5.4.3 电力促销策略

1. 电力促销概念

电力促销，也称促进电力销售，是指电网企业以人员和非人员的方式，传递电力产品信息，帮助与说服电力用户购买电力产品，或使电力用户对电网企业产生好感，从而促进电力销售。可见电力促销的基本概念包括以下内容：

（1）电力促销的目的：电力促销的目的是通过营销手段以引发、刺激电力用户产生购买电力的行为。在收入一定的情况下，消费者是否产生购买行为主要取决于其购买欲望，而消费者的购买欲望与外界的刺激和诱导是分不开的。电力促销的目的就是通过各种传播方式将电力产品和电力服务等有关信息传递给电力用户，以激发电力用户的购买欲望。

（2）电力促销的核心：电力促销的核心是沟通。沟通是电力用户与电网企业之间达成交易的基本条件。电网企业将有关的电力产品信息及电力服务信息有效地传递给电力用户，才能使电力用户对电力产品和服务进行了解，从而产生电力购买欲望。

（3）电力促销的方式：电力促销的方式包括人员推销和非人员推销。人员推销，是指电网企业推销人员向电力用户推销电力产品或服务的一种促销活动，主要适合于较为集中的电力大用户。非人员推销，是指电网企业通过媒体、广告、公共关系和营业推广等渠道传递电力产品或服务的有关信息，以促使电力用户产生电力购买欲望、发生电力购买行为的一系列促销活动。

2. 电力促销的基本作用

电力促销是电力市场营销活动中不可缺少的重要组成部分，具有以下基本作用：

（1）传递电力信息，提供相关情报。电力产品的销售是电力市场营销活动的中心任务，信息传递是电力产品销售的重要保证。一般信息传递有单向信息传递和双向信息传递。所谓单向信息传递是指由电网企业发出信息，电力用户接收信息；所谓双向信息传递是指电力买卖双方互通信息，双方都是信息的发出者和接收者。在双向信息传递中，一方面，电网企业向电力用户介绍有关电网企业的情况、电力生产的特点、电能的特点、电价水平以及电力服务方式等信息；另一方面，电力用第十章电力促销策略户也向电网企业反馈对电能使用的要求、电价水平的高低、电力服务的内容和方式是否满意等有关信息，从而促进电网企业取长补短，更好地满足电力用户的需求。

（2）激发电力需求，促进电力购买。电力促销通过各种手段来刺激电力用户的需要和购买欲望，这既是电力促销的目的，也是电力促销的主要作用。通过电力促销使电力用户产生电力购买行为，或增加电力购买数量等。

（3）指导电力消费，扩大电力销售。在电力促销活动中，电网企业可以通过各种方式向电力用户介绍有关电力市场信息、电网企业信息和电力产品信息等，从一定程度上对电力用户起到了指导电力消费的作用，并在此基础上，帮助电网企业扩大电力销售。

（4）利于企业竞争，改善电力服务。电力促销的各种手段和方式的运用，有利于电网企业展开竞争，为电力用户提供更好的电力产品和服务，满足电力用户的需要。

3. 发售电市场具体促销策略

（1）发电市场针对终端大用户的促销策略。

1）充分利用客户关系管理，定期访问用户，建立电力大用户档案资料。

选择向发电企业直接购电的大用户，通常其购电量比较大，属于发电企业的重点营销对象。发电企业对这些用户必须给予高度重视。为了做好这些用户的营销工作，发电企业应该充分利用客户关系管理，定期访问大用户。

2）对大用户售电采用电价优惠政策，吸引大用户直接购电的积极性。

电价优惠可以属于电价策略，也可以作为一种电力营业推广策略。对大用户来讲，之所以采用向发电企业直接购电，本质上是为了降低购电成本。通常大用户将直接购电成本费用与输电成本费用之和同非直接购电成本相比较，选择成本费用低者作为购电途径。因此，发电企业为了吸引大用户直接购电，在购电电价上必须给予大用户一定的优惠。

（2）发电市场针对中间输电市场的促销策略。

1）充分利用公共关系职能，提升发电企业的社会形象。公共关系的一个重要职能就是提升企业的社会形象，发电企业在面向中间输电市场时虽然不直接面向电力用户，但对发电企业来讲，此时的电网经营企业就是它的用户。因此，通过公共关系工作，加强与包括电网经营企业在内的各种社会关系，有利于提升发电企业的社会形象。

2）充分挖掘内部潜力，降低电价，提高发电企业的上网电量。本质上讲，降低电价属于电价策略，但也可以作为一种电力营业推广的策略。厂网分开后，发电企业竞价上网，电网经营企业依据发电企业的报价进行排序。因此，发电企业必须充分挖掘内部潜力，通过各种措施降低发电成本，提高发电企业的上网电量。

3）充分利用自身优势，为中间输电市场提供各种辅助服务。为中间输电市场提供各种辅助服务应属于电力营业推广策略。发电企业为中间输电市场提供的产品与服务可以分为期货与期权产品、中长期合约产品、现货产品、辅助服务以及实时电力产品等，由于不同类型的发电企业自身情况不同，提供的产品和服务也就不同。其中辅助服务是电力交易中的一种重要服务形式，包括有功频率控制（AGC）、旋转备用、非旋转备用、替代备用、无功及电压支持、恢复及黑启动。发电企业可以根据自身优势，为中间输电市场提供各种不同的辅助服务。

（3）售电市场促销策略。

1）以优质服务为宗旨，全面提高售电企业服务质量。售电企业是一个直接面向电力用户的窗口，其服务质量的好坏直接影响售电企业在市场上的竞争力。为此，售电企业必须以优质服务为宗旨，全面提高服务质量。

2）加强广告宣传促销，提高电能在终端能源市场上的占有率。通过广告宣传等手段，使人们认识到电能是社会公认的最清洁、最安全、最高效的能源。虽然煤炭在我国能源消费结构中所占比重最大，但是大量煤炭直接燃烧会造成环境严重污染，因此，煤炭被替代是必然趋势。电能作为一种优质的二次能源，依据现行的能源政策，必将提高电能在终端能源消费市场的占有率。

售电企业可以采用广告宣传促销手段，利用电视、广播、杂志、报纸和网络等媒体宣传电能的优势，提高电能在终端能源市场上的占有率。

3）加强公共关系工作，全面提升售电企业的社会形象。树立售电企业的特定社会形象；强化售电企业的各种社会关系；增强售电企业的内部凝聚力；强化解售电企业面临的危机。

5.4.4　电价概述及制定策略

电价：电力产品同其他产品一样是商品。商品的销售，就是要向消费者和用户提供质量合格的产品或劳务，同时从消费者和用户手中取得相应的货币收入，这种货币收入就是通常所说的商品价格。商品的价格是商品价值的货币表现，电力产品，通常指电能，其价格简称电价。

1. 电价的特点

电力产品的特点、电力生产和消费的特点决定了电价的特殊性，主要表现在以下几个方面。

（1）电价的复杂性。电力产品产、供、销的同时性，使发电、供电环节受到用电环节的制约。反映在电价上，同样 1 千瓦·时电能，不同的用途，不同的电压等级，其电价就不同，因此电价问题比较复杂。

（2）电网的制约性。由于电力的生产和使用受电网的影响，所以制定电价时，必须考虑电网的制约性。

（3）影响的广泛性。电力产品涉及国民经济各个部门和千家万户，因此电价的影响非常广泛，必须考虑电价影响的广泛性。

（4）投资回收性。电网企业的投资量大，同时由于负荷不均匀，系统的安装设计应按最大功率考虑，反映到电价上就是要考虑价格必须保证投资回收问题。

（5）一次能源影响性。火电厂的燃料成本占发电成本的50%～70%，一次能源价格的变动对电价的影响很大。

2. 电价的作用

电价作为电力产品的货币表现，不仅关系到人民生活，而且关系到国民经济各行各业，合理制定电价有着重要作用。主要表现在以下方面：

（1）电价对电力生产、流通、消费起着重要的调节作用。电价的制定是国民经济价格体系中的一个重要组成部分，电价的合理与否直接影响国民经济的发展。因此，合理确定电价水平，使电价能及时、准确地反映电力的供求变化，准确体现电力产品的质量和数量，从而对电力生产、流通和消费起着重要的调节作用。

（2）电价能发挥价格杠杆作用。电价作为经济调节的杠杆，一方面，在市场经济体制下，给电网企业创造一个能形成平均利润的市场环境，确保电网企业扩大再生产的需要，因为电网企业生产所需的资金，是通过电力商品的等价交换过程，从电价中取得的；另一方面，在能源紧张的情况下，可以利用电价的调节作用，合理配置和利用资源，限制高能耗、低效率的电力用户，促进高效工业和先进技术的发展，提高社会的总体经济效益。

（3）电价使电力用户合理负担电力成本。电力市场的基本原则是公平原则。为了真正体现公平原则，不同的电力用户应使用不同的电价，使电力用户合理负担电力成本。

（4）电价便于计量、抄表和收费工作。电价制度的执行有相应的计量装置配合。不同的用户采用不同的电价，采用不同的计量装置，便于电能的计量、抄表和收费工作。

3. 电价制度

在现实生活中，中国现行的电价制度是：按用户用途辅以容量大小，分为生活照明用电、非工业用电、普通工业用电、大工业用电以及农业用电等大类，分别计价。一般是生活及照明电价高于工业电价，工业电价高于农业电价。同时根据各大类所需以及反映供电成本构成的不同要求，设置不同的电价结构，其中有的是单一制，有的是两部制，并且根据电压不同分若干等级。世界上大多数国家都采用这种矩阵式电价表。一些国家和地区实行分时电价，效果显著。在我国，电价制度包含有单一制电价、两部制电价、峰谷分时电价、丰枯季节电价、阶梯电价制度。

我国主要现行电价的计价方式有单一制电价和两部制电价，两种电价均采用功率因数调整电费。

单一制电价：单一制电价又称电度电价，只按用户的用电量（有功电量）计收电费，其中电价中有的还实行峰谷分时电价。它适用于居民生活用电、照明用电、商业用电、非工业用电和普通工业用电、农业用电等。通常每月收费一次。

两部制电价：两部制电价由基本电价和电度电价构成。基本电价按用户最大需电量或装接入主变压器容量来计算（即按契约负荷计算），与用户的用电量无关；电度电价是按用户的有功用电量计收电费。在电度电价中，有的还实行峰谷分时电价及丰枯季节电价。两部制电价适用于大工业用户。

4. 电价制定策略

电力用户间“价格倒置”，需要进一步探讨电价对用户供求关系的影响。从供电成本来说，居民生活用电供电成本最高。居民用电一般位于电网供电最终端，电压等级最低，且主要集中在电力系统高峰时段用电，因而其供电成本是最高的。我国电价营销策略既要考虑到居民的承受力，也要合理反映供电成本。正因为如此，阶梯电价已被越来越多的省份推广应用。

电价营销策略制定指导思想遵循保证低收入阶层生活必需用电，有效抑制电力浪费现象，减少交叉补贴，引导节约用电、合理用电的原则。“阶梯电价”是指将用户的月用电量划分为若干个档次，电价分档递增，用电量越少电价越便宜，用电量越多电价越贵，形成一个阶梯形的电价结构。电价营销策略过程应注重并遵循以下几条指导思想：

（1）以市场调研为决策依据，加强市场调查与分析。阶梯电价“临界点”的测算方法，需要大量的数据支持。在大量市场调研的基础上，努力做到阶梯电价的制定公平合理。

（2）电价临界点确定科学准确，电价递补增额度合理。为保证阶梯电价的确定方法正确，参考其他网省的执行阶梯电价的业务模式，研发出一套阶梯电价的分析预测算法，努力做到阶梯电价的制定科学有效。

（3）通过对电价算法的分析，深度剖析阶梯电价对居民、社会等各方面的影响。

（4）通过对保证电价的营销策略研究，使阶梯电价能够得到有效实施。

（5）保障低收入居民用电及促进用电量的增长，开拓居民电力市场。

（6）抑制高收入居民用电的浪费现象，促使高收入群体节约用电、合理用电，利于环境保护。

（7）提高电力公司的经济效益和社会效益。

5.4.5 电价营销策略

1. 电价宣传策略

（1）宣传内容。宣传内容主要包括电价的概念、阶梯电价改革的背景、目的和意义以及对阶梯电价热点问题等内容的介绍和解释，目的是使居民充分了解阶梯电价及实施阶梯电价对居民生活的影响、实施阶梯电价的重要意义等，通过这些宣传消除实施阶梯电价造成的不良影响。

1）阶梯电价的概念。

2）阶梯电价改革的背景及意义。

3）阶梯电价对居民生活的影响。

（2）宣传措施。为了达到宣传的效果，不仅要充分利用电网企业自己的各种有利条件，还要借助各种宣传媒体，组织各种活动，通过多种形式、多种载体等，同时根据各地的实际情况选择适当的宣传措施的组合来达到宣传的目的。

1）利用公共媒体，开展全方位的阶梯电价宣传。

2）利用电网企业现有的设施、场所进行宣传。

3）印制阶梯电价宣传手册等宣传材料。

4）组织阶梯电价宣传活动。

5）建立与居民沟通的机制和渠道，及时消除对阶梯电价的顾虑和疑问。

2. 价格优惠策略

在实施宣传策略的同时，可以结合其他优惠电价政策，鼓励用户多用电，提高售电量。

在阶梯电价的基础上，改革居民生活用电电价机制，在保证综合电价水平满足国家宏观调控目标前提下，根据所提供电力的质量和服务，进一步研究并设计出可以激励客户需求的科学灵活的阶梯电价。

（1）与峰谷电价或分时电价相结合。

（2）与丰枯电价或季节性电价相结合。

（3）在推动居民家用电器普及过程中实行一定的电价优惠和定期折扣的策略，以提高电力产品在终端能源消费市场的份额。同时，加强电力与其他替代能源的比价研究，尤其是与天然气的比价研究，并建立根据其他能源价格变化相应灵活调整阶梯电价的机制，在对电能形成替代竞争作用的用电市场提供不定期的优惠电价，以保持电力在居民用能市场的竞争力，稳定电力需求市场。

5.5 案 例 分 析

案例1 某电网企业营销管理策略

某电网企业所在区域有电的历史可以追溯到1888年，其电网是我国最早的区域电网之一，也是我国供电负荷密度最大的城市电网之一。该供电局主要从事电网投资、建设及运营管理，负责辖区内11个区域的供电供应及服务工作，其于2012年成为全资子公司，注册资本60亿元，其隶属的电网公司是国务院国资委管理的中央企业，截至2016年在世界财富500强企业中排名第95位。

截至 2016 年 12 月，其供电面积达 7434 平方千米，供电客户数 547 万户。2016 年其电网负荷 4 次突破历史新高，最高达 1586 万千瓦，较 2015 年最高负荷增长 5.82%；完成供电量 784 亿千瓦•时，同比增长 5.96%，全社会用电量 824 亿千瓦•时，同比增长 5.68%。该供电企业以成为国际先进水平供电企业为目标，注重电力供应及服务工作。经过多年来的探索及发展，企业的核心能力有了显著的提升。该城市的用户年平均停电时间从 2007 年的 23.84 小时/户大幅降低到 2015 年的 1.96 小时/户，连续 16 年获得公共服务行业社情民意调查第一名，连续 8 年获省情调查第一名。

在电力市场发电、售电点尚未完全开放的环境下，该供电企业仍是目前该供电区域最大的电力供应商，同时拥有整个区域完整的供电网架。受电量增速放缓、电价空间收窄等不利因素的影响，该供电企业在 2015 年仍保持优势圆满完成各项经营指标，实现历年最高 18.5 亿利润额，同比增长 9.79%，市场份额约为 90%。从成为子公司运作至今，经营效益不断提升，利润排名在南方地区稳守第二位。但在电力市场逐步开放的环境下，该企业凭借原有垄断型资源的自然优势逐渐被削弱，影响其市场地位及发展的不稳定因素不断增加。

随着电力市场的逐步开放，供电企业面临更加激烈的竞争，截至 2016 年该地区电力市场参与发电企业直接交易的用户数 189 户，2016 年 1～12 月交易用电量达 69.21 亿千瓦•时。从政府政策导向中可以看出，电力市场准入的条件将逐步放宽，使整个电力市场更能体现供求规律，构建公平竞争、规范运作的电力市场。也由此可以看出，该供电企业将面临越来越大的压力，合作的客户资源也存在流失的现象。

据此，该电网企业基于客户群分类开展市场细分，根据行业特点、客户特性等将电力市场客户划分为重要客户、重点关注客户、大客户、居民客户及其他客户等五大类型客户，根据不同类型的客户及特定群体确定细分市场及目标市场，结合客户需求，通过“普遍服务＋增值服务”的模式为客户提供差异化服务。

案例启示：通过供电企业服务营销管理问题分析、供电企业服务营销策略分析、供电企业服务营销管理工作实施情况分析及供电企业服务营销组织情况分析四个深层次问题分析，依据营销管理理论从分析、计划、执行、控制四大方面对应提出问题解决对策解决了当前所面临的问题。简要概括为以下五点：

（1）构建适应市场环境发展的服务营销战略：在企业战略、市场定位、目标市场及目标客户方面要结合形势及环境变化作进一步的优化调整，以更好地适应变化，抓住机遇完成企业转型升级；

（2）优化服务营销管理策略：从企业服务营销管理思路及模式、服务品牌的确定及推广、7P 服务营销策略的制定及实施等方面作优化提升，巩固企业的发展成果，持续提高客户满意度及忠诚度；

（3）强化服务营销管理工作实施落地：提升信息化运用水平，强化企业日常运营管控，打通专业壁垒，强化横向及纵向协同联动，提高处理客户诉求的效率及质量，强化企业抵御风险的能力；

（4）完善服务营销组织保障：通过优化调整组织架构，以适应市场化竞争的发展，同时完善服务营销团队的建设，构建统一的服务标准，培养服务营销核心人才；

（5）服务营销管理创新模式：创新性提出服务营销管理新模式，通过打通上下游实现多方高效联动，构建三大平台，完善三大机制，以供电企业为核心构建良性发展的电力生态圈。

案例2　丹麦综合能源服务实践经验及对我国的启示

丹麦国家电网公司（Energinet）是丹麦国家电力和天然气输送系统的供应商，它是丹麦国家气候和能源部下属的一家独立的公共企业。作为负责丹麦国内电力与燃气输送的企业，Energinet 承担了从企业层面研究和开展综合能源服务的任务。

1．Energinet 综合能源战略

结合丹麦的能源现状以及丹麦政府制定的相关政策法规，Energinet 确定了下一阶段的综合能源战略目标：

（1）建立新的能源供应安全框架。面对新的能源系统，Energinet 的能源战略将继续以保障电力以及天然气的供应安全为基本原则。Energinet 计划对电力基础设施进行改造、加强不同能源生产部门之间的互联、增加电力与天然气的储备以及开发新的能源供应安全框架，以保证丹麦的能源供应安全继续保持在较高的水平。

（2）助力丹麦成为北欧能源中心。因其特殊的地理位置与能源结构，决定了丹麦必须和周边国家之间建立起高效的能源互通。Energinet 坚信综合能源服务的发展离不开跨境合作，通过大力发展各国在能源互联方面的合作，开拓跨国区域市场，可以在保障能源供给可靠性的同时有利于自身发展。

（3）实现经济高效的能源供应。高效率的能源供应是实现丹麦能源转型目标的一个重要因素，也是降低社会用能成本的重要助力。Energinet 正在努力使用最具成本效益的方法为丹麦人民提供可持续的能源。

（4）推进能源部门的数字化。Energinet 已经意识到，推进能源部门的数字化将是完成企业的政治任务和实现企业自身营销发展的一个至关重要的举措。

2．Energinet 综合能源相关业务

结合企业的综合能源战略，Energinet 借助传统业务革新和引入数字化等方式开展了以下综合能源业务：

（1）输电/气业务扩展。对于输电业务，Energinet在加强建设跨境电力输送通道的同时，针对丹麦的能源结构特征开发了一套预测和管理系统，实现了对风能和热电联产的出力预测结果的整合。

（2）数字化能源服务。随着丹麦可再生能源发电占比的不断上升以及电力市场参与角色的增多，未来的电力生产和消费将呈现出更大的波动性，电价的构成也将更加复杂。对包括电厂、电网运营商及消费者在内的所有电力市场的参与者而言，需要新的价格信号、新的服务、新的技术和新的沟通方式来指导电力的生产与消费。

（3）国际能源咨询业务。作为丹麦政府能源部门的主要合作伙伴，Energinet在可再生能源开发利用与能源系统集成等领域积累了全球领先的技术与实践经验。

案例启示：在可再生能源的开发和利用方面，应进一步推动可再生能源结构的多元化发展，加强不同种类的可再生能源之间的相互协调，进而提升能源综合利用效率。我国的可再生能源资源储量与种类都呈现出明显的地域特征，具有多元化发展的先天优势。参考丹麦与北欧各国之间的能源互通，电网企业可以继续加强电力基础设施及电力市场的建设，研究可再生能源的集成与调度技术，实现大范围可再生能源资源优化配置与高效利用。

在综合能源服务市场建设方面，我国能源服务市场潜力巨大，建筑节能以及南方集中供暖等领域对能源服务需求旺盛，能源服务市场应继续保持开放的姿态，吸引多方资本进场，维持市场的竞争力与活力。市场参与者应重视对潜在市场的开发，共同努力扩大市场规模，提升项目质量。政府部门也应进一步加强综合能源服务市场的体制机制建设，协助维护市场的稳定运行。

在市场主体营销策略制定方面，企业在制定市场营销策略和业务开发时，要坚持以市场需求为导向，以自身资源技术优势为核心，找准进入综合能源服务市场的切入点和发力点，一方面要加强技术研发和业务创新，形成差异化的市场竞争力，另一方面要充分运用互联网思维看待综合能源服务市场的发展，推动数字化能源业务，增强企业以用户为根本核心的服务意识，积极应对市场化竞争的挑战。

第6章 电网企业人力资源管理

本章导读

人力资源是企业的第一资源，是企业发展的根本动力，是企业生命力之所在。当前企业之间的竞争就是人力资源之竞争。对于电网企业来说，在新的形势下，如何提高人力资源管理水平，抓好人力资源的管理工作，是实现电网企业持续快速、协调健康发展的重要前提。本章主要对人力资源管理的六大模块即人力资源规划、招聘与配置、培训与开发、绩效管理、薪酬福利管理和员工关系管理进行系统的介绍，并且通过这些内容的学习，可以根据企业发展战略的要求，有计划地对人力资源进行合理配置，通过对企业中员工的招聘、培训、使用、考核、激励、调整等一系列过程，调动员工的积极性，发挥员工的潜能，为企业创造价值，给企业带来效益。

本章思维导图如图6-1所示。

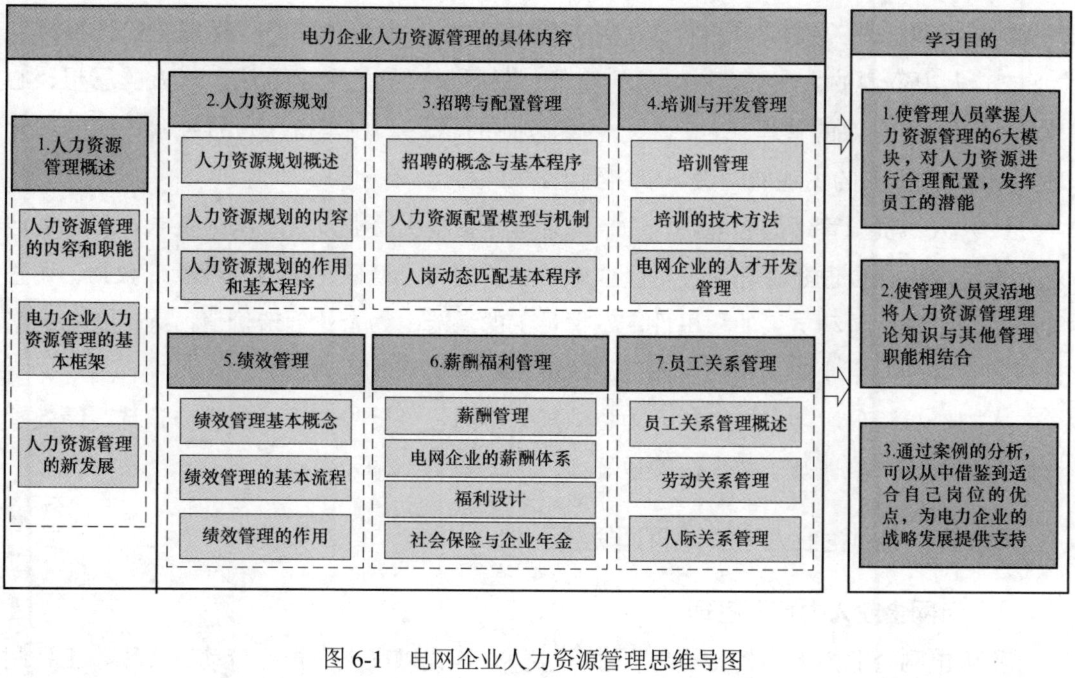

图6-1　电网企业人力资源管理思维导图

6.1 人力资源管理概述

人力资源组织中最具有主观能动性和不可替代性的核心资源、是组织核心能力和竞争优势的最重要源泉，所谓人力资源管理是指服从和服务于组织战略和发展目标，对组织中的人力资源进行科学管理、有效开发、系统整合与合理利用，使组织的人力资源发挥最大效用，为组织发展和实现战略目标提供人力支撑和智力保障。人力资源管理具有资源的战略性、管理的连贯性和系统的集成性三个基本特征。

6.1.1 人力资源管理概述

1. 人力资源管理的概念

人力资源管理是指对员工的行为、态度，以及绩效产生影响的各种政策，管理实践以及制度的总称。许多公司将人力资源管理视为一种“涉及人的管理实践”。

重要的几种人力资源管理实践即人力资源管理的六大模块包括：对职位进行分析和设计、确定人力资源需要（人力资源规划）、吸引潜在员工、挑选新员工（招聘与配置）、教会员工如何完成工作以及如何为未来做好准备（培训与开发）、为员工提供报酬（薪酬福利管理）、对员工的工作绩效进行评价（绩效管理）以及营造一种积极的工作环境（员工关系）。

2. 人力资源管理的内容和职能

（1）人力资源管理的内容。

1）人力资源的外在要素——量的管理。根据人力和物力及其变化，对人力进行恰当的培训、组织和协调，使二者保持最佳比例和有机地结合，使人和物都充分发挥出最佳功效。

2）人力资源的内在要素——质的管理。采用现代化的科学方法，对人的思想、心理和行为进行有效的管理（包括对个体和群体的思想、心理和行为的协调、控制和管理），充分发挥人的主观能动性，以达到组织目标。

（2）人力资源管理的职能。人力资源管理是指根据企业发展战略的要求，有计划地对人力资源进行合理配置。通过对企业中员工的招聘、培训、使用、考核、激励、调整等一系列过程，调动员工的积极性，发挥员工的潜能，为企业创造价值，确保企业战略目标的实现，是企业的一系列人力资源政策和相应的管理活动。

人力资源管理职能主要包括人力资源规划、岗位分析与评价、招聘与甄选、绩效管理、薪酬管理、培训及职业生涯管理等。

6.1.2 电网企业人力资源管理概述

1. 电网企业人力资源管理

我国电网企业的人力资源管理自20世纪90年代以来大力推行劳动、人事、工资制度配套改革（简称“三项制度改革”），开展定编、定员、定岗，采取减人增效、转岗分流等积极措施严格控制用工总量；打破身份界限，实行全员劳动合同制，推行竞争上岗和双向选择，建立岗位动态竞争机制，积极尝试“人事代理”“劳务派遣”等新型劳动用工形式；实行干部聘任制和交流任职制，逐步打破终身制，建立干部任用能上能下制度；改革技能等级工资制度，建立工资总额与经济效益挂钩的分配机制，实行岗位技能工资制度和更加灵活的经营者年薪制、计件工资制、浮动工资制以及社会通用工种实行劳动力市场价位工资制等内部分配形式，合理拉开分配差距，逐步消除平均主义，初步建立起“岗位能上能下、工资能升能降、人员能进能出”的充满生机活力的企业人事制度。电网企业人力资源部门正从过去行政性、事务型部门向决策层的战略合作伙伴方向转变，沿革了几十年的传统人事管理模式正逐步向战略人力资源管理转型。电网企业人力资源管理由于体制和行业特点具有人才密集、管理规范、员工忠诚度高、人员流动率低、劳动关系和谐、培训体系健全、招聘渠道相对单一、内部选拔人才作为主要配置策略、薪酬福利体系具有较强市场竞争力等固有特点；同时，也存在一些制约企业竞争力的瓶颈问题，包括人力资源战略与规划管理需要强化系统性与前瞻性，人员配置机制不能完全市场化，人才短缺与人员富余并存的结构性矛盾突出，人才评价机制和公平合理的竞争机制有待强化，薪酬分配机制不尽合理，绩效管理精细化水平有待提高，高度集成的人力资源管理信息系统尚未建立，培训、考核、晋升、待遇、发展一体化的人才成长机制亟待完善等。

2. 电网企业人力资源管理的基本框架

电网企业人力资源管理基本框架如图6-2所示。

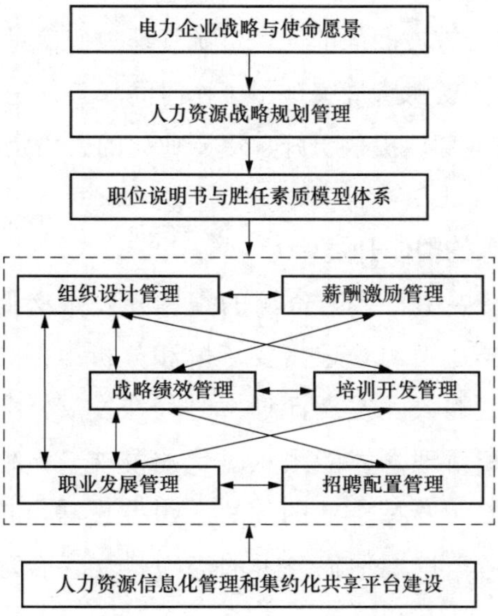

图6-2 电网企业人力资源管理基本框架示意

本章将主要从电网企业人力资源管理的人力资源规划、招聘与配置、培训与开发、绩效管理、薪酬福利管理及劳动关系管理和工作分析与工作设计展开详细的介绍。

6.1.3 人力资源管理的新发展

1. 科学合理的人力资源管理机制的建设

科学合理的人力资源管理制度，是在符合企业的实情基础上建立的。供电企业要想更科学地进行人力资源管理，首先就是要建立全新的管理理论，实行多元化管理办法，细致规划人力资源管理，改革传统模式的弊端，企业可以从以下两个方面做到。

为科学地施行人才招聘及培训计划，可以通过校企合作的方式来实现专业性人才的输送，确保电网企业的专业人才队伍的逐步扩大。同样还能在电网企业内部营造积极上进的自我完善的自发学习氛围，促使全体员工逐步进行个人能力，专业技能素质的提升。对于电力这种技术密集型的企业来说，人才的重要性更加明显，定期邀请专业化高校人员开展相关工作技能的培训，定期邀请外国电力行业专家进行专业经验交流研讨会，不同地区的经验借鉴也是很有必要的。

2. 利用新技术，构建电子化的人力资源管理新模式

电子化的人力资源管理模式是指使用电子、网络和信息技术进行人力资源管理数据的采集、分析归纳和绩效考核管控的方式。这种模式能够随时提供人力资源管理的相关数据，使人力资源规划、岗位分析、人员培训开发、绩效管理、薪酬管理、职业生涯规划等人力资源管理工作更高效。采用信息化人力资源管理系统，可为绩效考核体系提供更科学、高效的可视化数据结果，为企业提供更公平合理的绩效考核平台。人力资源管理部门需要利用网络来整合方方面面的人力资源管理工作信息，来变革传统的人力资源管理工作方式，不仅使人力资源管理突破了工作时间和工作空间的限制，而且使人力资源管理部门能够为企业其他部门提供更好、更专业化的人力资源管理服务，最终为企业的发展战略更好地服务。

3. 要着重于人力资源的整体开发

在企业整体的管理发展中，人力资源的整体开发很必要，不论任何类型企业，当涉及电网企业时也同样适用。管理需要了解和分析电网企业生产和工作的现状，在现状的基础上制定长远的人才发展计划。时代在发展，只有使每个工作人员都能了解和学习这些新技术和新理念才能跟上时代的发展，促使企业的进步。特别是新员工，加强培训非常必要。发挥企业的优势，想方设法留住人才、吸收专业人才。通过对员工专业技术的考核挖掘他们身上的潜力，注意合理使用人才，实现人尽其才，才尽其用。

6.2 人力资源规划

6.2.1 人力资源规划概述

1. 人力资源规划的含义

人力资源规划（human resource plan，HRP）也叫人力资源计划，是指为实施企业的发展战略，完成企业的生产经营目标，根据企业内外环境和条件的变化，通过对企业未来的人力资源的需要和供给状况的分析及估计，运用科学的方法进行组织设计，对人力资源的获取、配置、使用、保护等各个环节进行职能性策划，制定企业人力资源供需平衡计划，以确保组织在需要的时间和需要的岗位上，获得各种必需的人力资源，保证事（岗位）得其人、人尽其才，从而实现人力资源与其他资源的合理配置，有效激励、开发员工的规划。

它有三层含义：一是企业进行的人力资源规划是一种预测；二是人力资源规划的主要工作是预测供需关系，并据此制定必要的人力资源政策和措施；三是人力资源规划必须与企业的战略相适应，必须反映企业的战略意图和目标。

2. 人力资源规划的目的

人力资源规划的主要目的是实现组织和个人的长远利益。企业所处内、外部环境都在不断变化，这导致了企业内部人力资源供求的动态变化。如企业规模的扩大要求企业招聘更多新员工，企业内部的技术更新也要求企业原有员工素质相应提高。而人力资源规划正是对这些动态变化进行科学的预测和分析，以满足企业在近期、中期和长期对人力资源的需求。

6.2.2 人力资源规划的内容

人力资源规划包括两个层次，总体规划和各项业务计划，见表6-1。人力资源总体规划是有关计划期内人力资源开发利用的总目标、基本政策、实施步骤及总预算的安排。人力资源规划所属业务计划包括人员补充计划、人员使用计划、人员接替与提升计划、教育培训计划、评估与激励计划、劳动关系计划、退休解聘计划等，是总体规划的展开和具体化。

表6-1　人力资源规划

计划类别	目标	政策	步骤	预算
总体规划	总目标：绩效、人力资源总量、素质、员工满意度	基本政策：扩张、收缩改革、稳定	实施步骤：年度、项目安排	总预算

续表

计划类别	目标	政策	步骤	预算
人员补充计划	人员类型、数量、对人力资源结构及绩效的影响等	人员标准、人员来源、起点待遇等	拟定标准、广告宣传、考试、录用	招聘、选拔费用
人员使用计划	部门编制、人力资源结构优化、绩效改善、职务轮换	任职条件、职务轮换、范围及时间	略	按使用规模、类别及人员状况决定工资和福利
人员接替与提升计划	后备人员数量保持、改善人员结构、提高绩效目标	选拔标准、资格、试用期、提升比例、为提升人员安置	略	职务变化引起的工资变化
教育培训计划	素质与绩效改善、培训类型与数量、转变员工的劳动态度	培训时间的保证、培训效果的保证	略	教育培训总投入、脱产损失
评估与激励计划	降低离职率、提高士气、改善绩效	激励重点：薪酬政策、激励的反馈	略	增加工资、奖金额度
劳动关系计划	减少非期望离职率、改善雇佣关系、减少员工投诉不满	参与管理、加强沟通	略	法律诉讼费
退休解聘计划	控制企业编制、降低劳务成本	退休政策、解聘程序等	略	安置费、人员重置费

6.2.3　人力资源规划的作用

人力资源规划的作用，表现在以下几个方面：

1．确保组织在生存发展过程中满足对人力的需求

组织的生存和发展与人力资源的结构密切相关。在静态的组织条件下，人力资源的规划并非必要，因为静态的组织意味着它的生产经营领域不变、所采用的技术不变、组织的规模不变，也就意味着对人力资源的数量、质量和结构均不发生变化。对于一个动态的组织来说，人力资源的需求和供给的平衡是不可能自动实现，需要人力资源管理部门提前做好规划，分析预测供求的差异，并采取适当的手段调整差异。由此可见，预测供求差异并调整差异，就是人力规划的基本职能。

2．人力资源规划是组织管理的重要依据

在大型和复杂结构的组织中，人力规划的作用是特别明显的。因为无论是确定人员的需求量、供给量、还是职务、人员以及任务的调整，不通过一定的计划显然都是难以实现的。例如，什么时候需要补充人员、补充哪些层次的人员、如何避免各部门人员提升机会的不均等的情况、如何组织多种需求的培训等。这些管理工作在没有人力资源规划的情况下，就会出现不了头痛医头、脚痛医脚的混乱状况。因此，人力资源规划是组织管理的重要依据，它会为组织的录用、晋升、培训、人员调整以及人工成本的控制等活动，提供准确的信息和依据。

3. 做好人力资源规划可以控制人工成本

人力资源规划对预测中、长期的人工成本有重要的作用。人工成本中最大的支出是工资，而工资总额在很大程度上取决于组织中的人员分布状况。人员分布状况指的是组织中的人员在不同职务、不同级别上的数量状况。当一个组织年轻的时候，处于低职务的人多，人工成本相对便宜，随着时间的推移，人员的职务等级水平上升，工资的成本也就增加。如果再考虑物价上升的因素，人工成本就可能超过企业所能承担的能力。在没有人力资源规划的情况下，未来的人工成本是未知的，难免会发生成本上升，效益下降的趋势，因此，在预测未来企业发展的条件下，有计划地逐步调整人员的分布状况，把人工成本控制在合理的支付范围内是十分重要的。

4. 人事决策方面的重要作用

人力资源规划的信息往往是人事决策的基础，例如采取什么样的晋升政策、制定什么样的报酬分配政策等。人事政策对管理的影响是非常大的，而且持续的时间长，调整起来也困难。为了避免人事决策的失误，准确的信息是至关重要的。例如，一个企业在未来某一时间缺乏某类有经验的员工，而这种经验的培养又不可能在短时间内实现，那么如何处理这一问题呢?如果从外部招聘，有可能找不到合适的人员，或者成本高，而且也不可能在短时间内适应工作。如果自己培养，就要提前进行培训，还要考虑培训过程中人员的流失可能性等问题。

5. 有助于调动员工的积极性

人力资源规划对调动员工的积极性也很重要。因为只有在人力资源规划的条件下，员工才可以看到自己的发展前景，从而去积极地努力争取。人力资源规划有助于引导员工职业生涯设计和职业生涯发展。

人力资源规划好坏与否，关键在于人力资源规划的制定和落实，整个人力资源规划应在结合企业发展战略的基础上，经过自上而下和自下而上的方式来制定，在达成一致意见后，制定相关的政策和实施计划以指导规划的实施，是一个双向计划的过程。在规划制定后，企业要对人力资源规划加以实施和控制，并适时加以修订，使之适应企业的发展。

6.2.4 人力资源规划的基本程序

1. 调查分析准备阶段

主要是调查研究以取得人力资源规划所需的信息资料。不仅要了解现状，更要认清战略目标方向和内外环境的变化趋势，认清组织的潜力与风险。人力资源开发与管理部门应将调查信息纳入系统化的人力资源信息系统中，以便随时更新修正，提供各项业务计划部门使用。

2. 预测阶段

这是人力资源规划关键。在搜集的人力资源信息的基础上，采用经验预测或数学预测方法，依靠计算机的帮助，分析比较不同的企业战略、人力资源政策对企业未来人力资源需求和供给。预测的目的是得出计划期各类人力资源的余缺情况，即得到“净需求”的数据。

3. 制定规划阶段

依据预测数据本阶段制定人力资源开发与管理的总规划及各项具体的业务计划和相关人事政策。

4. 规划实施、评估与反馈阶段

人力资源规划是一个长久持续的动态工作过程，人力资源规划应当滚动地实施。这是人力资源规划的最后一个阶段。规划成功与否来自对它的评估，如果不对规划进行评估，则不可能知道规划的正确与否，不可能知道其缺陷所在，也就不可能有效地指导组织的人力资源开发与管理，规划也就失去了自身和意义。另外，评估的结果应及时反馈，及时修正规划。

6.3 招聘与配置管理

6.3.1 招聘管理

1. 招聘基本概念

招聘指的是在合适的时间为企业的空缺职位寻找到合适的人才；选拔指的是运用科学有效的方法为企业选择优秀且适宜人才的过程。所以说招聘和选拔是企业人力资源管理的重要工作，如何按照企业发展战略和经营目标，在人力资源规划的指导下，寻找到适合企业的优秀人才，并在合适的时间将之配置在合适的职位上，是企业成败的关键。招聘实际上包括两个过程：一是招募，即通过招聘宣传、广告等多种方式来达到吸引人才的目的；二是聘用，即采用各种有效的人员选拔测评技术，挑选合格人才的过程。招募是聘用的基础，聘用是招募的结果。一个成功的企业，既要重视招募策略、计划和渠道的选择，还要做好人员的选拔测评和录用决策。

2. 招聘的基本程序

一个完整的招聘选拔程序包括制订招聘计划、实施招募、人员选拔测评、录用决策四个阶段。

（1）制订招聘计划。招聘活动是从招聘需求的提出开始的，企业的用人部门根据业务增长、人力资源规划或人员离职产生的职位空缺提出招聘需求，招聘需求得到核准后，人力资源部负责协调用人部门准备职位说明书、关键胜任素质模型等文件，并拟订招聘计划，招聘计划应包括招聘规模和范围、招聘基本程序、招聘时间进度、选拔测评方案和招聘费用预算等。

（2）实施招募。招募是企业吸引更多潜在候选人前来应聘的一系列活动，包括招聘渠道选择、招聘信息发布、应聘者申请等。在招募阶段，还需要注意选择适当的吸引人才策略，常用的人才吸引策略有：与职业中介机构保持紧密联系；向应聘者介绍企业的真实信息（防止过高或过低的期望）；利用廉价的“广告”机会，如赠送印有企业网址的纪念品；营造尊重人才的氛围，如在各种媒体上宣传本企业重视人才的理念；巧妙地得到候选人的名单，如利用专业协会的通信录等。

（3）人员选拔测评。人员选拔测评是通过一系列科学有效的方法对应聘者进行测评，挑选出优秀且适宜的人来担任招聘职位工作的过程。通常测评有资格审查、简历筛选、笔试、面试、心理测验、评价中心等方法。企业可以根据职位需要选择合适的方法进行测评。

（4）录用决策。录用决策是员工招聘活动的最后一个环节，也是十分重要的一个环节。如果前几个步骤都正确无误，但是最终录用决策错了，企业依然招聘不到理想的员工。

6.3.2 配置管理

1. 人力资源配置模型

（1）人岗关系型。这种配置模型是根据员工与职位的对应关系进行配置的一种形式。目前这种模型的员工配置方式大体有招聘、工作轮换、试用、竞争上岗、末位淘汰、双向选择等几种。

（2）移动配置型。这是一种员工相对于职位移动而进行的配置形式。它通过人员相对于职位的上下左右移动来保证企业内每个职位的人力资源得到优化配置。这种配置的具体表现形式大致有晋升、降职和调动三种。

（3）流动配置型。这是一种员工相对于企业职位流动而进行的配置形式。它通过人员相对于企业的内外流动来保证企业内每个部门与职位人力资源的质量。这种配置的具体形式有安置、调整和辞退三种。

2. 人力资源配置机制构建

人力资源配置是一项长期、复杂、有计划的系统工程，应建立人力资源配置机制，知人善任，使适当的人从事适当的工作。人力资源配置一般包括人员的晋升、淘汰、轮换和接班人计划四种形式。

（1）人员晋升机制。为保证人才质量，人员晋升体系应该包括一个清晰的标准、一个竞争的机制和一个严格的试用期考核。一个清晰的标准即是任职资格标准，该标准包括详细的任职条件、工作经历、专业知识和管理能力要求，使选择和考核有方向、有重点：一个竞争的机制即是按照人才测评技术开展严格的晋升选拔；一个严格的试用期考核是为初始晋升的人员设置一段时间的岗位试用期，试用期间企业应该为晋升人员建立绩效评估指标，正式晋升前再做一次360度绩效评估，以确定被晋升人员能否胜任新职。

（2）人员淘汰机制。建立正常的人员淘汰机制，是一个企业保持人力资源更新的重要手段。美国通用电气公司的活力曲线、海尔公司的“三工并存、动态转换”模式等都是通过人员汰机制来优化内部人力资源配置的重要形式。人员淘汰机制包括解雇、降级使用、留职察看（转入观察期）等形式。

（3）工作轮换机制。工作轮换是企业内部有组织、有计划、定期进行的人员职位调整，是一项成本较低的组织内部调整和变动，既给员工带来工作的新鲜感和挑战性，提高员工满意度，减少企业晋升的压力，又不会给组织带来太大的破坏，反而可以对组织进行重组，提高适岗率和运作效率。

（4）接班人计划。为了应对竞争日趋激烈的环境，企业应建立接班人计划体系或者称之为关键岗位后备人才计划。接班人一般来源于重点人才培养计划体系所提供的人才、绩效考评结果、外部招聘、中高层经理人员的推荐、员工举荐等渠道。企业为建立和维护后备人才计划体系，应当定期或不定期地进行选拔性评估。接班人的评估由一个专门的委员会（或专门的评估中心）负责，在一个相对一致的评价标准下对候选人的潜能、价值观进行评估，为更全面了解接班人的工作业绩和行为表现，还需要组织与候选人有直接工作关系的人员对其进行360度多视角评估。

3. 人岗动态匹配基本程序

人岗动态匹配指结合以上三种人力资源配置模型，以“个人一职位”关系为基础，对企业人力资源进行动态优化与配置。实现人岗动态匹配有以下七个基本程序。

（1）人力资源规划。人力资源规划是企业人力配置的前期工作，是一个对企业人员流动进行动态预测和决策的过程，在人力资源管理中具有统领与协调作用。其目的是预测企业的人力资源需要和可能的供给，确保企业在需要的时间和职位上获得所需的合格人员，实现企业的发展战略。

（2）职位空缺申请与审批。人力资源规划更多的是对企业人力资源需求和供给的预测，至于具体哪些部门、哪些职位存在空缺，则需由各用人部门提出职位空缺与申请，并由人力资源部进行严格的审批。

（3）工作分析。确定了所需招聘人员的职位以及各职位空缺人员数量后，就应对这些职位进行工作分析，以确定职位工作内容、职责及任职资格标准等。

（4）人才选拔测评。根据工作分析结果，人力资源部门建立职位说明书和任职资格标准，企业即可据此来设计人才选拔测评的指标，并选用相应的测量工具对企业人员进行测评，从而为人才合理配置提供依据。

（5）招聘与合理配置。工作分析和人才选拔测评是“个人—职位”关系的基础工作，该项工作完成之后，企业即可对内部或外部招聘来的人员进行合理配置，将合适的人配置在合适的职位上，达到个人与职位匹配。这个过程包含着两层意思：一是职位要求与个人素质要匹配；二是工作的回报与个人的贡献要匹配。

（6）动态优化与人力资源再配置。企业人员进行合理有效的配置后，还必须根据上述人力资源配置的六个原理，通过调配、晋升、降职、竞聘上岗、工作轮换、辞退等手段对人力资源进行动态的优化与再配置，使企业整体人力资源达到最优。

（7）绩效产出。企业采取正确的措施和手段对人力资源进行合理配置后，合适的人工作在合适的职位上，将会使员工的工作绩效、工作满意度、出勤率等得到提升，从而提高组织的整体效能。人岗动态匹配的结果是员工个人与职位相匹配，以做到事得其人、人尽其才、才尽其用、人事相宜，最大限度地发挥人力资源的作用，促进企业持续、稳定、快速发展。

6.4 培训与开发管理

6.4.1 培训管理

1. 培训管理的定义

人力资源是企业的核心智力资本，作为人力资源管理中最有价值的可增值投资，培训是创造和提升组织智力资本的有效途径。所谓培训是指企业从组织战略和组织发展需要出发，以提升组织绩效、培育核心竞争力、实现可持续发展为目标，有组织、有计划、多层次、分类别地开展培养活动，从而更新和改善员工的职业态度、行为模式、工作技能和职业素质，塑造和传播企业文化，培养和储备专业人才，提高员工的忠诚度、敬业度和满意度，实现企业与员工的和谐同步成长。

作为人力资源管理的重要子系统和有机组成部分，培训管理在日益激烈的市场竞争和人才争夺中显得尤为重要，是强化企业核心竞争力、增强自主创新发展能力、改善人力资本可用系数、提高智力资本对企业发展贡献度的重要手段，日益为组织所重视并不断加大投入，成为人力资源管理实践中投入大、产出高并极具增值潜力的重要领域。正如著名企业管理学教授沃伦·贝尼斯所指出的：“员工培训是企业风险最小、收益最大的战略性投资。”全球最大的综合性人力资源管理咨询公司，翰威特咨询公司历时4年开展了“亚洲最佳雇主”调研，得出的统计数据表明，最佳雇主每年平均为每位员工提供68小时的培训，投入培训费用670美元，其他企业的培训时间和培训经费投入则分别为49小时和596美元，二者之间的差距达到12%，而最佳雇主的综合年均增长率则比其他企业高出1/3。例如：联邦快递公司为获得奖学金计划的员工提供2500美元/年的奖学金用以支持其未来教育，并保障每位员工每年能获得约50小时的培训。

2. 培训管理的业务流程

企业的培训开发工作应以组织发展战略和核心能力建设为导向，大力培育“全员培训、终身学习”的企业文化，将培训开发子系统与人力资源管理其他子系统相互衔接并有效协同，以胜任素质模型和任职资格体系为基础，以人才测评和绩效考核结果为参考，以培训需求调查为依据，通过组织分析、工作分析和人员分析来确定培训需求，制订培训计划，进而科学地组织实施并进行效果评估。一个完整的培训活动大致可以分为培训需求分析、培训计划制订、培训组织实施、培训效果评估四个阶段，并形成PDCA闭环管理。培训管理具体业务流程如图6-3所示。

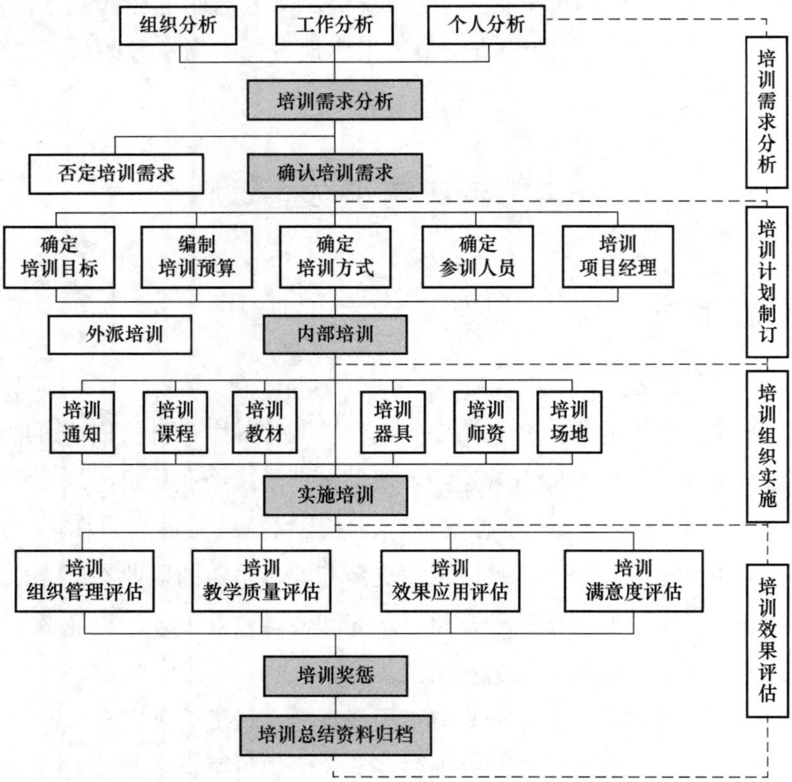

图6-3 培训开发管理具体业务流程

6.4.2 培训的技术方法

培训开发的技术方法多种多样且日新月异，主要包括课堂讲授法、专题讲座法、讨论交流法、个别指导法、案例分析法、头脑风暴法、角色扮演法、多媒体教学法、计算机仿真教学法、拓展训练法、管理者训练法、e-Learning 电子化学习法、团队学习法、学习型组织建设等。

1. 课堂讲授法

课堂讲授法是最传统和最常见的培训方法，是由培训师通过语言表达、板书和其他辅助教具向受训者系统传授知识和技能的单向式教学方法。课堂讲授法的优点是可以系统传授知识，容易掌握和控制学习进度，可以用较低成本同时对多人进行培训等。

2. 案例分析法

案例分析法是把实际工作中出现的或虚拟的问题作为案例，由受训者根据所提供的资料，分析研究问题并提出解决方案，侧重于培养和训练受训者的分析能力、判断能力、协调能力、合作精神以及解决问题的实际业务能力。案例分析法实质就是在模拟环境中解决一个实际问题，可以大胆尝试而不需承担风险，并可以多次分析案例，在不同的案例中培养分析问题和解决问题的能力，开阔视野，增长见识，从而完善受训者的思维模式。

例如：海尔集团的“即时案例”培训法就是针对实际工作中出现的鲜活案例，组织员工在现场进行案例剖析，针对案例中反映的问题强化员工的技能和观念，同时采取现场看板的形式在生产区域进行培训学习，经总结提炼后在集团内部报纸《海尔人》上公开发表，组织讨论，以达成共识。

3. 多媒体教学法

多媒体教学法是指依托计算机技术和多种视听媒介，综合运用文字、图像、声音等各种形式的教学媒体，使教学过程更为生动逼真，学习过程更为兴趣盎然，实现交互式、标准化的生动教学。

4. 团队学习法

团队学习法是指鼓励来自不同部门、具有共同专业兴趣的员工自愿组成各专业学习团队，通过定期学习交流和脑力激荡，共享团队学习资源和研究成果，极大提高学习效率和速度，为员工提供学习交流的平台，营造良好的学习氛围和浓厚的学习风气，促进员工个人终身学习和相互取长补短，将员工个人的隐性知识转化为组织共享的显性知识。

例如：西门子公司鼓励不同部门的员工大胆打破部门界限组成团队进行自我导向式学习，其极富特色的“行动学习”培训项目就是由4～6人组成一个针对真实项目的学习团队，通过集体学习、交流讨论提出棘手案例的解决方案。通过组建行动学习团队，西门子公司一年内的咨询费用节省了300万～400万美元，此外还产生了1000多万美元的成本节约。

5. e-Learning电子化学习法

e-Learning电子化学习法是指运用互联网和局域网技术建立企业级共享学习系统，利用网络培训实现异地远程实时教学，使员工可以随时随地利用网络进行交互式个性化学习，实现“学习工作化”和“工作学习化”。如果说传统培训模式解决了企业培训“点线”的问题，那么突破时空界限的 e-Learning 模式则解决了企业培训“面”的问题。

e-Learning 主要培训方式包括光盘培训、文件下载、网络视频会议等，具有如下特点：一是网络化，网络成为教室，知识可以及时更新，同时保持知识的一致性；二是个性化，学习的终端是学员桌前的电脑，学员可以根据自己的时间自主安排学习进度，根据自己的需要自主选择学习内容；三是可管理，学员的所有学习活动都可以记录下来进行即时跟踪和长期保存，作为评估学习效果和分析培训需求的依据。正因为此，e-Learning 日益受到越来越多大型企业的青睐，仅在美国企业教育培训市场就占培训总量的 1/3，达到年均数百亿美元的市场规模。根据美国培训与发展协会（ASTD）的预测，到 2010 年，雇员人数超过 500 人的公司，90%以上都将采用 e-Learning 电子化学习法。

6.4.3 电网企业的人才开发管理

1. 人才开发的概念

人才开发是经济社会发展的动力源泉，是提高企业素质的根本保证。根据现代企业的战略人力资源的思想，进行人才开发的主体思路是必须围绕战略分解目标，设置岗位，配置人员，事人相宜。用人的首要出发点是战略性的眼光，根据战略来调配企业的人力资源。每个员工的长处和才干都可以分为若干类型，有的擅长组织协调，有的适合技术分析，有的喜欢冲锋陷阵，有的足智多谋，要使其特点与工作岗位相适应。假如不把各人的才能用到最能发挥其作用的地方去，那对人才是一个压制，对事业是一种极大的浪费。在这里主要讲职称、技能等级鉴定这两块内容。

2. 电网企业的职称管理

职称评审是指已经经过初次职称认定的专业技术人员，在经过一定工作年限后，在任职期内完成相应的继续教育学时，申报中级职称以上的人员须在专业期刊发表论文并且经过一些基本技能考试（如：职称外语及计算应用能力考试等），向本专业的评审委员会评委提交评审材料，经过本专业的专业评委来确定其是否具备高一级职称资格。

3. 电网企业技能等级鉴定

技能等级是指员工为了按照既定的标准完成工作任务而必须能够执行的一个工作任务单位或者一种工作职能。也就是说把公司的事务与职务划分成若干个等级，在某个等级中相应地定义上该等级下需要员工什么样的知识、能力，又有什么样的具体任务或职务等。

6.5 绩 效 管 理

6.5.1 绩效管理的基本概念

1. 绩效

绩效指的是人们从事某一项活动所产生的业绩和效果。对于一个企业而言，绩效包括两个层次：一是组织绩效，即组织整体运营管理的业绩和效果；二是员工绩效，指的是员工在工作岗位上的工作表现和工作结果，它体现为员工对组织的贡献大小和价值大小。组织绩效以员工个人绩效为基础，全体员工的绩效最终体现为组织绩效。

2. 绩效管理

绩效管理是指以企业发展目标为导向，在持续沟通的基础上，通过对目标的分解，使管理者与员工在工作目标、任务要求以及努力方向上达成共识，并根据一定的考核标准和方法进行检查和评价，激励员工持续改进工作绩效，最终实现企业发展目标的管理过程。

（1）战略主导是基石。绩效管理与企业战略管理、战略人力资源管理密切相关，是基于战略大框架下的执行系统，应起到“达成战略共识、促进战略协同、实现战略控制”的作用，通过对战略的层层分解，实现日常工作聚焦于战略。

（2）有效沟通是保障。绩效管理是一个基于上下级充分沟通并达成共识，促使员工自愿积极参与绩效改进的过程。绩效计划的制订需要双方沟通并达成一致目标，绩效实施需要沟通辅导，绩效评估需要沟通才能有效实施，绩效反馈面谈更是沟通的最佳阐释，沟通是绩效管理能否成功实施的重要保障。

（3）辅导纠偏是重点。绩效管理注重过程辅导、及时纠偏、防微杜渐。在绩效实施过程中，上级主管要及时发现员工绩效偏差，及时纠正、辅导，注重员工绩效与能力提升，而非事后考核与惩罚。

（4）持续改进是核心。绩效持续改进是绩效管理的终极目标，一切工作都应该围绕改进展开，通过衡量并激励改进，建立持续改进的机制，形成自发的、自下而上的精细化管理，在机制和技术两个方面共同促进管理的细化、量化。

绩效管理是一种提高组织、员工的绩效，开发团队、个体的潜能，使组织不断获得成功的管理思想和具有战略意义的管理方法。通过绩效管理，可以帮助企业实现绩效持续提升，促进高绩效为导向的企业文化形成；激励员工更加投入工作，促使员工开发自身潜能，提高工作敬业度；增强团队凝聚力，改善团队绩效；通过不断沟通和交流，发展员工与管理者之间建设性的伙伴关系。

6.5.2 绩效管理的基本流程

绩效管理是对绩效实现过程中各个环节的管理，是通过对企业战略目标分、绩效计划制订、绩效实施、绩效评估、绩效沟通，并将绩效评估结果应用于企业日常经营管理活动中，激励员工持续改进绩效并最终实现企业战略目标的过程。绩效管理是一个系统的闭环过程，其基本流程如图 6-4 所示。

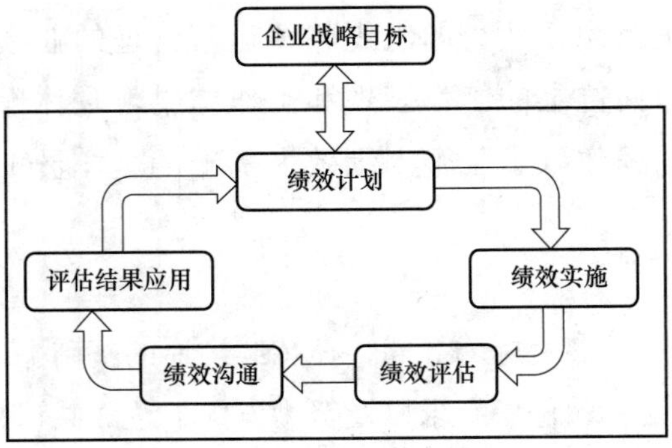

图 6-4　绩效管理基本流程示意

1. 战略分解

绩效管理的最终目的是实现企业的发展战略目标，因此一个有效的绩效管理系统，首先要根据企业发展战略目标制订各部门和员工的目标，并明确全体员工为实现战略目标所应当承担的责任。只有将企业发展战略目标层层分解落实到每一位员工身上，自上而下层层传递目标压力；通过员工积极主动承担责任，履行岗位职责，自下而上层层保障目标实现，才能最终实现企业的战略规划和发展目标。

2. 绩效计划

绩效计划是启动绩效管理系统的第一个环节，依据是工作目标和岗位职责，在这个阶段，管理者和员工之间要在绩效目标和行动计划等方面达成共识，员工要对承担的绩效计划作出承诺。制订绩效计划可以从设定绩效指标和确定绩效目标达成的评价标准两方面进行。

设定绩效指标是在管理者与员工进行充分沟通的基础上，将企业发展战略目标分解到部门和员工，形成部门和员工必须承担的绩效目标和责任。绩效指标包含结果导向的指标和行为导向的指标。设定绩效指标后，最重要的一点就是确定指标达成的评价标准，以准确考察评价员工的业绩和效果。绩效评价标准的确定应符合 SMART 原则，即目标是具体的、可衡量的、可达到的、相关的和有时限的。

3. 绩效实施

绩效计划制订之后，员工就要按照计划开展工作。绩效实施是按照绩效计划，收集绩效评价的原始数据，并对员工工作过程进行监督、指导与改进的过程。在绩效实施阶段，管理者要指导和监督员工的计划履行情况，及时发现问题并控制绩效偏差，及时对绩效计划进行适当调整。管理者要重点做好以下几项工作：

（1）定期召开例会，听取员工汇报绩效计划进展情况，及时掌握动态，收集和记录员工行为和结果的关键事件、数据。

（2）定期和员工进行沟通，及时了解员工在履行绩效计划过程中遇到的问题。

（3）协助员工处理绩效计划履行过程中遇到的问题，辅导员工解决障碍。

（4）为员工提供所需要的培训和帮助。

（5）将员工的绩效表现及时反馈给员工，指出真实绩效与目标绩效之间的差距，对不良行为及时进行纠错，对优异表现和进步不断进行激励。

4. 绩效评估

绩效评估，又称绩效考评、绩效评价、绩效考核，是绩效管理的一个重要环节，是在绩效周期结束后依据绩效评估方案和双方达成的绩效计划合约，对员工绩效计划履行情况进行全面、系统、科学的分析、考察、评价的过程，本质上是组织对成员的贡献和价值大小进行考核评价的过程。绩效评估必须以完整准确的绩效原始数据为依据，并采取针对不同评估职位的差异化绩效评估方式。常用的绩效评估方式包括关键绩效指标（KPI）、平衡计分卡（BSC）、目标管理法（MBO）、360度反馈评价法、强制分布法、关键事件法、工作标准法、量表评测法等。英国学者格雷厄姆在他的《人力资源管理——工业心理学与人事管理》一书中指出绩效评估有四种目的和作用：

（1）协助管理者依照所属的表现、绩效决定增加多少工资；

（2）决定员工将来的任用，例如他是否应留任、调职、晋升、降职或解雇；

（3）了解是否需要培训，例如，如果给予适当培训，可望有何种范围的绩效改进；

（4）告知他的成果，承认他的功劳，给他与主管讨论工作的机会，以激励员工把现在的工作做得更好。

5. 绩效沟通

从某种意义上讲，沟通是管理的本质。绩效评估结束之后，要通过正式有效的绩效沟通，让员工了解自己的绩效状况和组织期望自己达到的绩效标准，帮助员工查找绩效不佳的原因，由管理者与员工一同制订下一绩效周期的计划和改进措施，帮助员工制订和调整个人职业发展规划和培训计划。最后，对绩效评价中的关键实践和重要数据必须进行确认，对绩效评价结果达成共识。只有当员工认可并签字确认，绩效评价结果才能最终被运用到人力资源管理的其他程序中。不少大公司都以制度的形式推行绩效沟通范式，如西门子公司的“爱发谈话”（发展、促进、赞许，德文缩写EFA），就是每年由公司高管对26 000名实行年薪制的各领域高级管理人员就个人优势劣势、绩效表现、职业发展、培训进修等内容进行面对面的沟通。制度化的绩效沟通对于高绩效企业文化的建设和培育至关重要。

6. 绩效评估结果应用

绩效管理成功与否，关键在于绩效评估结果是否得到合理的应用。绩效评估工作完成后，人力资源管理部门将考核表、考核评估报告等收集、整理、归档，并根据评估结果，落实到员工的薪酬、奖惩、晋升、培训、工作调整等人力资源管理职能中。同时，在沟通的基础上，上级主管协助员工查找优势、弱项，有针对性地采取培训或者转岗等行动，指导员工进行职业生涯设计，促进员工职业发展。

6.5.3 绩效管理的作用

1. 达到公司的整体战略规划以及长远发展目标

绩效的管理工作作为当前电网企业当中人力资源管理方面的重要环节以及公司内部管理工作的重要部分，其主要目的就是要在公司战略目标实施到员工个体上的时候，通过对员工自身的绩效实施管理、提升以及改进，从而达到提升企业的整体绩效的作用，实现了公司长远发展的战略计划和稳定发展的最终目标。

绩效管理通过设定科学合理的组织目标、部门目标和个人目标，为企业员工指明了努力方向。下属通过工作态度以及工作方法的改进，保证绩效目标的实现。通过多种方式激励高绩效部门和员工继续努力提升绩效，督促低绩效的部门和员工找出差距改善绩效。在绩效反馈阶段，考核者应和被考核者就下一阶段工作提出新的绩效目标并达成共识。在企业正常运营情况下，部门或个人新的目标应超出前一阶段目标，激励组织和个人进一步提升绩效，经过这样绩效管理循环，组织和个人的绩效就会得到全面提升。

绩效管理通过对员工进行甄选与区分，保证优秀人才脱颖而出，同时淘汰不适合的人员。通过绩效管理能使内部人才得到成长，同时能吸引外部优秀人才，使人力资源能满足组织发展的需要，促进组织绩效和个人绩效的提升。

2. 提升员工的自我约束的能力

公司的绩效管理工作当中，绩效沟通是其中的一项较为重要的实施环节，它贯穿着公司绩效管理的整个实施过程，正是因为公司管理者和员工之间不断地进行沟通和交流，才使得公司的每一位员工的自身工作能力和自我约束能力不断地得到提升，进而使得在自我绩效提升的能力方面也得到了加强。

3. 为公司职务调整和薪酬的管理提供充分的依据

电网企业可以通过个人或者是团队的绩效评定，对员工的绩效的达成情况，绩效水平的高低可以通过直观的方式直接看出，其在公司职务的变换、薪酬调整以及相关的培训发展等方面的管理和决策中都提供了充分的根据和保障。与此同时，实际的考核结果对每一个员工的工作方面都有着激励性和控制性的作用，员工个体的绩效得到了提升，也就是对公司整体的绩效得到了提升，所以说电网企业中的绩效管理可以切实有效的对公司在日后的发展起到保障性的作用。

6.6 薪酬福利管理

6.6.1 薪酬管理

1. 薪酬基本概念

薪酬泛指员工由于完成工作而获得的内部和外部报酬，是企业对员工所作出的贡献，包括员工的工作行为、工作态度及工作业绩的回报。实质上，薪酬体现了贡献与回报的交换关系，即员工以自身的知识、技能、经验、体力和工作表现为企业提供了贡献，企业因此支付给员工相应的回报。这种贡献与回报的交换关系必须符合市场规律，当员工对这种交换关系表示满意时，员工将会继续努力付出，并保持良好的工作绩效；当员工对这种交换关系不满意时，就会出现怠工、减少付出甚至离职等现象。

2. 薪酬的基本功能

薪酬是企业对员工提供劳务、取得业绩和所作贡献的回报。对企业而言，薪酬具有激励、配置、导向、竞争和增值等作用。对员工而言，薪酬具有两个基本作用：一是满足员工基本生活需要，即薪酬的保健性；二是体现员工工作价值，激励员工更好工作，即薪酬的激励性。

（1）维持功能。薪酬的维持功能通过基本薪酬等形式得以体现。员工所获得的薪酬应能够维持员工本人及其家庭的生活与发展需要，并应保证员工能不断更新知识，补充脑力或者体力的需要。

（2）激励功能。薪酬的激励功能通过绩效工资、奖金和中长期激励、满足自身价值等形式得以体现。通过薪酬中激励部分的设计，可以激发员工的潜能，提高他们工作的积极性、主动性和创造性。

（3）保障功能。薪酬的保障功能通过福利保险等形式得以体现。福利保险让员工在生、老、病、工伤、失业等情况下得到良好的社会保障。同时，保险福利也是企业关心员工、履行社会责任的重要表现。

3. 薪酬管理基本概念

薪酬管理是指根据企业发展战略的要求，通过薪酬策略的制定，薪酬制度的设计和完善，薪酬激励计划的编制和实施，有效发挥各种薪酬形式的激励作用，为企业创造更大价值的过程。通俗而言，薪酬管理就是告诉员工，本企业根据什么来支付员工薪酬，员工的哪些行为和结果是企业关注和提倡的，薪酬的结构组成、标准水平将对员工产生什么样的激励效果，员工要往哪方面发展和改善才能获得更高的薪酬。

6.6.2 电网企业的薪酬体系

统一薪酬分配制度作为国家电网公司人力资源集约化管理的重要内容之一，落脚点在于构建以岗位绩效工资制度为基本模式，与岗位价值、绩效贡献、能力素质三个要素相挂钩，由岗位薪点工资、绩效工资、年功工资、辅助工资四个工资单元构成，适应各单位业务类型和经营特点的差异化薪酬分配制度体系。在这里主要介绍岗位薪点工资制度。

1. 岗位薪点工资制度概述

岗位薪点工资制度是在岗位评价定级的基础上用薪点数和薪点值确定员工工资的工资制度。员工月基本工资＝个人的薪点数薪点值，薪点值＝一定比例的月度工资总额员工总薪点数。

岗位薪点工资制度属于一岗多薪制，在同一岗级上设置 6 个薪级。员工个人的薪点数除了岗位岗级要素外，还要结合学历、技术技能等级、工龄等要素确定初始薪级，由岗级、薪级综合决定员工薪点数。

2. 岗位薪点工资制度的优点

（1）提供发展空间。在同一岗位上设置 6 个薪级，员工从初始薪级逐步向上晋升，薪点数随之增加，进而实现岗级未变而提高岗位工资。由于薪点值根据一定比例的工资总额确定，薪点值将随工资总额变化而升降，基本工资占比可实现固化，使工资的保障作用有所体现。同时，随着岗位薪点工资占比的提高，原“大锅饭”的部分工资将进入基本工资单元实现差异分配，有利于区分员工岗位、素质能力等。岗级之间薪级交叉，有利于员工跨岗位流动。相邻岗级有 4 个薪级的交叉，员工在岗位变动时，原“下调”多可转变为“横向平移”，为优化人力资源配置减少障碍。

（2）体现效率优先。薪点工资制度使工资分配直接与企业效益和职工个人的劳动成果挂钩，体现了效率优先的原则，符合市场取向。薪点基值与企业效益挂钩，薪点浮动值与企业所属部门主要经济指标挂钩，使得职工的收入、所在部门的经济技术指标、企业的效益与市场联系在一起。

（3）实现按劳分配。薪点工资制能客观地反映职工的劳动差别，以调节各类工资的工资关系，实行按劳分配。工资用薪点表示比岗位技能工资更容易做到工资向一线关键岗位、向科技管理岗位、向技术岗位倾斜。

（4）发挥激励作用。薪点工资通过用不同薪点确定职工的工资，可促进职工学习技术，一专多能，勇挑重担，为企业多做贡献。实行薪点工资制，通过量化考核，对职工既是动力，也是压力，使工资发挥了激励作用。

（5）便于管理操作。薪点工资制由于把各类津贴和奖金纳入职工的薪点数中，逐步做到了收入工资化，职工容易接受，管理部门操作简化，便于管理。

6.6.3　福利设计

1. 福利的概念

在整体报酬中福利是指员工的间接报酬，即除企业为员工支付的工资、奖金之外的各种保障计划、补贴、服务以及实物报酬等。根据福利所包含的内容可以分为几种：

（1）法定福利。政府通过立法要求企业必须提供的，如社会养老保险、社会失业保险、社会医疗保险、工伤保险、生育保险和大病统筹等。

（2）企业福利。用人单位为了吸引人才或稳定员工而自行为员工采取的福利措施。比如工作餐、工作服、员工意外伤害险和补充养老保险等。

（3）全员性福利。全体员工可以享受的福利，如工作餐、节日礼物、健康体检、带薪年假等。

（4）特殊群体福利。能供特殊群体享用，这些特殊群体往往是对企业做出特殊贡献的技术专家、管理专家等企业核心人员。

2. 福利的作用

在为员工提供的整体报酬中，福利已经越来越成为重要的组成部分。从管理层的角度看，福利可以为企业战略做出如下贡献：协助吸引员工、协助保持员工、提高企业在员工和其他企业心目中的形象和员工对职务的满意度。相对于企业提供给员工的工资等物质报酬而言，福利属于非物质报酬。员工福利对企业发展起到的作用体现在多方面，企业通过福利设计可调控人工成本、传递企业文化和价值观、提高企业美誉度；同时还能保护劳动者的积极性、留住人才；良好的福利体系有助于员工全身心地投入到工作中、提高员工素质。

3. 福利的分类

对于员工来说福利可以使员工得到周到全面的保障和长远的财务规划、投资和管理，免除后顾之忧，全心投入工作、享受生活，员工福利对于单位来说，是吸引并留住人才的重要手段。完善福利规划目的在于，使公司最重要的资产—员工可以比其他公司的人更快乐、更健康，以某种最理想的形式实现自身成长。完善的员工福利规划应该涵盖以下内容：

（1）健康关怀。为员工提供体检、医疗费用报销等保健性福利。如体检、员工人身意外伤害保险、员工医疗保险、职业病防护及疗养、健身俱乐部等。

（2）带薪休假。为员工提供带薪年假、病假等多项休假计划。如带薪休假、全薪病假、婚假、产假、陪产假、丧假等。

（3）饮食福利。用于食堂相关经费提供免费或低价的工作餐。

（4）文体性福利。建立有组织性的、系统的集体文体活动，如晚会、舞会、郊游、野餐、体育竞赛；建立良好的文体设施，如运动场、游泳池、健身房、阅览室等。

（5）教育培训性福利。如内部的脱产培训、外派进修、出国考察、报刊及专业书籍补贴等。

（6）其他福利。企业要想建立良好的企业文化，福利规划是其中关键的一个要素，除国家规定的社会保险和住房公积金外，有的企业还设立员工协助计划。员工协助计划是指员工和员工直系亲属在需要的时候，可以享受由专业顾问公司提供的专业个人咨询服务，此外，还可设立职工疗养。

6.6.4 社会保险与企业年金

1. 养老保险

（1）养老保险的定义。养老保险（endowment insurance）是国家依据相关法律法规规定，为解决劳动者在达到国家规定的解除劳动义务的劳动年龄界限或因年老丧失劳动能力而退出劳动岗位后而建立的一种保障其基本生活的社会保险制度。目的是以社会保险为手段来保障老年人的基本生活需求，为其提供稳定可靠的生活来源。

（2）养老保险的作用。养老保险是以老年人的生活保障为指标的，通过再分配手段或者储蓄方式建立保险基金，支付老年人生活费用。它的实施具有以下作用：

1）有利保证劳动力再生产。通过建立养老保险的制度，有利于劳动力群体的正常代际更替，老年人年老退休，新成长劳动力顺利就业，保证就业结构的合理化。

2）有利于社会的安全稳定。养老保险为老年人提供了基本生活保障，使老年人老有所养。随着人口老龄化的到来，老年人口的比例越来越大，人数也越来越多，养老保险保障了老年劳动者的基本生活，等于保障了社会相当部分人口的基本生活。对于在职劳动者而言，参加养老保险，意味着对将来年老后的生活有了预期，免除了后顾之忧，从社会心态来说，人们多了些稳定、少了些浮躁，这有利于社会的稳定。

3）有利于促进经济的发展。各国设计养老保险制度多将公平与效率挂钩，尤其是部分积累和完全积累的养老金筹集模式。劳动者退休后领取养老金的数额，与其在职劳动期间的工资收入、缴费多少有直接的联系，这无疑能够产生一种激励劳动者在职期间积极劳动，提高效率。

2. 医疗保险

（1）医疗保险的定义。医疗保险一般指基本医疗保险，是为了补偿劳动者因疾病风险造成的经济损失而建立的一项社会保险制度。通过用人单位与个人缴费，建立医疗保险基金，参保人员患病就诊发生医疗费用后，由医疗保险机构对其给予一定的经济补偿。

基本医疗保险制度的建立和实施集聚了单位和社会成员的经济力量，再加上政府的资助，可以使患病的社会成员从社会获得必要的物资帮助，减轻医疗费用负担，防止患病的社会成员“因病致贫”。

（2）医疗保险的作用。

1）有利于提高劳动生产率，促进生产的发展。医疗保险是社会进步、生产发展的必然结果。反过来，医疗保险制度的建立和完善又会进一步促进社会的进步和生产的发展。一方面医疗保险解除了劳动者的后顾之忧，使其安心工作，从而可以提高劳动生产率，促进生产的发展；另一方面也保证了劳动者的身心健康，保证了劳动力正常再生产。

2）调节收入差别，体现社会公平性。医疗保险通过征收医疗保险费和偿付医疗保险服务费用来调节收入差别，是政府一种重要的收入再分配的手段。

3）维护社会安定的重要保障。医疗保险对患病的劳动者给予经济上的帮助，有助于消除因疾病带来的社会不安定因素，是调整社会关系和社会矛盾的重要社会机制。

4）促进社会文明和进步的重要手段。医疗保险和社会互助共济的社会制度，通过在参保人之间分摊疾病费用风险，体现出了“一方有难，八方支援”的新型社会关系，有利于促进社会文明和进步。

5）推进经济体制改革特别是国有企业改革的重要保证。

3. 工伤保险概述

（1）工伤保险的定义。工伤保险，是指劳动者在工作中或在规定的特殊情况下，遭受意外伤害或患职业病导致暂时或永久丧失劳动能力以及死亡时，劳动者或其遗属从国家和社会获得物质帮助的一种社会保险制度。

（2）工伤保险的作用。

1）工伤保险作为社会保险制度的一个组成部分，是国家通过立法强制实施的，是国家对职工履行的社会责任，也是职工应该享受的基本权利。工伤保险的实施是人类文明和社会发展的标志和成果。

2）实行工伤保险保障了工伤职工医疗以及其基本生活、伤残抚恤和遗属抚恤，在一定程度上解除了职工和家属的后顾之忧、工伤补偿体现出国家和社会对职工的尊重，有利于提高他们的工作积极性。

3）建立工伤保险有利于促进安全生产，保护和发展社会生产力。工伤保险与生产单位改善劳动条件、防病防伤、安全教育，医疗康复、社会服务等工作紧密相连。对提高生产经营单位和职工的安全生产，防止或减少工伤、职业病，保护职工的身体健康，至关重要。

4）工伤保险保障了受伤害职工的合法权益，有利于妥善处理事故和恢复生产，维护正常的生产、生活秩序，维护社会安定。

4. 生育保险概述

（1）生育保险的定义。生育保险是通过国家立法规定，在劳动者因生育子女而导致劳动力暂时中断时，由国家和社会及时给予物质帮助的一项社会保险制度。我国生育保险待遇主要包括两项。一是生育津贴，二是生育医疗待遇。其宗旨在于通过向职业妇女提供生育津贴、医疗服务和产假，帮助他们恢复劳动能力，重返工作岗位。

（2）生育保险的作用。生育保险是为了维护女职工的基本权益，减少和解决女职工在孕产期以及流产期间因生理特点造成的特殊困难，使她们在生育和流产期间得到必要的经济收入和医疗照顾，保障她们及时恢复健康，回到工作岗位。其主要作用有以下几个方面：

1）实行生育保险是对妇女生育价值的认可。妇女生育是社会发展的需要，她们为家庭传宗接代的同时，也为社会劳动力再生产付出了努力，应当得到社会的补偿。因此对妇女生育权益的保护，被大多数国家接受和给予政策上支持。世界上有 135 个国家通过立法保护妇女的生育的合法权益。

2）实行生育保险是对女职工基本生活的保障。女职工在生育期间离开工作岗位，不能正常工作。国家通过制定相关政策保障她们离开工作岗位期间享受有关待遇。其中包括生育津贴、医疗服务以及孕期不能坚持正常工作时，给予的特殊保护政策。在生活保障和健康保障两方面为孕妇的顺利分娩创造了有利条件。

3）实行生育保险是提高人口素质的需要。妇女生育体力消耗大，需要充分休息和补充营养。生育保险为她们提供了基本工资，使她们的生活水平没有因为离开工作岗位而降低，同时为她们提供医疗服务项目，包括产期检查，围产期保健指导等，为胎儿的正常生长进行监测。对于在妊娠期间患病或接触有毒有害物质的妇女，做必要的检查。如发现畸形儿，可以及早终止妊娠。对于在孕期出现异常现象的妇女，进行重点保护和治疗。以达到保护胎儿正常生长，提高人口质量的作用。

5. 失业保险概述

（1）失业保险的定义。失业保险是指国家通过立法强制实行的，由用人单位、职工个人缴费及国家财政补贴等渠道筹集资金建立失业保险基金，对因失业而暂时中断生活来源的劳动者提供物质帮助以保障其基本生活，并通过专业训练、职业介绍等手段为其再就业创造条件的制度。

（2）失业保险的主要特点。失业保险基金是社会保险基金中的一种专项基金。

1）普遍性。它主要是为了保障有工资收入的劳动者失业后的基本生活而建立的，其覆盖范围包括劳动力队伍中的大部分成员。因此，在确定适用范围时，参保单位应不分部门和行业，不分所有制性质，其职工应不分用工形式，不分家居城镇、农村，解除或终止劳动关系后，只要本人符合条件，都有享受失业保险待遇的权利。分析我国失业保险适用范围的变化情况，呈逐步扩大的趋势，从国营企业的四种人到国有企业的七类九种人和企业化管理的事业单位职工，再到《失业保险条例》规定的城镇所有企业事业单位及其职工，充分体现了普遍性原则。

2）强制性。它是通过国家制定法律、法规来强制实施的。按照规定，在失业保险制度覆盖范围内的单位及其职工必须参加失业保险并履行缴费义务。根据有关规定，不履行缴费义务的单位和个人都应当承担相应的法律责任。

3）互济性。失业保险基金主要来源于社会筹集，由单位、个人和国家三方共同负担，缴费比例、缴费方式相对稳定，筹集的失业保险费，不分来源渠道，不分缴费单位的性质，全部并入失业保险基金，在统筹地区内统一调度使用以发挥互济功能。

6. 企业年金概述

随着我国经济的迅速发展，我国人口老龄化的程度也急剧加深，这对社会养老保障体系形成了极大的冲击，企业年金作为企业补充的养老保险，可以缓解我国社会的养老压力，使社会养老保障体系进一步地完善。然而目前我国的企业与机关事业单位之间的职工养老金存在着较大的差距，企业年金的出现既能够扩大企业职工养老金差距，也能够缩小机关事业单位与企业职工养老金差距，这就需要我们对这双重影响进行深入的研究和分析，并制定出优化企业年金的有效举措，从而使社会保障体系得到进一步的完善。

（1）企业年金在我国的主要作用。政府以及主管部门与企业或者雇主根据职责和利益取向的不同，所建立的企业年金计划也有所不同，前者注重的是养老保障的功能，而后者注重的是对于员工的激励以及收入分配的功能。

（2）企业年金的效果和经验。参与企业年金计划的职工可以使退休后的收入水平增加，可以在一定程度上化解老年的经济风险，企业年金可以使企业能够有效地保护职工的利益，增强企业的凝聚力，还可以进一步地促进劳动力的合理流动，完善我国的基本养老保险制度。

企业年金的出现缩短了企业职工与机关事业单位养老金的差距，但仍然无法根除两者之间所存在的不公平的养老金待遇，因此需要从根本上改变养老金的双轨制，建立统一的养老保险制度并大力发展企业年金制度，才能从根本上缩小企业与机关事业单位养老金的差距。

6.7 员工关系管理

6.7.1 员工关系管理概述

1. 员工关系管理含义

员工作为企业的核心生产力，越来越受到企业管理者的重视，企业与员工的关系是否和谐，直接决定着企业的经营水平、产出水平和发展前景。为了处理好企业与员工二者之间的关系，越来越多的企业将员工关系管理放在了人力资源管理的重要任务中。

从广义上讲，员工关系管理是指企业各级管理人员和人力资源职能管理人员，通过拟定和实施各项人力资源政策和管理行为，调节企业与员工、员工与员工之间的相互联系和影响，以实现组织目标的过程。

从狭义上讲，员工关系管理主要指企业与员工之间的沟通管理过程。这种沟通多采用柔性的、激励性的、非强制性的手段，以提高员工满意度，支持企业目标的实现。

2. 员工关系管理基本内容

员工关系管理是一件非常复杂的任务，随着员工在企业中经历的阶段的变化，员工关系管理的内容也不断更新，具体可以归为六大类，如图 6-5 所示。其中，员工劳动关系管理主要体现在劳动合同的管理上。

3. 员工关系管理职责分工

员工关系管理既是人力资源管理部门的工作，同时也是员工所在部门和直线经理的一项重要工作。决定员工关系管理成败的关键是由三方构成的一个金三角，这个金三角的三方分别是管理者、人力资源部和部门经理。在这个金三角中，中高层管理者的观念和行为起着至关重要的作用。只有保证这个金三角的稳定，三方达成共识并形成合力，员工关系管理才有基本的保障。明确区分部门经理和人力资源部的工作是维持这个金三角平衡的基础，必须做到各尽其责，有效沟通。员工关系管理直接相关人员的有关职责分工见表 6-2。

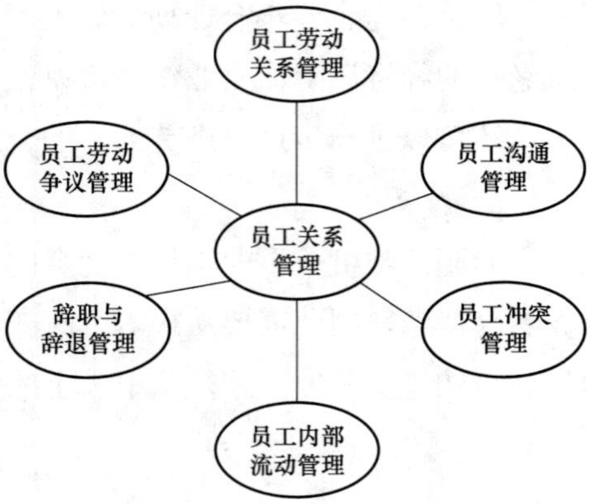

图 6-5　员工关系管理基本内容

表 6-2　　员工关系管理直接相关人员的职责分工

角色	职　责　分　工
人力资源部门	（1）建立员工关系管理运行机制和规章制度。 （2）分析导致员工不满的深层原因并制定应对策略。 （3）对部门经理进行培训，帮助其理解和掌握劳动合同条款和法律法规。 （4）在如何处理员工投诉方面向一线经理提出建议，帮助有关各方就投诉问题达成最终共识。 （5）向部门经理介绍沟通技巧，促进上行及下行沟通
部门经理	（1）营造相互尊重、相互信任的氛围，建立和谐的劳动关系。 （2）严格贯彻劳动合同的各项条款和规章制度。 （3）确保员工申诉得到妥善处理。 （4）与人力资源部门一起参与劳资谈判。 （5）保持与员工之间沟通渠道畅通，使员主能了解公司状况并能通过多种渠道发表建议和意见
专职员工关系管理人员	（1）员工活动的组织和协调。 （2）构建企业文化和民主管理机制。 （3）加强和保证内外部沟通渠道的畅通无阻。 （4）及时接待、处理员工申诉。 （5）为员工提供有关薪酬、福利、保险、法律和心理等方面的咨询服务。 （6）及时处理各种意外突发事件。 （7）执行员工奖励和惩罚。 （8）员工离职面谈及手续办理。 （9）员工关系培训和热点问题调研。 （10）员工满意度调查。 （11）员工关系诊断

4. 员工关系管理重要意义

员工关系管理的重要意义主要体现在两个方面：第一，从组织发展的角度来看，员工关系管理是实现人与事的最佳配合，保证组织目标顺利实现的重要手段。同时，它也是组织留住并激励优秀人才，鞭策或淘汰不合格员工，满足员工各方面合理需求的重要手段。第二，从员工个人发展的角度来看，员工关系管理是帮助员工实现其职业发展的必要措施。和谐的员工关系是上级与下级之间、平级同事之间、不同部门之间的润滑剂，也是激励员工工作热情、减轻工作压力的助推器，既有利于员工之间的沟通，也是培养员工团队意识、平等合作精神的重要手段。

6.7.2 劳动关系管理

劳动关系管理是员工关系管理的重要组成部分，劳动关系以国家相关劳动用工法律法规如劳动法、劳动合同法、劳动争议调解仲裁法等为依据，结合企业生产经营和管理实际而衍化。正确的劳动关系管理可以构建和谐稳定的劳资关系，实现企业与员工的和谐共赢；不当的劳动关系管理，将给企业和员工带来不必要的纠纷，导致企业经营秩序的不稳定，同时给当事人带来伤害。

1. 劳动关系基本概念

劳动关系是指劳动者与所在用人单位之间在劳动过程中所形成的社会经济利益关系，是最重要也是最基本的一种社会关系。泛指企业所有者、经营者、员工及其工会组织之间在企业的生产经营活动中形成的各种责、权、利关系，主要包括所有者与全体员工（包括经营管理人员）的关系，经营管理者与普通员工的关系，经营管理者与工会组织的关系，员工与工会组织的关系。劳动关系主要包含主体、客体和内容三个要素：

（1）主体。劳动关系主体是指劳动法律关系的参与者，包括劳动者、劳动者的组织和用人单位。

（2）客体。劳动关系客体是指主体的劳动权利和劳动义务共同指向的事物，如劳动时间、劳动环境、劳动报酬、劳动保护和职业安全卫生、劳动纪律、保险福利、教育培训等。

（3）内容。劳动关系内容是指主体各方依法享有的权利和承担的义务。

2. 劳动关系管理的基本概念

劳动关系管理是指组织为建立和维系劳资双方的良好关系，充分体现“以人为本”和人性化管理，实现组织与员工的和谐共赢所做的各种努力和活动，包括建立对内具有公平性对外具有竞争性的薪酬福利机制，重视员工职业发展，满足员工合理需求，尊重员工人格尊严，保护员工职业安全等主动式劳动关系管理，也包括处理危机和突发事件，避免冲突恶化和信任危机等被动式劳动关系管理。

劳动关系管理的根本目的是调节、缓和、消除劳资双方的矛盾和冲突，建立和谐稳定的劳资关系，保障劳资双方的合法权益，维护企业的经营秩序，增强企业凝聚力和员工归属感，实现企业与员工的和谐共赢，并为构建和谐社会奠定基础。随着社会主义市场经济和体制改革的深入推进，劳动关系日趋复杂化和多样化，劳动关系管理日益成为人力资源管理的焦点和热点领域。继 1994 年 7 月 5 日颁布《中华人民共和国劳动法》之后，2007 年 6 月 29 日又一部重要的劳动法规——《中华人民共和国劳动合同法》颁布，劳动关系领域法律法规的逐步健全，为维护和谐稳定的劳动关系发挥了重要作用。

6.7.3　人际关系管理

员工人际关系和谐是构建良好员工关系的重要基础，员工人际关系可以通过员工活动的组织和协调，加强员工内部沟通，妥善处理员工投诉和冲突等手段进行改善。

1. 员工活动组织

开展各类健康有益的员工活动，可以改善员工之间的人际关系，促进员工沟通与团结协作。员工活动的组织通常与企业工会活动结合在一起，主要有以下形式：

（1）岗位练兵和技术比武活动。岗位练兵和技术比武是一种典型的员工活动形式，通过定期组织企业内部岗位练兵和技术比武活动，可以营造“比学赶帮超”的氛围，促进员工立足岗位成才，不断提高业务技能。有些企业大胆创新，组织员工岗位技能运动会，每年精选系列岗位（工种）进行练兵比武，取得了很好的效果。

（2）员工福利活动。员工福利活动包括员工健康管理、医疗互助会、带薪休假、带薪旅游、困难职工慰问等。有针对性的员工福利活动，可以提高企业凝聚力，融洽人际关系。

（3）员工文化娱乐活动。开展员工文化娱乐活动在于启迪员工思想、陶冶员工情操、润滑员工人际关系、丰富员工业余生活。

（4）社会公益和公关活动。企业通过员工和自身的各类社会公益和公关活动，弘扬社会正义，树立负责任的社会形象。

2. 员工冲突管理

一般而言，冲突可以分为有效冲突和有害冲突。所谓有效冲突是指冲突各方集思广益，畅所欲言，把自己的意见表达出来，最终形成相互支持、配合妥协的一种冲突形式。这种冲突过程可能会有分歧与对抗，但是冲突越多，主意越多，最后互相支持、配合妥协的程度会更大。这种冲突对于企业的发展具有积极的推动作用，可以促使企业保持良性的发展。所谓有害冲突是组织中具损害性或阻碍目标实现的冲突，有效冲突没有及时得到解决和疏导也可转化成有害冲突。有害冲突不仅能使人力、物力分散，凝聚力降低，而且还会造成人们的紧张与敌意，降低对工作的关心度。这种冲突的存在会导致企业内部员工关系的恶化，最终影响企业绩效的提升和改善，严重者甚至影响企业的生存和发展。

冲突管理主要是指人际关系的冲突管理，是为了实现组织目标而对冲突的消除、控制、激化和利用的过程。美国管理咨询公司 Kirk Miller & Associates 总裁斯科特·米勒建议，管理者解决员工冲突的第一步是倾听处在冲突中的员工的心声，将发生冲突的员工叫到一起，让员工告诉你问题在哪里；然后要界定和分析冲突，确定是否实际上存在冲突，还是一种感觉上的误解？是什么样的冲突？第三，要求每个员工重述他们刚才听到的对方的观点，以确保每个人真正明白对方说的是什么，带着尊敬和同情心倾听员工的看法，显示自己的理解，并鼓励双方看到对方积极的一面；最后，根据实际情况寻找解决问题的办法，建立解决冲突的框架。

3. 关键事件法

关键事件法又称关键事件技术，是一种常用的行为定性法。是要求管理人员，本岗位员工以及工作分析人员记录对他们的工作绩效比较关键的“关键事件”，从而获得工作分析资料的方法。所谓“关键事件”。是指在劳动过程中，给岗位工作任务造成显著影响（如成功与失败、盈利与亏损、高效与低产等）的事件。

其优点包括：第一，关键事件法直接描述工作中的具体活动，可提示工作的动态性，既能获得有关职务的静态信息，也可以了解职务的动态特点，所研究的工作可观测、衡量，故适用于大部分工作。第二，关键事件法对于防范事故、提高效率及至确定工作标准起更大作用，且可揭示工作的动态性本质，它提出的问题更具可操作性。

缺点表现在：第一，关键事件法耗时，工作量大。第二，对中等绩效的员工难以涉及。第三，它对工作职责、工作任务、工作内容、最低标准等工作描述也不全面。

4. 职位分析问卷法

职位分析问卷法，是一种得到了最为广泛的运用的方法，同时也是被研究得最为透彻的职位分析方法。“职位分析问卷”是一份包括 194 个问题，是一种结构严密的以人为中心的工作分析方法。

职位分析问卷是由工作中各个方面一系列详细、具体的要素组成，每个要素在某项工作中的重要程度一般由 5 个基本尺度来衡量，通过选择尺度分出等级，确定该要素在工作中的作用。

职位分析问卷法将工作按照若干个基本领域进行排序并提供了一种量化的分数顺序，对工作进行等级划分。很显然，通过这种职位分析技术的优点是所得到的职位信息，是可以在不同的职位之间进行对比的，“职位分析问卷”的另外一个优点是，它不仅涵盖了工作的环境和背景因素，同时还涵盖了投入、产出以及工作流程因素。并据此制定出薪酬等级。

缺点是填写职位分析问卷的员工必须具备大学毕业生的阅读水平，“职位分析问卷”所存在的问题之二是，它对职位分析采取的是一种通用性和标准化的格式，而这导致了所搜集上来的职位特征比较抽象。因此，它不能很好地描述出在职位中实际包含的那些特定的、具体的工作任务和活动。

6.8 案例分析

案例1 沃尔玛公司的人力资源规划管理

沃尔玛公司是世界上最大的零售连锁企业，2002 跃居世界 500 强首位，销售额相当于全美所有百货公司之和；2007 年，沃尔玛在近六年内第五次荣登世界 500 强榜首。究竟是什么使沃尔玛公司在短短的 40 多年间击败所有竞争对手，创造了世界零售业史上的辉煌奇迹？答案就在于沃尔玛公司富有远见卓识的人力资源战略规划管理。

零售业的竞争，归根结底是人才的竞争。沃尔玛公司最独特的核心竞争优势正是其员工的献身精神和团队精神。山姆·沃尔玛和他的继任者在强调人才对沃尔玛公司的重要性时，将员工视为公司最重要的宝贵财富。通过分析沃尔玛公司的人力资源战略，可将其归纳为“留住人才、发展人才、吸纳人才”。

1．留住人才

沃尔玛公司致力于为每一位员工提供和谐的工作氛围、完善的薪酬福利计划和广阔的事业发展空间，并形成一整套独特的人力资源政策和制度。为与员工建立利益共享的伙伴关系，沃尔玛公司实行了著名的“合伙人政策”，具体包括三个互为补充的计划，即利润分享计划、雇员购股计划和损耗奖励计划。“合伙人政策”将沃尔玛公司凝聚为一个强有力的整体，使所有员工都团结起来，为公司的发展壮大而不断努力。

2．发展人才

沃尔玛公司高度重视员工的培训开发，最大限度地挖掘员工的创造潜力，建立了终身培训机制，设立沃尔顿零售学校、萨姆营运学院等培训机构，并投入大量资金予以保证，为员工提供大量培训课程，进行多技能训练，提倡实现员工技能多元化，帮助员工充分实现个人的价值，在各项工作中达到卓越的境界。同时，沃尔玛公司实行内部提升制，定期对员工进行试用期评估、周年评估和升职评估，提供各种轮岗机会，尽可能鼓励和实践从内部提升管理人员，最大限度发挥员工的潜能并创造机会使其工作内容日益丰富化，沃尔玛公司绝大部分经理人员都是通过公司的管理培训计划从普通员工起步而逐级提拔上来的。

3．吸纳人才

除了从公司内部选拔优秀人才之外，沃尔玛公司也注重从外部适时引进高级人才，补充新鲜血液，以丰富公司的人力储备。在招聘员工时，对于每一位应聘人员，无论种族、年龄、性别、地域、宗教信仰的不同，沃尔玛公司都为其提供平等的就业机会。从 1998 年开始，沃尔玛公司实施了见习管理人员计划，通过校园招聘吸引大批优秀的应届毕业生，经过培训后充实到各个职位，极大地缓解了业务高速扩展对人才的需求。

案例启示：沃尔玛公司的人力资源战略规划可以归纳为“留住人才、发展人才、吸纳人才”。这些举措极大地缓解了业务高速扩展对人才的需求。

案例2 某电厂薪酬激励体系的成功构建

某电厂总装机容量为 64 万千瓦，为南京地区单机容量和发电容量最大的电源点。近年来，该电厂面对电力及煤炭两大市场新的变化，积极开展管理创新，努力探索发电企业薪酬激励机制的构建和业务流程再造，通过整合企业资源，强化企业内部激励约束机制，达到调动员工积极性、增强企业活力的目的。

1. 确立薪酬制度改革的方向与目标

(1) 改革的方向。以市场、行业差别确定工资差别和标准，并根据企业经济效益，以员工岗位为对象，以岗级为标准，确定不同标准的激励点级，以单位经济效益获取的工资定点值，确定劳动报酬的弹性岗位薪点薪酬，使企业的薪酬分配与市场对企业工资的决定机制相适应。

(2) 改革的目标。以成本控制为中心，以定员定编明确岗位职责为切入点，以加强内部管理为支撑，设立精简高效、职责明晰的组织机构，建立充分体现按劳分配、讲求效率、注重公平的薪酬制度，形成科学、合理、有效的分配激励机制，促进企业持续健康发展。

2. 明确职能定位，再造业务流程

(1) 确保企业发展需要的人力资源管理流程。将流程中原来涵盖的岗位责任制管理、员工激励管理和燃煤成本管理、全员培训管理和中层管理职能，延伸到人力资源的规划、工作分析、绩效考评等方面，强化对企业人力资源的研究、预测、分析、沟通，强化对企业员工的全方位培训。

(2) 确保生产正常进行的燃煤采购供应流程。将燃煤计划、供应和燃煤成本管理的职能从生产策划部门分离，成立燃料供应部，强化燃料供应管理，适应煤炭市场从“买方市场”到“卖方市场”的转变。

3. 定编定岗，建立科学的选人用人机制

(1) 根据“扁平化”原则设置部门。从团队建设的需要出发，以团队作为基本的划分单元，形成“九部、一中心、一公司”的管理构架。重新设立的所有部门职能之间既不重叠，也不从属，独立运行，各部门在职能范围内执行厂部决策，并对过程及结果充分负责。

（2）根据“因事设岗，竞争上岗”的原则设置岗位。精简中层管理人员，部门只设立主任、主管（专工）和一般员工三个层次。扁平化职能运行机制使每个人成为自身所从事岗位的独立运行者，同样也为各管理层间、管理者与被管理者间提供了沟通、交融的机会和条件。

（3）根据“赛马”原则实施竞聘上岗。人员上岗按规范的竞争上岗工作程序，科学设置岗位考评标准，严格按照“公开、公平、公正”的原则实行竞争上岗、择优录用。

4．构建薪酬和绩效管理体系

新的薪酬体系由岗位薪点工资为主的结构工资和奖金组成，替代原有的岗位职务工资制。工资等级与岗位的价值贡献及企业的整体效益密切结合，与员工每年的年度考评挂钩，真正建立并实施使员工劳动价值贡献与报酬相适应的激励机制。

（1）实行岗位薪点工资。薪点工资遵循“按岗定薪，按绩取酬；讲求效率，注重公平；岗变薪变、易岗易薪”的基本原则，每个岗位的价值直接以工资报酬形式标出，使劳动所得与劳动付出更相符。

（2）梳理奖金体系。奖金由效益奖金和厂长奖优奖组成。效益奖金发放根据企业经济效益和员工工作岗位及业绩确定，按奖金基数、电量、安全、利润、部门奖金系数、指标及任务的完成情况进行考核。厂长奖优奖根据奖励的性质分为突出贡献奖、专项承包奖、先进表彰奖三种。

（3）完善绩效管理体系。充分利用企业的信息管理平台，变绩效的“事后”评估为过程管理。利用平衡记分卡原理，融合关键业绩指标法和目标管理法的精髓，在绩效指标的设置上，既强调企业战略任务的落实，又强调绩效的日常管理。

5．实施效果

该电厂新的薪酬管理机制适应了市场竞争，优化了人力资源结构，初步建立了以岗位管理为核心的现代企业人力资源管理体系。新体系建立并实施后，各类员工的工作积极性普遍增强，工作效率和工作质量大幅度提高；核心员工稳定性加强，中层管理人员和技术骨干的离职率降低；部门内部的合作意识增强，各个部门的业绩明显得到改善。同时，执行新的薪酬体系过程中，人力资源管理体制变得更加合理、科学，为企业引进更为先进科学的管理工具奠定了基础。

案例启示：该电厂通过确立薪酬制度改革的方向与目标；明确职能定位；再造业务流程定编定岗；建立科学的选人用人机制；构建薪酬和绩效管理体系一系列举措，在执行新的薪酬体系过程中，人力资源管理体制变得更加合理、科学，为企业引进更为先进科学的管理工具奠定了基础。

第 7 章

电网企业信息管理

本章导读

近年来，我国电力行业迅速发展，行业规模大幅增长，在云计算、大数据、人工智能、物联网、区块链等高新技术的影响下，电力行业进入了产业升级的新时期，“综合能源”“微电网”等规划层出不穷。在现阶段，电力行业主要有数字化、清洁化、国际化和电气化等趋势，其中数字化与清洁化将是未来中国电力行业发展的主要方向。在发展的过程中，随着国家信息化建设的推进，电力行业在日常生产、经营和管理中会产生大规模、多种类的数据信息。因此，需要电网企业信息的管理对这些数据进行处理。

本章对电网企业信息管理进行阐述，分为三部分。首先对电网企业信息管理的基础知识进行概述，从电网企业信息入手，由企业信息的类别到企业信息的管理依次深入介绍；其次对电网企业管理信息化进行概述，从业务应用的程度和信息系统更新换代的程度分别对管理的信息化的阶段进行剖析；最后，对电网企业信息管理的核心管理思想进行细致分类及介绍，完成由数据信息、信息管理及信息管理核心思想的梳理。

本章思维导图如图 7-1 所示。

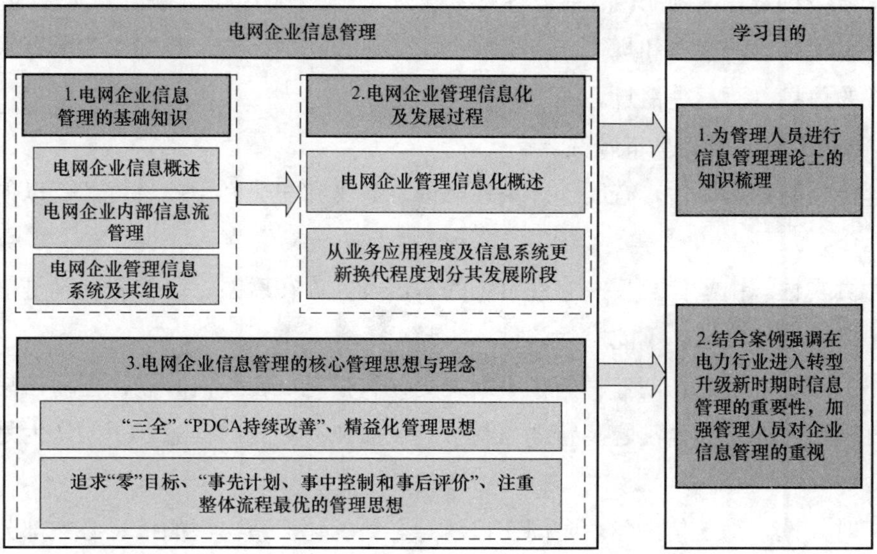

图 7-1　电网企业信息管理思维导图

7.1　电网企业信息管理的基础知识

7.1.1　电网企业信息概述

1. 电网企业信息的概念

信息是经过提炼、筛选、分析和处理后的数据，并赋予一定意义。其中的电网企业信息是利用信号、符号所表示的，由电网企业内部运作或电网企业和外部环境进行交流时产生的，供相关人员进行管理决策辅助的有效数据。信息来自数据，又揭示了数据的性质和内涵。信息反映客观事物的本质、状态和规律。信息是一种资源（三大资源之一）。信息是可以通信的，信息可以形成知识，其转换关系如图 7-2 所示。

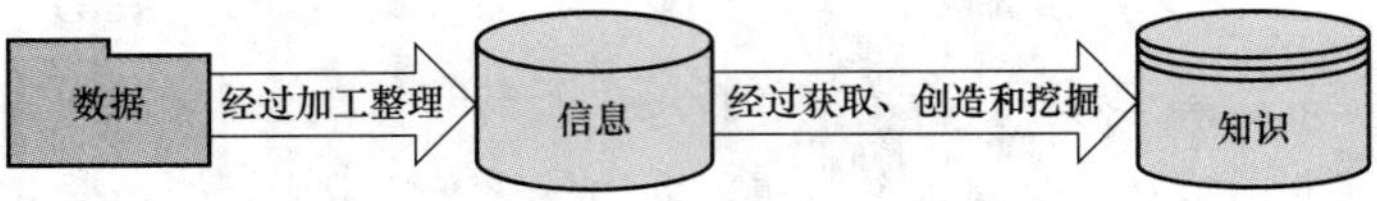

图 7-2　数据、信息、知识的转换关系

数据是一组表示数量、行动和目标的非随机的可鉴别的符号，广义上的数据可以是数字、文字、语言、声音、图形、图像等形式。数据可分为原始数据与加工整理以后的数据，无论是原始数据还是加工整理以后的数据，经人的解释赋给一定的意义后，才能成为信息。这就是说，数据与信息既有联系又有区别，数据是信息的原料与载体，信息是数据的表达。

消息与信息是有区别的，消息是与人和事物有关情况的报道，缺乏真实性与准确性，不能反映客观事物的状态和规律。在电网企业信息管理中，进入数据库的所有数据是具有真实性的信息，而不是消息。

2. 电网企业信息的基本属性

了解信息的基本属性，有助于深刻理解信息含义和充分利用信息资源，以便做好信息管理工作。

（1）真实性。由于信息反映客观事物的本质及其内在联系，真实和准确是信息的根本属性，缺乏这一属性，不能成为信息。

（2）系统性。信息在随着时间在不断地变化和扩充，在任何时候，任何信息都是信息源中有机整体的一部分，脱离整体与系统观点而孤立存在的信息，不能认为是真正的信息。

（3）时效性。由于信息随着时间在日新月异地变化，新出现的信息必然部分或全部地取代原有的信息，从取代之日起，原有的信息将成为历史，备份在计算机存储器中，以便将来可能使用。

（4）不完全性。由于人的感官以及各种测试手段的局限性，对信息资源的开发和识别难以做到全面；对信息的收集、转换、加工整理和利用不可避免有主观因素存在，这就存在不完全性的一面。

（5）其他属性。信息的基本属性除了上述的几种以外，还有等级性、增殖性、可压缩性、扩散性、转换性等。

3. 电网企业信息的类型

电网企业在电力生产过程中，涉及大量的信息，这些信息依据不同的标准可以分为不同类型的信息。

（1）按照企业职能和工作内容的不同，可以分为如下类型：人力资源信息、财务信息、物资信息、规划信息、项目信息、运行信息、生产信息、营销信息、协同办公信息等。

（2）按照其他标准的分类信息，例如：

1）按信息的来源：可以分为企业内部信息、企业外部信息。

2）按信息源的性质：可以分为数据、文字、语音、图像等信息。

3）按信息的载体：可以分为纸、磁、光、生物等介质的信息。

4）按信息的状态：可以分为静态信息、动态信息。

5）按信息的稳定程度：可以分为固定信息、变动信息。

6）按信息的层次：可以分为高层战略信息、中层管理信息、基层业务信息。

7）按信息服务的单位：可以分为业主、监理、设计、用户等信息。

8）按信息的真实性程度：可以分为客观信息、主观信息、无用信息等。

7.1.2 电网企业内部信息流管理

1. 集团与分/子公司的信息流

（1）从集团公司到分/子公司的信息流。电网企业从集团公司到分/子公司的信息流属于自上而下的信息流，为了实现集团公司对分/子公司的有效管控，平时有大量的信息需要向下流动。在目前网络环境下，从集团公司到各个分/子公司传递信息可以广泛利用因特网或电力专网。例如，通过利用协同办公管理系统或其他平台软件即可实现向下发文，或通过公司网站直接向下传递信息等。

（2）从分/子公司到集团公司的信息流。从分/子公司到集团公司的信息流属于自下而上的信息流。例如，基建项目部施工过程中有关进度、质量、安全、费用等方面的信息需要定期上传。

2. 企业内部与外部的信息流

（1）企业内部横向部门间的信息流。在电网企业内部不同部门之间存在着广泛的信息交流。过去手工管理条件下，往往是通过纸张方式传递信息。例如，需要交流的文件、合同、开会通知等，先打印出来，领导审批通过并签字后，在各个部门之间传递。这种方式效率低下，已经不适应现代社会信息技术发展的需要。目前，可以更多地利用网络来传递信息。例如，利用协同办公管理系统实现网上发文、网上收文、网上拟稿和核稿、网上审批、网上会签、网上批准等工作，逐步实现无纸化办公。这种网络方式，极大提高了工作效率和管理水平，降低了管理成本。

（2）企业内部与外部环境之间的信息流。电网企业与企业外部存在着广泛的信息交流。例如，物资采购需要不断与物资供应商进行信息交流；在供电过程当中，需要不断与用户进行广泛的信息交流。另外，与上级主管部门、当地政府等同样存在着许多的信息交流。

总之，电网企业上述四种类型的信息流如图 7-3 所示。

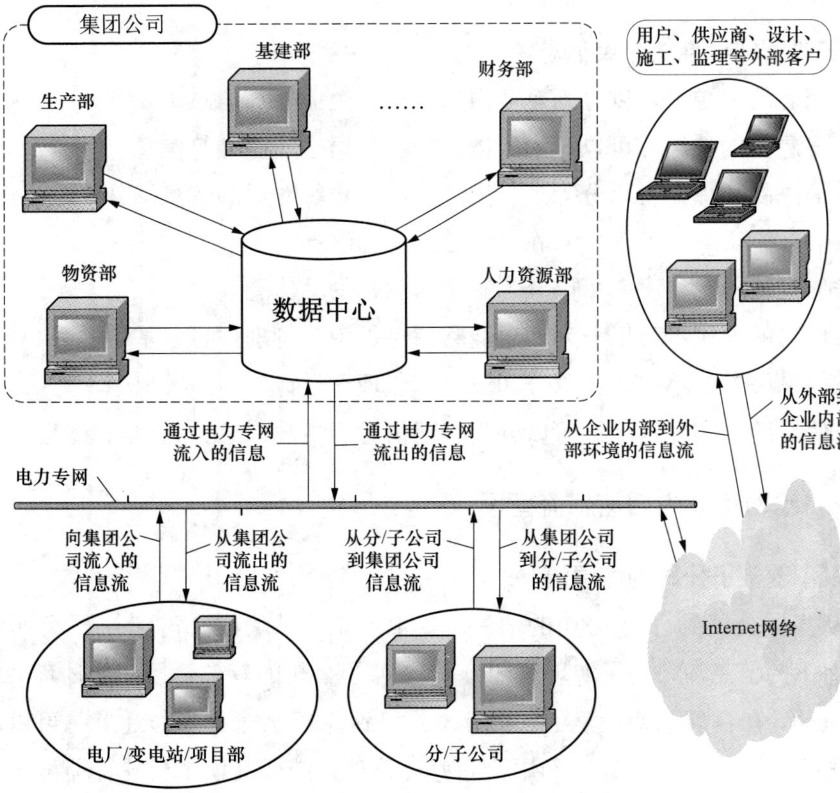

图 7-3 电网企业信息流

3. 电网企业信息的处理流程

（1）信息的收集。在电网企业推广实施信息系统，关键的环节之一是要收集企业的各种信息。电网企业信息的收集首先要对信息进行识别和分类，收集的方式有多种，例如可以通过座谈、采访、调查表、文件、开会、互联网、自动化设备自动采集等方式来收集信息。根据时间的紧迫程度和重要程度，可以有专项收集、随机积累等方式。

信息收集时要考虑信息的维数，做到全面、避免遗漏。例如从层次维、时间维、地点维来考虑，增加信息收集的全面性。

1）从层次维考虑，信息的收集有自下而上或自上而下等方式。

2）从时间维考虑，信息的收集要从过去的信息到现在的信息，乃至于到将来预测的信息均要收集。

3）从地点维考虑，要收集本单位信息、设计单位信息、供应商信息、用户信息等。

收集到的信息，其表达形式有多种，例如广义上的信息可以通过文字、数字、图表、图像、声音等方式表达。

在信息收集的过程中，应将信息直接进入计算机存储器，最好进入计算机数据库，便于查询、便于统计和使用。避免采用纸张方式保存信息。

（2）信息的加工整理。信息是数据的表达，数据是信息的原料与载体，任何数据经过加工整理并赋予一定的意义后方可成为信息。信息的加工整理一般要用到数据库，大的系统还有可能用到数据湖、数据中台等新的技术，以实现信息的深度加工，达到决策支持的程度。

（3）信息的储存。在目前条件下，信息以计算机存储器为主，避免纸张保存数据，因为纸张保存数据查询不方便、统计汇总不方便，极大地降低了信息的价值。信息通过计算机保存时往往采用固定的数据结构格式，以便于查询和统计，因此，信息往往以数据库的方式保存。目前中国的电网企业，应逐步构建以Oracle或SQL Server为数据库管理系统的中央数据库，实现文本、Web数据、图形、图像、声音等多媒体信息的储存。同时，作为补充，桌面型数据库还有一定的用武之地。

（4）信息的传输。在目前，信息的传输主要采用计算机网络，包括互联网、企业内部网和企业外部网等。通过计算机网络传输信息的速度是特别快的，极大地提高了信息的传输效率，从而也提高了信息的价值。

（5）信息的维护。信息需要不断维护，永远无用的信息要及时淘汰，新的信息要及时纳入，以保持信息的准确、及时、安全和保密。

（6）信息的使用。信息收集、加工整理、储存、传输和维护的目的就是为了信息的使用，只有通过信息的使用，信息的价值才表现出来。

7.1.3 电网企业管理信息系统及其组成

1. 电网企业信息系统的概念

目前不少观点认为，信息系统是指广义的管理信息系统。是一个以人为主导，利用计算机硬件、软件、网络通信设备以及其他办公设备，对信息进行收集、加工整理、储存、传输、维护和使用的系统。信息系统是以降低成本、提高管理水平、增加企业效益、增强市场竞争能力为目的，支持企业集成化管理的人机系统，是信息化建设的核心内容。

这里的人机系统意指不能缺少计算机及其计算机网络，当然，在过去没有计算机及其计算机网络的年代，在所有的企业中本身都存在有信息系统，但由于在手工管理条件下，信息管理的效率低下、作用不大，所以不被人们重视。

而在当代，随着网络化的进程，信息系统的环境发生了根本的变化：世界已变成经济全球化、需求多元化、竞争激烈化、战略短视化、增值知识化，一切都变得“迅速”，“迅速”二字已经成为新经济的主要特征之一。企业为了在竞争中占据有利地位，不得不大力加强信息化建设，如目前的电网企业基本都建立了企业内部网（Intranet），大多数企业实现了与因特网的互联。所以，在目前的条件下，信息系统不能缺少计算机及其计算机网络，可以说目前的信息系统是基于网络的信息系统。

2. 企业信息系统的组成

曾有人狭义地理解信息系统就是应用软件，这种理解是不全面的。从系统的观点来看，信息系统是由如下四方面内容构成的，其中前三方面内容构成了信息系统的三大技术支柱。

（1）计算机及其网络等硬件系统。在目前的条件下，计算机、网络通信、办公设备等硬件系统是信息系统不可或缺的载体，同时还应该包括支持这些硬件正常工作的系统软件，如操作系统等。

（2）应用软件。应用软件是用来进行数据处理、信息加工、解决用户实际问题的程序、指令、操作使用手册的总称。应用软件的主体是程序，程序的由某一种或某几种计算机语言编写出的操作指令的集合。一个完善的信息系统，必然要有功能齐全的、操作方便的、界面美观的应用软件。目前，在多数的电网企业中，存在着应用软件结构不合理、功能不实用、操作使用不方便等问题。因此，加强在应用软件方面的投入，是目前电网企业信息化建设的重要内容之一。

（3）数据库和数据。目前，计算机存储器已经成为企业中大量数据的主要存储介质。在向计算机存储器存入数据时，为统计、查询等方便，往往将数据存入关系型的数据库中。关系型数据库是按照关系模型（二维表数据结构）来管理和保存数据的仓库，只有将大量数据存入数据库中，才能对其进行有效的统计、查询等操作。

数据库和应用软件是既相互独立、又配合使用的两个方面，应用软件的使用往往离不开数据库，而数据库中数据的增加、修改、共享等操作使用往往是通过应用软件实现的。一个完整的信息系统不能没有数据，没有数据的信息系统如同没有知识的大脑一样，是一个空壳。

（4）管理机构和维护人员。人是整个信息系统的主导，从系统的规划、设计、实施到维护，从硬件的选购、软件的开发到数据库的管理，哪个环节都不能没有人。信息系统要有专门的组织机构，要有领导班子，要有主管领导，要有工作小组。在组织机构内部，要制订必要的管理制度、规章和规程，要建立必要的考核体系，其目的是保证系统内物尽其用，保证系统运行和各项工作有章可遵、忙而不乱，保证系统目标的顺利实现。

7.2 电网企业管理信息化及发展过程

7.2.1 电网企业管理信息化概述

1. 电网企业管理信息化的相关概念

电网企业管理信息化是电网企业信息化的重要组成部分。电网企业信息化涵盖电力设计信息化、电力生产过程信息化、电力产品信息化和电网企业管理信息化四个方面。其中，电网企业管理信息化是本书着重介绍的内容。

电网企业管理信息化是指利用信息、通信技术，以电力通信和信息网络为支撑，将现代企业管理理念融入信息系统，实现企业生产经营所涉及业务的全过程管理，整合企业内外部资源，优化业务流程，管控人力资源、财务资金、物资等核心资源，为企业生产稳定运行和提升管理提供支撑和引领，实现电网企业价值最大化和管理现代化的过程。

对电网企业而言，就是指将信息技术应用到电网企业的生产、调度、设计、计划等管理中，用现代信息技术手段改造传统管理，实现管理流程的再造，在改变管理理念的同时创新管理体系与管理方法，驱动传统的电力工业向高度集约化、知识化、技术化转变，是电网企业规范管理、提高效率、提高管理水平、扩大收益、加强企业的核心竞争力的有效手段。

从信息系统应用的角度理解，电网企业管理信息化就是将与电网企业管理有关的人力资源信息、财务信息、物资信息、基建项目管理、知识信息等各种信息进行数字化处理，加工成新的信息资源提供给各层次管理者，通过建立电网企业的管理信息系统（MIS）、企业资源计划（ERP）等手段实现管理的规范化、标准化、流程化、集成化，在把电网企业的大部分管理人员从繁杂的日常管理事务中解脱出来的同时，提高了管理的有效性与全面性，极大地提高了电网企业的核心竞争力与盈利能力。

2. 电网企业管理信息化的基础平台建设

电网企业管理信息化的基础平台建设主要包括：数据（灾备）中心、数据交换、应用集成、企业门户、信息通信网络等。例如对于国家电网公司来说，基于国家电力信息网（SPInet）和国家电力调度系统数据网（SPDnet）、公共数据网、虚拟专用网（VPN）、卫星网络系统和光纤网络搭建电网企业级通信和信息网络，实现企业集团信息网络对所属企业的覆盖，各级通信网基本实现传输媒介光纤化、业务承载网络化。大型电网企业的总部和二级单位建设了数据中心，集中存储和管理各类数据，并通过数据交换实现级联；通过企业服务总线和业务流程管理（BPM）等，不同程度地实现业务应用的横向集成和辅助决策。

3. 电网企业管理信息化的业务应用

电网企业管理信息化的业务应用主要包括：电厂企业管理信息化业务应用包括电厂生产运行、燃料管理、生产经营综合统计系统和企业资产管理（EAM）、企业资源计划（ERP）和电力市场交易信息系统，以及与商业银行联网的电费结算系统。

电网企业管理信息化建设涵盖ERP和财务、人资、基建等业务辅助管控；生产管理、安全监督、应急管理、可靠性管理等功能的安全生产管理；新装增容及变更用电、抄表、核算、电费收缴及计量体系、电能信息采集、95598电力客服业务处理、客户关系管理、有序用电管理、稽查、客户档案资料等业务功能的营销管理；办公自动化、任务协作、知识管理和档案管理；电力市场交易、生产统计、法律、审计、科技、纪检监察、农电、投资计划、综合计划、电网前期、电网规划、远程培训、机关后勤、信息运维综合监管等综合类业务应用。

电网企业管理信息化建设和应用，覆盖企业战略和管理层的智能辅助决策、企业风险全面管控，使内部的经营、生产和管理活动以及与外部上下游相关产业和用户的互动均纳入信息系统的管理和监督中，最大限度提高工作效率、规范性、透明度和服务质量。

7.2.2 从业务应用的程度来划分的发展阶段

我国电力行业的信息化应从20世纪60年代电力行业计算机应用算起，至今已有50多年的历史，从业务应用的程度可以分为以下四个发展阶段：

1. 起步阶段（20世纪60年代到80年代初期）

电力信息化主要表现在：电力实验数字计算、工程设计科技计算、发电厂自动监测、变电站（所）自动监测和工程设计的数字运算等方面。其目标主要是提高电厂和变电站生产过程的自动化程度，改进电力生产和输变电监测水平，提高工程设计计算速度，缩短电力工程设计的周期等。这一时期信息技术以科技研究和科学实验以及科技工程计算为主要特征。

2. 初步发展阶段（20世纪80年代中期到90年代初期）

计算机系统在电力行业广大业务领域得到应用，电力行业广泛使用计算机系统，如：电网调度自动化、发电厂生产自动化控制系统、电力负荷控制预测、计算机辅助设计、计算机电力仿真系统等。这一时期以计算机单项应用为主要特点。

3. 加速发展阶段（20世纪90年代中期到21世纪初）

此阶段中有计划地开发建设企业管理信息系统，信息技术的应用由操作层向管理层延伸，从单机、单项应用向网络化、整体性、综合性应用发展。1997年召开国家电力公司第五次信息化工作会议，这次会议在国家电力公司信息化建设上具有重要意义。

会议制定了国家电力公司“电力信息化九五规划暨2010年发展纲要”，规划了国家电力公司到2000年信息化建设目标，将电力信息化工程列为电力工业跨世纪科技导向型工程。2001年8月，国家电力公司召开了信息化工作会议，确定了“十五”信息化发展目标：运用现代企业管理系统的理念，依据对物流、资金流、工作流程的统一规划，建成公司整体化的信息网络，广域网带宽达到100Mbps，初步实现公司系统内部管理的信息化。2005年，电力信息化应用达到国内先进水平，在生产、经营、管理等方面，电力信息化水平同国际先进电力公司基本同步。

4. 科学发展阶段（2005年至今）

2006年4月29日，国家电网公司提出了在全系统实施“SG186工程”的规划，这标志着电网企业信息化新时期的到来，它的实施表明电网企业信息化进入科学、理性、工程化的新的高水平建设阶段。“SG186 工程”中的“SG”是国家电网公司英文名称的缩写；“1”指的是一体化企业级信息集成平台；“8”就是按照国家电网企业级信息系统建设思路，依托公司企业信息集成平台，在公司总部和公司系统，建设财务（资金）管理、营销管理、安全生产管理、协同办公管理、人力资源管理、物资管理、项目管理、综合管理八大业务应用；“6”是为保障公司信息化发展的协调性与连续性，顺利落实公司信息化发展的战略重点提出的六个信息化保障体系，分别是：信息化安全防护体系、标准规范体系、管理调控体系、评价考核体系、技术研究体系和人才队伍体系。这些体系的建立将为公司的信息化建设提供必需的资源、技术、管理和人才保障。

2015年，随着SG-ERP基本建成，电网信息化从高速大规模建设转入全面优化提升，更注重集成融合，更强化创新驱动，为智能电网提供关键技术支撑。国家电网将全面建成“坚强”骨干电力通信网，基本建成智能变电站通信网、配网通信网、用电通信网及分布式能源接入通信网，全面建成SG-ERP系统，信息化整体达到国际领先水平，支撑和引领坚强智能电网发展，持续提升绩效。

7.2.3 从信息系统更新换代的程度来划分的发展阶段

从信息系统更新换代的程度来划分，提出我国电网企业信息化发展的四个阶段及其划分标准，如图7-4所示。

1. 信息的单用户使用阶段

在企业管理信息化方面，不少电网企业在20世纪80年代初，开始纷纷购买微型电子计算机。当时计算机的主要用于打字，其作用相当于打字机。在80年代中期到90年代初，随着dBASE、FoxBASE等桌面数据库管理系统的推广使用，电网企业的部分管理人员可以利用数据库管理系统编写一些小型的管理软件，如简单的人事管理、工资管理、设备管理等。这些软件都是单用户的、本地使用的软件，没有网络、不能共享，客观上是一个一个的信息孤岛，谈不上辅助决策、谈不上信息共享、谈不上网络运行，计算机只能起到打字甚至辅助部分管理的作用。

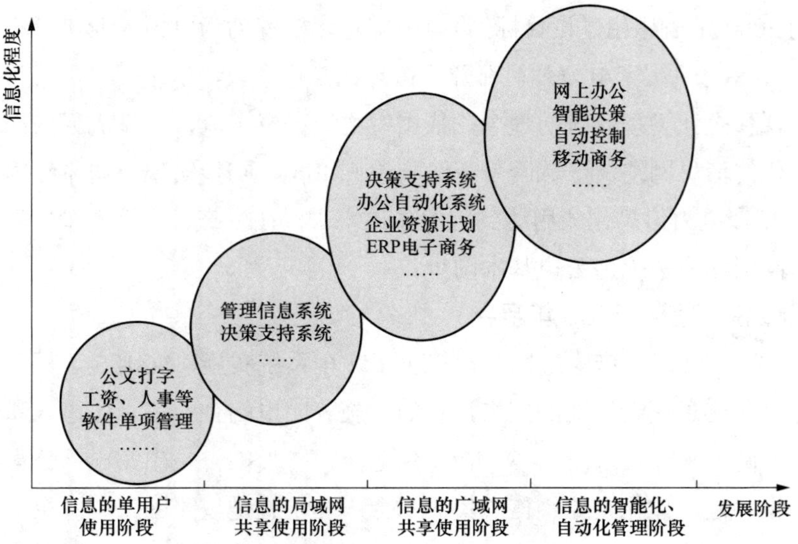

图 7-4 我国电网企业信息化发展阶段示意

这一阶段的计算机数量总体是偏少的，其使用主要是掌握在计算机人员手中，企业管理人员使用较少。计算机的应用领域也比较单一，主要是帮助管理人员进行简单的数值计算及数据处理，例如帮助管理人员进行简单的公文处理，例如文字的编辑、报表打印等。这一阶段的计算机利用率较低、信息化程度很低。但在当时的历史条件下，电子计算机仍然发挥了不可替代的作用，因为任何企业信息化的发展总是一个不断发展、螺旋式上升的过程。

2. 信息的局域网共享使用阶段

从 20 世纪 90 年代初到 90 年代末期，不少电网企业随同国家信息化建设的步伐，纷纷开始组建局域网，在局域网内从文件的共享使用到软件和硬件的共享使用，逐步进入了信息的共享使用阶段。

（1）随着计算机网络化的进程，特别是随着以太网技术的逐步成熟，计算机网络结构，已从主机系统结构逐步发展到客户机/服务器系统结构。网络结构的改变，一方面可大量节省组网费用；另一方面，客户机/服务器系统结构可实现数据的集中处理，也可实现数据的分布式处理和单独处理，数据可共享使用也可单独使用。总之，客户机/服务器系统结构可显著提高网络功能。

（2）在这一阶段中，数据库从本地数据库（又称小型数据库）管理发展到远程数据库（又称大型数据库）管理。数据库管理系统是信息系统中不可缺少的数据管理工具，如目前常用的大型数据库管理系统有 Oracle、SQL Server、Interbase、Sybase、Informix、DB2 等。

（3）在这一阶段中，信息系统不断向纵深发展，例如提出了决策支持系统、办公自动化系统、专家系统、计算机辅助设计与制造等概念，并在理论和实践中得到一定发展。

公用数据库和决策数据库使用越来越普遍；随着运筹学、统计学、模糊数学等学科在信息系统中的渗透，决策支持系统中用到的模型库开始使用；随着专家系统的进一步研究和应用，知识库和方法库的概念逐步被人们所认识。但是，无论是决策支持系统也好，专家系统也好，只是起到辅助管理或辅助决策的作用，而不是代替人进行决策。

（4）在这一阶段中，多媒体技术和虚拟现实技术发展较快。多媒体技术大大增强了信息系统的功能，集文字、图形、图像、声音于一体，进一步满足了人们对信息系统的要求。数据库从文本数据库已发展到多媒体数据库；用户界面已是多媒体；网络传递的信息已是多媒体；宽带高速传输技术和信息压缩还原技术正在迅速发展；可视电话、电话会议等已达到了实用水平，这些都为信息系统开拓了一个新境界。多媒体技术的进一步发展，使其在仿真培训和规划设计等方面达到更为逼真的程度，实现了虚拟现实（virtual reality）。总之，多媒体技术和虚拟现实技术的广泛应用，将进一步拓展信息系统的功能，把信息系统推向一个新的天地，在国内的电网企业也得到了越来越多的应用。

3. 信息的广域网或电力专网共享使用阶段

对于中国的电网企业，应该说从21世纪初开始，纷纷将自己的局域网环境扩展到广域网，MIS软件结构进行新技术革命，从两层发展到多层，从局域网发展到广域网，从C/S软件结构发展到C/S和B/S共有的混合软件结构，实现在因特网（Internet）范围内使用软件和共享信息。对于国家电网公司，出于信息安全性的考虑，构建了庞大的电力专网，所有信息在电力专网内共享使用。

总之，在这一阶段，各个电网企业的信息化程度不断提高，例如，协同办公系统、ERP系统、全企业综合项目管理系统、远程视频监控系统等得到了不同程度的应用。电网企业正在逐步实现硬件系统与信息管理软件系统的集成管理，达到自动化管理的程度。

4. 信息的智能化、自动化管理阶段

现在企业信息系统已经逐步向智能化和自动化的方向发展。电网企业正在建设浩大的智能电网工程，作为国家的发展战略，必然融入大量智能化与自动化的研究成果。例如在管理层建立人力资源、财务、物资、规划、项目、运行、生产、营销、协同办公、综合等十个方面的智能决策分析系统；在作业层建立分布式电源自动并网控制、电网动态监测与预警、输变电设备智能操作、输变电设备状态监测与预警、用电信息自动采集、自动库存调拨等方面的智能化和自动化应用系统。南方电网公司同样十分重视智能化和自动化管理，提出未来“电网发展向智能、高效、可靠的绿色电网方向转变”。

7.3 电网企业信息管理的核心管理思想与理念

企业信息化和企业管理的关系是信息化建设的永久性话题，有些企业认为企业信息化是企业管理的一个手段，对企业运营管理有带动作用。更有许多企业往往会把信息化

当成提升、改进管理的救命草，把信息化说成是“雪中送炭”，也有些人把信息化说成是“锦上添花”，认为信息化是管理规范化的后端产物。

企业信息化与企业管理是一个相辅相成、共同促进、不可分割的关系。只有管理理念而没有信息化手段支撑，管理理念的设想很难实现。企业的管理思想好比是思维、是大脑的意识，企业的硬件网络是躯体，没有思维和意识的躯体是废物、不能完全体现思维的躯体是不健全的。

总之，任何信息系统在电网企业的推广实施，都要紧密结合管理（管理理念、管理流程和管理制度等），离开了信息化的管理是粗放的、效率低下的；离开了管理的信息化是不实用的、浪费的，其推广实施是难以成功的。

7.3.1 “三全”管理思想

1. 全员参与的管理思想

“全员参与”是质量管理 ISO 9001：2008 所涉及的八项原则之一，各级人员是组织之本，只有他们的充分参与，才能够使他们的才干为组织带来收益。人是组织活动的主体，也是管理活动的客体，组织管理有效性的实现是通过组织内各职能各层次人员参与过程和支持过程来实施的，过程的有效性取决于各级人员的意识、能力和主动精神。

全员参与的核心是调动人的积极性，当每个人的才干得到充分的发挥并能实现创新和持续改善时，组织将会获得最大收益。组织应当识别其人员在得到承认、工作满意和个人发展等方面的需求和期望，对他们的这种关心有助于确保最大限度地调动其人员的参与意识和能动性。组织越是关注员工，员工越能积极参与。积极参与的结果就是：组织获益，员工满意。具体到企业信息化过程中，主要应从以下几个方面着手：

（1）信息化建设要以“我”为主。很多人把信息化当成是软件公司的事，这是一个很明显的错误。这个错误的观念来源于人们固有的消费思想，认为信息化是一件消费品，企业掏了钱，软件公司就应该提供产品，所以就会出现双方合作分工的问题，认为软件公司就应该提供所有的产品、技术，甚至包括管理，这就会给信息化建设造成很大难度。

信息化作为产品比较特殊，企业要认识到，信息化不是在“买”，而是在“建设”。信息化建设固然需要双方充分合作，但要以“我”为主，如前所说，以“我”为主不是说要让软件厂商完全满足我的需要，而是说要建立以“我”为主的观念，我关心、我参与、我管理、我配合。

（2）正确认识“一把手”工程。很多专家和企业实施信息化的人员都深刻体会到信息化建设是“一把手”工程，非常希望得到企业“一把手”的支持，因为信息化推进的过程中会遇到很多阻力。特别在企业管理创新、管理改革，是信息化最难、最核心的方面，离不开“一把手”的支持，如同近些年来在企业管理中流行的“流程再造”，实施过“流程再造”的企业都有推进的体会，其中更多的是辛酸的体会。同样道理，信息化也是要“变革”，因为很多时候，并不知道怎样“变革”才是正确的，此时最需要“一把手”的正确决策，同样也需要“一把手”的执行力。

总之，电网企业管理信息化过程是一个全员过程，只有充分调动广大员工积极参与、不断创新、持续实践，让信息化管理融入企业管理的各个环节中去，才能实现真正意义上的信息化，才能实现企业的持续、稳定发展。

2. 全方位服务的管理思想

客户全方位服务是在现有营销服务管理模式基础上，更加强调以客户服务为中心、以市场为导向的经营策略，通过业务流程优化以及信息集成技术，整合服务渠道、前台、后台等全方位、多层面的营销资源和服务手段，构建以客户为中心的营销服务体系，为客户提供更加全面、厚重的客户服务，进一步提升客户服务水平以及客户满意度。

客户全方位服务通过 95598、营业厅、现场服务、在线服务、智能终端等多种畅通的渠道满足客户的接入；在前台服务方面强调“全”，通过提供报装、缴费、报销、投诉、停电通知等多种服务满足客户业务需求；在后台响应方面强调“快”，通过后台快速的抢修、配送、维护、咨询设计，满足客户的业务感受；技术手段方面强调“强”，通过短信平台、智能表计、移动作业等多种先进技术手段，提升服务能力。

客户全方位服务整体上需要前台的营销服务和后台的生产管理、工程管理、项目管理、物资管理进行集成贯通，围绕客户满意度目标进行业务流程的重组，通过技术手段实现客户、前台服务人员、后台管理人员的交互和互动，整体提升客户服务水平和客户满意度。

3. 全生命周期管理思想

所谓全生命周期管理，是指从人们对设备或产品的需求开始，到淘汰报废的全部生命历程。全生命周期管理是一种先进的企业信息化思想，这些年来国家电网、南方电网、各大发电公司都十分重视设备的全生命周期管理。

按照现代企业管理和内部控制的要求，打破部门界限和信息壁垒，实现资产实物管理和价值管理的高度统一，实现对资产的规划设计、设备采购、工程建设、生产运营、退役报废等全生命周期的全过程综合管理，实现项目管理、物资管理、财务管理、设备运维四大业务的横向融合，以及从上到下的纵向贯通，形成由管理策略、业务流程、组织架构、评估考核、信息系统支撑所组成的界面清晰、统一协调、科学高效的现代化资产全生命周期管理体系，最终达到资产使用的可靠性、使用效率、使用寿命和全生命周期成本的综合最优。

按照资产全生命周期管理的理论，信息化建设应该具备以下特征：

（1）在资产定义方面，将发电设备、变电设备、主网设备、配网设备、表计设备、工器具和 IT 设备纳入资产全生命周期管理中。还应考虑将房屋、土地、无形资产等纳入统一的资产全生命周期管理中。

（2）在应用功能方面，丰富和完善资产规划、项目计划、项目管理、设备运维、资产报废、物资管理等相关的应用功能点。满足执行层执行资产建设，状态管理、资产运行维护、调度运行和安全的具体业务过程的需求；满足管理层关注资产建设及运维策略细则、制定建设及运维计划和标准，对资产进行监控和绩效评估；满足决策层关注资产策略，制定公司总体资产绩效指标体系，进行资产绩效综合分析。

（3）在基础数据方面，实现资产编码、设备编码、项目分解结构、物资编码等的规范、统一和关联。

（4）在数据分析方面，实现对资产全生命周期各环节的数据收集、汇总，引入多种分析模型和工具进行综合分析，形成资产管理的策略建议。

7.3.2　“PDCA 持续改善”的管理思想

企业管理信息化过程中，信息系统的建立与应用是一个不断创新、不断完善的动态管理过程。随着信息技术的发展，企业总体战略目标的变化，信息系统需要持续改善。为满足行业进步、企业发展的需求，使信息系统持续发挥效用，在信息化建设及实施过程中需要运用 PDCA 持续改善的管理思想。

（1）P 是计划（Plan）：提出建设电网企业信息系统的构想或规划，制定建设方案及实施计划。

（2）D 是实施（Do）：编制信息系统标准流程，在全企业范围内推广使用信息系统。

（3）C 是检查（Check）：通过实践来检验信息系统的成效，并检查信息系统流程是否正确、完善。

（4）A 是处理（Action）：针对实际应用中信息系统流程的不足，及时收集反馈信息，并组织软件开发人员进行改进。然后继续进入下一轮 PDCA 循环中，以达到持续改善的目标。

对“PDCA”持续改进可以简单地总结为：确定要解决的问题→计划应采取的措施→正确地实施这些措施→检查措施实施的效果→找出存在的问题再改进。

PDCA 通过计划、实施、检查、处理四个步骤，确立目标，寻找并选择解决办法，实施解决办法，测量、验证、评价实施的结果，处理不足和缺陷，达到持续改善。对这次循环中尚未解决的问题转入下一次循环去解决，并为下一个 PDCA 循环制订计划提供依据，其持续改善或循环运作过程如图 7-5 所示。这样不断地循环往复，周而复始，使管理工作不断完善，使管理水平螺旋上升，使事物持续发展，由此达到企业的信息管理目标。PDCA 循环法不但应用于信息管理，还应将 PDCA 循环法运用于基建管理、质量管理、安监管理、营销管理、服务管理等方面，不断提升管理水平。

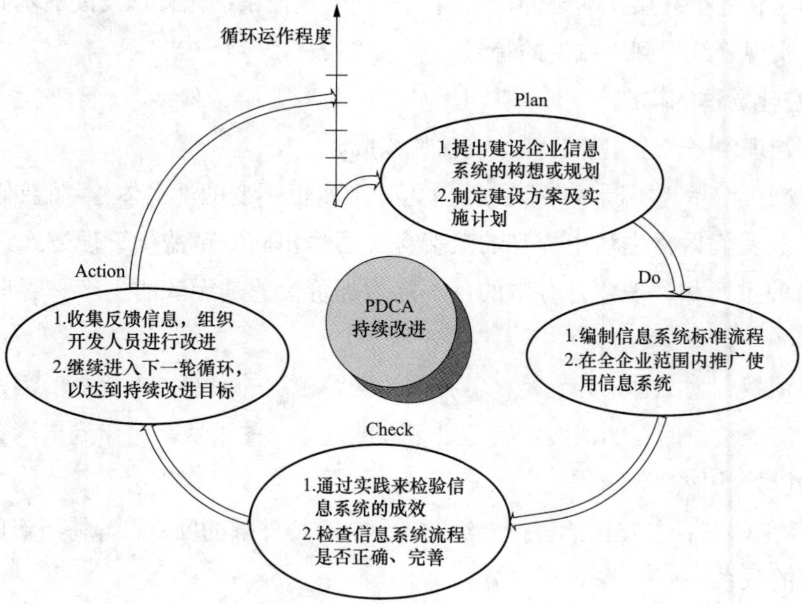

图 7-5 PDCA 持续改善或循环运作过程示意

7.3.3 精益化管理思想

美国研究人员通过对日本丰田生产方式（TPS）以及一些有代表性的西方生产方式的对比分析，在大量实地考察与研究的基础上，于 1990 年提出了“精益化管理”。所谓精益化管理，就是摒弃传统的粗放型管理方式，通过减少资源浪费、缩减闲置用工、精简作业流程等，实现企业更高的效率、更好的质量、更多的效益、更大的市场份额和更明显的竞争优势。

1. 精益化与精细化的关系

从字面上看，精益注重利益、效益；精细注重细节、详细。精细化管理就是摒弃传统的粗放式管理模式，将具体、明确的量化标准渗透到管理的各个环节，精细化管理最基本的特征就是注重每一件事、每一个细节。而精益化管理把焦点更多地放在“抓大放小”上，而不是所有细节上，注重以最合适的投入，取得最大的产出效益。以最低的成本、合理的价格，全面、灵活、优质、高效地为用户提供满意的服务，把最终成果落实到效益上。

用一句话概括：即努力消除产品开发设计、生产、管理过程中的无效劳动以及浪费的思想和技术，以最优品质、最低成本和最高效率对市场需求做出最迅速的反应，从而达到企业效益的最大化。这里的效益不只是经济效益，更包括社会效益；不只是眼前利益，更包括长远利益。精益化管理强调的是结果，即所做的每一分钱的投入最后都能够得到相应的收益；而精细化强调每一分钱的投入，都在掌控之中、不发生失控。精益化管理是精细化管理更高层次的延伸，精益化管理就是在精细化管理发展的基础上，向企业要效益，实现“细”到“益”的跨越。

2. 精益化管理的构成

精益化管理由“一个主体、两个支柱”构成。

（1）“减少浪费，不断改善”是精益化管理永恒不变的“主体”。精益化管理中提出的浪费，和我们日常生活中提到的浪费含义不尽相同。精益化管理方式认为，只有能增加价值的生产和管理才是有效的，不能增加价值的是无效的生产和管理、是一种浪费。

TPS 将浪费归为七种，分别是：等待的浪费，搬运的浪费，不良品的浪费，动作的浪费，加工的浪费，库存的浪费，制造过多（或过早）的浪费。引申到电网企业，我们可以归纳为以下几种浪费：

1）等待的浪费：主要包括等待上级的指示，等待外部的回复，等待下级的汇报，等待生产现场的联系。

2）协调不力的浪费：主要包括工作进程的协调不力，领导指示的贯彻协调不力，信息传递的协调不利，ERP 业务流程的协调不利。

3）闲置的浪费：主要包括固定资产的闲置，职能的闲置或重叠，工作程序复杂化形成的闲置，人员的闲置，信息的闲置。

4）无序的浪费：主要包括职责不清造成的无序，业务能力低下造成的无序，有章不循造成的无序，业务流程的无序。

5）失职的浪费：主要包括不认真完成日常基础工作，做表面文章应付检查，工作没有计划缺乏主动，做不好甚至不会做本岗位工作。

6）低效的浪费：主要包括工程进程缓慢，人员占用过多，工程交付拖期等。

7）管理成本的浪费：主要包括计划编制无依据，计划执行不严肃，计划查核不认真，计划处置完善不到位，费用投入与收入（收益）不匹配。

（2）准时化和自动化（即人员的自觉化）是精益化管理的“两大支柱”。两大支柱支撑着精准化管理中的不断改善、减少浪费、最大化地创造价值。

1）准时化（just-in-time，JIT）：准时化管理源自准时化生产，有人将其形容为“在正确的时刻、正确的地方，得到精确数量的材料和产品”。准时化管理方式以准时为出发点，首先暴露出工作流程方面的浪费，然后对设备、人员等进行淘汰、调整，对原料、存料进行精确定量需求分析，达到降低成本、简化计划和提高控制的目的。这是一种“拉式”计划管理模式，确保设备在需要的时候才进入施工现场，完成任务后及时撤出，但保证在需要的时候，能够及时得到各种资源，避免闲置、杜绝无效支出浪费。它力求将生产过程中供应链上下游的每一个环节的浪费包括人员过剩、等待时间、交工延时、质量欠缺等减小到最低程度。准时地不断地寻求并消除生产管理活动中的各种浪费，然而，准时化是一种极限理想状态，我们可以无限接近，但永远不可能达到，但是它提供了一个不断改善的途径，即“寻找浪费—发现问题—解决问题—寻找浪费”，给精益化管理以有力的支撑。

2）自动化（即人员的自觉化）：员工是各项管理工作正常运转的执行者，对管理理念的有效施行起着至关重要的作用，能否最大限度地调用员工的积极性是精益化管理取得成功的关键。人是生产力三要素中最积极、最活跃、最关键的因素，精益化管理的实质就在于不断地激励人、培养人，极大地提高员工的积极性和创造力，改传统的“以物为中心”成为“以人为中心”。精益化管理中的“以人为中心”体现在两个方面，一是以顾客为中心，以顾客需求为拉动力，不断地追求顾客满意；二是以员工为中心，完善激励机制、健全奖励制度，使员工置身于一个企业主人而非被雇佣者的位置，使员工自觉、自愿、自动地参与到精益管理中去，充满归属感、责任感与参与意识，充分发挥其主体作用，为工作的不断改善做出贡献。

精益化管理是从精益生产中衍生提炼出来的一种全新的管理思想，它是精益生产理论的扩展，是精益思想在各种企业、企业的各个层面的深入应用。作为一种新的管理方式和企业文化，精益化管理正在迅速地得到全世界的认可与推崇。

7.3.4 追求“零”目标管理思想

1. 信息管理“零”距离

由于电网企业的特殊性决定了人员、机构的布局是分散的，这就给信息传递提出了问题，怎样能在分散的人员、机构之间实现信息的实时传递、“零”距离传递、“零”延误，这就是向信息系统要效益的关键。如何将它们有机地联系起来，实现信息的实时共享、实现远程数据录入、远程数据查询、远程报表打印，必须利用现代信息技术，如企业内部网或因特网，实现诸如电网公司总部、网省公司、地市公司、县公司、变电所、营业所之间在信息传递方面的“零”距离管理。

2. 人力资源管理“零”待岗

人力资源管理的目标是实施人才战略、发挥人的潜能、实现人尽其用，从企业角度出发实现人力资源整体价值的最大化，具体而言，将不同个性的人配置在合适的岗位上，实现人力资源管理“零”待岗的目标（其操作过程示意如图7-6所示）。在实现人力资源“零”待岗的同时，借助信息化平台软件要实现全企业人力资源的管控。

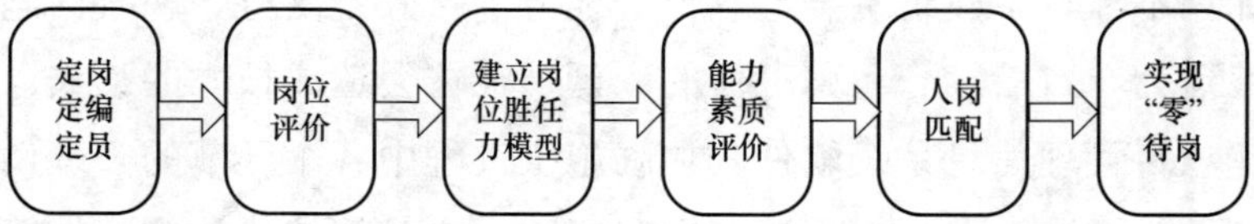

图7-6 人力资源管理“零”待岗操作过程示意

3. 安全管理“零”事故

安全是一个企业的重中之重，由于电力行业的特殊危险性，安全管理显得尤其重要。电网企业在安全工作上要强化安全意识、加强日常管理，固本强基，深化安全隐患排查治理。安全管理工作涉及企业管理的方方面面、渗透到企业管理的全过程。基建项目管理，以安全策划为引领，需要加强全过程安全管理；对输电线路等电力设施需要加强保护，防止外力破坏事故的发生。总之，通过强化培训学习，提高安全意识和技能，夯实安全管理基础，形成公司上下重安全、保安全的企业文化；通过加强安全计划管控，实施安全风险预警机制；加强应急体系建设，提高应急管理水平；通过借助安全管理等信息系统来加强各工作环节的安全管理、加强工作过程中安全的监控，达到提高管理水平、实现安全管理“零”事故的目标。

4. 物资管理“零”浪费

物资成本在企业成本中占有很大的比重，如近年来火力发电企业一直处于亏损发电的状态，其原因除了近年煤价上升的因素外，与发电企业在燃煤的采购、输送、储存等环节不同程度存在着浪费也有关系；发电企业、电网企业在基建管理中存在着物资采购价格偏高、采购数量超额、采购期提前过多、库存量大、库存管理丢失等浪费现象；一些电网企业在信息化建设方面投入巨大、但成效不佳，存在着一定程度的浪费现象。这些浪费无一不给电网企业的效益带来了巨大的冲击影响，做好物资管理一个很重要的部分就是要加强管控，减免浪费，借助信息化手段实施物资管理的统一采购、统一调配、统一监督、统一激励，实现物资管理的“零”浪费。

5. 质量管理“零”缺陷

质量是企业的生命，加强质量管理是提高企业生存能力的有效措施。电网企业的质量诸如基建工程质量、输变电设施质量、供电设备质量、供电可靠性等都是关系到国计民生的大事。借助信息技术和自动检测技术，以可靠性为主线，深入推广资产全寿命周期管理理念，深入开展设备状态检修，加强电力设施和设备的远程监控，实现输变电设备和供电设备管理的“零”缺陷；借助信息化手段，在充分发挥监理公司作用的同时，加强基建工程施工质量的管理，实现电力工程质量的“零”缺陷。

6. 工期管理“零”拖延

在电力工程基建、设备安装和设备检修等项目中，总会或多或少地碰到一些工期拖延的情况，工期拖延有客观和主观等原因，大多是由于施工图纸变更多、施工方案不恰当、施工计划不周详、建筑资金不到位、地方老百姓不支持、解决问题不及时等引起的，工期拖延会导致后续一系列工作的顺延，往往会造成很大的损失。工期管理应该借助于基建项目管理信息系统软件，加强施工过程中各个环节的管理，确保出现问题及时沟通、及时解决，做到工程进度实时跟踪、实时管控，达到工期管理“零”拖延的目标。

7. 服务管理“零”投诉

服务管理主要体现在供电企业中，供电企业承担着为众多用户供电的任务，是与用户打交道的一线企业，随着用户标准与要求的不断提高，对电网企业供电服务提出了更大的挑战。客户群体众多，维权意识较强，对供电服务工作提出了更高的要求和标准，客户投诉也成为工作热点和难点问题。

企业与用户之间的矛盾虽然难以避免，但通过与业主建立实时的信息交流机制，许多问题和矛盾可以消除在萌芽当中。例如，对抄收、抢修、95598 等服务质量进行严格监督检查，定期对全公司服务工作进行深入分解、分析，细化投诉举报类别，逐一查阅工单，听取录音，明确责任人，对责任投诉进行连带考核；客户服务中心设立 95598 领导热线，接听、解答客户咨询；建立局长接待日制度，增加服务的深度。总之，通过实施多种措施，最终实现服务管理“零”投诉的目标。

8. 制度规范“零”虚设

作为我国的基础支柱行业，电网企业近些年来呈现出一种迅猛发展势头，各方面管理也越来越规范化，规范化的体现在于名目繁多的、系统化的各种制度的制定。电网企业的规章制度不可谓不多，可是执行起来却往往偏差较大，有章不循、以批代管、以言代“法”的现象非常普遍。

规范化管理有其名而无其实，许多行为规范、管理制度形同虚设，给企业领导和员工带来了很大的困扰。制度的设定固然重要，但是，更加重要的在于执行，假如不去执行，让制度形同虚设，不仅使制度本身失去了意义，还使制度失去了严肃性，制度规范“零”虚设对企业长远发展意义深远。

上述实现“八零”的目标，各个电网企业的进展情况不同。有的目标一些企业已经实现，例如国家电网公司已经实现了信息管理“零”距离的目标；有的目标可能永远是“向零点无限逼近”的理想值，难以真正实现，例如物资管理“零”浪费。“八零”的实现难度不同、实现程度不同，如图 7-7 所示。

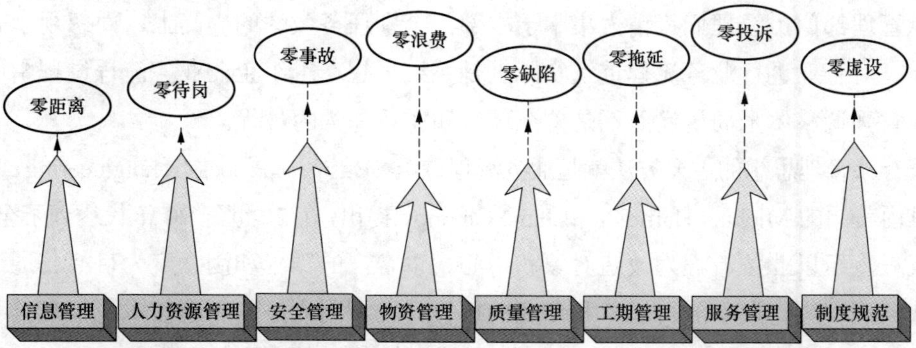

图 7-7 实现“八零”目标的难度和程度示意

7.3.5 “事先计划、事中控制和事后评价”的项目管理思想

项目就是在人、财、物等一定资源约束条件下完成既定目标的一次性活动。“21 世纪的社会，一切都是项目，一切也必将成为项目”，这是美国项目管理认证委员会主席 Paul Grace 的断言。的确，项目的应用范围越来越广，在电网企业同样如此，如信息系统开发项目、可行性研究项目、基建工程项目、设备检修项目等，广义上讲，许多工作可以纳入项目管理的范畴。

“事先计划、事中控制和事后评价”是目前比较先进的项目管理思想，电网企业在推广实施 ERP 等信息系统时，要有完善的计划体系，并要有严格的控制和考核体系，以保证目标的实现。针对电网企业，项目管理思想具有如下特定的含义。

（1）事先计划：主要是通过计划管理系统来体现的，计划管理主要包括：人力资源需求计划、设备需求计划、物料需求计划、采购计划、成本计划、进度计划等。计划是下一步控制和评价的基础，将计划、控制、评价完全集成到整个项目管理过程。不同的项目其计划编制的内容、计划的目标体系是不同的，计划一旦制定，将上下沟通，保存起来，将来作为事中控制、事后评价的主要依据。

（2）事中控制：是在项目实施过程中，项目方案实施预控、项目目标实施严控、项目过程实施监控。通过实时对比分析实际值与计划值的偏差，加强过程化管理，以便调整和有效配置人、材、物等资源，实现项目目标、避免浪费、提高效益。

（3）事后评价：设置安全、质量、成本、进度、资源利用等方面的评价指标，对项目实施事后评价。主要是指在项目结束后，依据原先的计划数据、依据实施过程中的实际数据，对项目进行综合的、全面的考核与评价，评价的结果，将直接与项目人员的收入分配挂钩。

7.3.6 注重整体流程最优的系统化管理思想

在传统劳动分工的影响下，作用流程被分割成各种简单的任务，并根据任务组成各个职能管理部门，经理们将精力集中于本部门个别任务效率的提高上，而忽视了企业整体目标。对企业进行业务流程重组实际上是系统思想在重组企业业务流程过程中的具体实施，它强调整体全局最优而不是单个环节和作业任务的最优。

践行该管理思想的主要方法就是业务流程重组（Business Process Reengineering，BPR），其最早由美国的 Michael Hammer 和 Jame Champy 提出，在 20 世纪 90 年代达到了全盛期。业务流程重组以业务流程为改造对象和中心、以客户的需求和满意度为目标、通过对现有的业务流程进行根本的再思考和彻底的再设计，利用先进的制造技术、信息技术以及现代的管理手段，最大限度地实现技术上的功能集成和管理上的职能集成，以打破传统的职能型组织结构，建立全新的过程型组织结构，从而实现企业经营在成本、质量、服

务和速度等方面的巨大提升。

关于 BPR 的定义有较多的提法，比如有的观点认为 BPR 就是对组织中及组织间的工作流程与程序的分析和设计；有的观点认为 BPR 是使用信息技术从根本上改变企业流程以达成主要企业目标的方法性程序；也有的观点认为 BPR 是对企业流程的基本分析与重新设计，以获取绩效上的重大改变。

尽管观点的描述不尽相同，但它们的内涵是相似的，即 BPR 实质是一个全新的企业经营过程（这里的企业经营过程是指为了达到某一经营目标而实施的一系列逻辑），这个过程不受现有部门和工序分割的限制，以一种最简单、最直接的方式来设计企业经营过程，要面向经营过程设置企业的组织结构，以实现企业的重组。

BPR 强调以业务流程为改造对象和中心、以关心客户的需求和满意度为目标、对现有的业务流程进行根本的再思考和彻底的再设计，利用先进的制造技术、信息技术以及现代化的管理手段，最大限度地实现技术上的功能集成和管理上的职能集成，打破传统的职能型组织结构，建立全新的过程型组织结构，从而实现企业经营在成本、质量、服务和速度等方面的全面改善。

7.4 案例分析

案例1 Opower——通过电力消费数据分析用户用电行为

Opower 公司是于 2007 年创办的一家家庭能源数据分析公司。Opower 与电力公司合作，抢占家庭消费者“入口”，获取家庭消费者的能源使用数据，进行消费者用电行为分析，并为其提供节能减耗的方案，推动节能的互联网应用。

电力账单的制作，是 Opower 公司擅长的一项业务。发电力账单，是每个公用电力公司都需要做的一项工作，看似简单，但是其功能拓展往往被忽视。Opower 公司利用其云数据平台，结合大数据方法和行为科学理论，为家庭用户发出了一份个性化的、贴心的电力账单。通过这份电力账单，家庭的制冷、采暖、基础负荷、其他各类用能等用电情况被分类列示，并将用电量跟上个月的进行相比，其鲜亮的图表呈现方式让用户对自己的耗能情况一目了然。电力账单上除了有本户用电数据的分析之外，还有相近区域内最节能的那 20%的用户耗能数据——即所谓的邻里能耗比较，紧接着它会据此提供建设性的节能方案。这就是 Opower 所标榜的“行为科学理论”的结晶。

此外，Opower 公司通过自己的家庭能耗数据分析平台，对由公用电力公司提供的家庭能耗数据进行深入的分析和挖掘，进而为用户提供一整套适合于其生活方式的节能建议。尽管 Opower 志在为用户节能，但其自我定位是一家“公用事业云计算软件提供商”，由此可知 Opower 公司的运营模式并非 B2C 模式（企业对终端消费者），而是 B2B 模式（企业对企业）。Opower 公司的服务对象是公用电力公司，而不是普通的家庭用户。Opower 的家庭能耗数据分析平台是基于可扩展的 Hadoop 大数据分析平台搭建，综合利用计算机科学、行为科学和大数据科学理论，结合了计算机科学，数据科学和行为科学的 Opower，其模式对于国内电网公司的服务拓展也具有一定借鉴意义。

启示：在电网企业信息管理中，电力大数据的发展需要一些关键技术的支撑：

（1）大数据传输及存储技术：电力系统各个环节的运行数据及设备状态在线监测数据将会带来海量数据传输和存储问题。

（2）实时数据分析及处理技术：在未来的电力系统环境中，从发电、输变电环节，到用电环节，都需要实时数据处理，借助电力大数据的分析技术可以从电力系统的海量数据中找出潜在的模态与规律，为决策人员提供决策支持。

（3）大数据展示技术：包括可视化技术、空间信息流展示技术、历史流展示技术等。

在能源互联网 + 微电网的背景下，在大数据 + 云计算的时代，依托电力大数据的电网将迈进全景实时电网的时代。大数据会助力电网技术的发展，成为电网技术发展的驱动器。

案例 2 电网企业管理思想的现代化

在社会与经济的发展、科技和信息化水平的提高，以及资源和环境问题的日益突出的背景之下，电网企业面临新课题和新挑战，必须进行适应社会需求和国家发展战略的改革，如图 7-8 所示。为了满足经济社会发展的新需求，实现电网的升级换代，许多国家和政府提出了智能电网这一现代化构想，逐步形成了以智能电网为核心内容的电力系统发展规划。电网企业管理思想的现代化将会使电网企业管理发生重大变革。

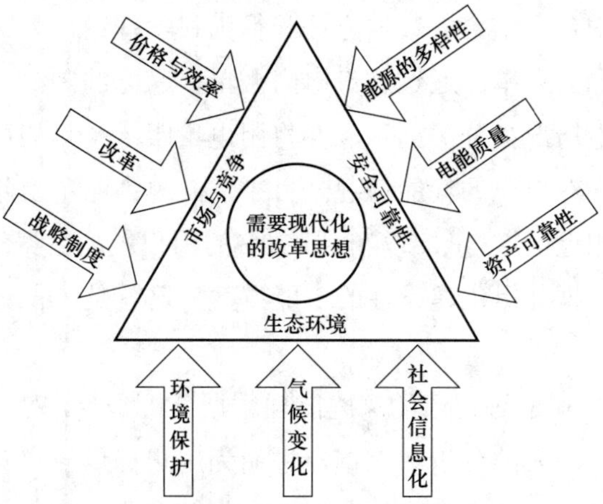

图 7-8 电网企业面临的挑战需要改革

从数据管理到信息管理，再从信息管理到知识管理，这是一个持续达半个多世纪的漫长过程，至今该过程还在发展中，可以说是不会终止的。企业信息化既具有连续性又具有阶段性，它是从低到高，逐阶段地往前演变推进的，其发展过程如图7-9所示。

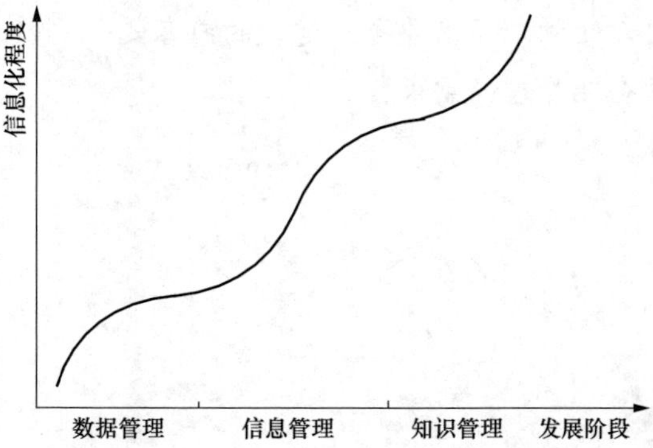

图7-9 从数据管理到知识管理发展阶段划分

对企业信息化发展过程的认识，人们往往存在一种误解，以为它是高级阶段逐一取代低级阶段的过程。从数据管理、信息管理、知识管理三者的关系看，并不是简单地由后续阶段顺序取代前行阶段的过程，而是逐步累积发展的过程。具体说明如下：

（1）后一个阶段是在前一个阶段的基础上发展起来的；

（2）后一个阶段包括了前一个阶段的全部或部分内容；

（3）各个阶段可同时并行存在，但其相对重要的地位逐一转让给后一个阶段。

应当看到：在企业信息化过程中，同时存在着数据管理、信息管理、知识管理的内容，如图7-10所示，它们各有其重要性，并互有联系，为后续发展的管理阶段服务；但随着企业的发展它们各自的比重在发生变化，后续发展管理阶段的重要性相对地在提高。

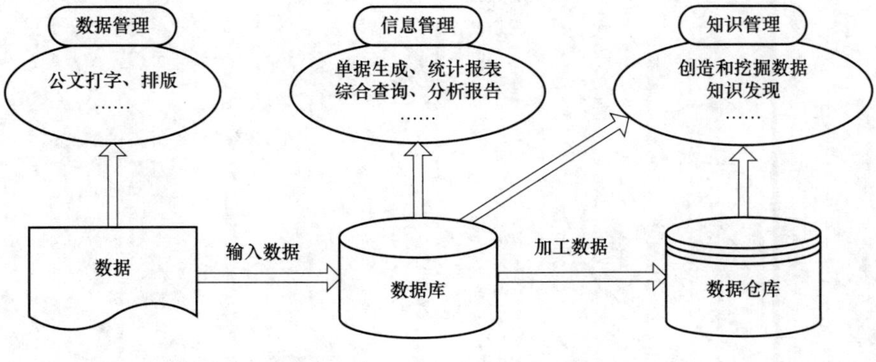

图7-10 数据管理、信息管理和知识管理三者关系

案例启示：电网企业经过多年的信息化建设，基本建成了覆盖全行业各部门的电力信息资源共享体系。智能电网的出现使得基于信息管理的电网企业信息化已经不能满足电网企业管理需求，在今天，智能电网的信息化建设工程复杂，需要更加智能化、具有更强应变能力的信息化建设，而知识管理就是为企业实现更高层次的信息化、智能化、自动化管理而需要重点建设的内容之一。因此需要加快知识管理的发展，以满足电网企业管理的需求。

第8章

领导科学与领导艺术

本章导读

领导是在一定条件下，指引和影响个人或组织，实现某种目标的行动过程。其中，把实施指引和影响的人称为领导者，把接受指引和影响的人称为被领导者，一定的条件是指所处的环境因素。领导的本质是人与人之间的一种互动过程，其中领导者最大的作用是能组织与协调各方面的力量、各方面的资源，从而帮助群体实行共同目标，为整个组织的发展方向提供了指引。因此，领导的作用显而易见。

本章将从领导概述入手，其中引入领导的内涵、职能、在社会组织中的地位及作用。再通过对领导理论、行为理论研究及应用的概述，将领导理论及领导的行为方式联系起来。领导生态、领导者的职位、权力与责任则是在领导理论的基础上对领导者所处环境、应尽的责任与义务的描述。最后引入领导方式、方法及其运用，对领导的理论、环境、方法实现从上到下完整的梳理。

本章思维导图如图8-1所示。

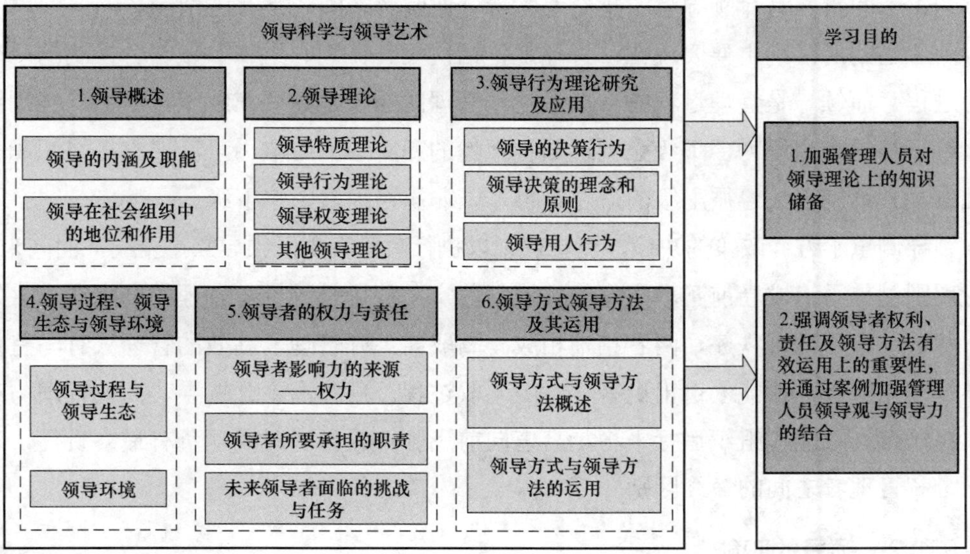

图8-1　领导科学与领导艺术思维导图

8.1 领导概述

8.1.1 领导的内涵

1. 领导的概念及特点

领导是领导者为了实现预定目标，运用其法定权力和自身影响力，采用一定的形式和方法，率领、引导、组织、指挥、协调、控制其被领导者，以完成既定的总任务的过程。领导包含领导主体、领导过程及结果等要素。领导的特点包含三个方面：综合性、应用性和社会历史性。

2. 领导的本质

领导活动具有自然属性和社会属性，因此有关领导的本质也是双重的。从自然属性看，任何领导都是社会组织中的一种特殊劳动，是社会管理中的一种高层次的劳动，是领导者进行统率和引导的活动过程，统率和引导是领导的最一般本质；从社会属性看，在不同历史条件下领导者与被领导者的关系、领导者的产生方式、领导观念、领导方式和方法等又无不受到当时生产力和生产关系的影响，因而又是各不相同的，从而表现出鲜明的社会历史性。一般来说，领导的自然属性要从属于领导的社会属性。

3. 领导与管理的辨识

在给领导下定义的时候，领导者与管理者之间的关系是一个常常被提及，不可回避的问题。首先要承认的是：两者之间是有联系的，领导一定要从事管理，领导工作的性质决定了领导者与管理者的密切关系；同样，在具体工作中的管理者也常常兼有指挥、引领的工作职责，具有领导者的身份或职责。但两者之间还是有区别的。

两者之间的区别主要表现在：管理是包括决策、计划、组织、领导、控制的一个完整的过程，而领导是管理过程的一项职能；管理的职权是建立在组织合法的，强制性基础上对下级的命令行为，下级必须遵循管理者的。管理的影响力可能建立在组织职权的基础上，去强制下级遵循上级的命令行事，以非职权因素影响下级。

领导侧重于方针政策的决策，而管理则以执行政策为主；领导立足全局，面向未来，而管理则侧重于追求当前某项工作的实施与落实；统御是领导与管理的高度统一。领导重在驾驭，管理维持秩序，两者相辅相成。驾驭离不开管理，高效的管理只有与有效的领导行为相结合，才能创造出更有秩序的驾驭过程。秩序离不开领导，高效管理与有效领导相结合，才能使组织运行平稳，高速向前飞驰；领导者对成功负有最终责任，这是领导者和管理者之间的最终区别。

8.1.2 领导的职能

领导职能就是领导的职责和社会功能，它是领导本质的具体体现。领导职能是指领导者运用组织赋予的权利、组织、指挥、协调和监督下属人员，完成领导任务的职责和功能。如图 8-2 所示，具体的职能包括以下几点：

1. 领导决策

领导决策是指领导者带领被领导者对未来活动目标及其实施方案进行寻找提出、分析论证、选择判断和贯彻实施的全过程。决策具有目的性、选择性、过程性和创造性等特点。决策是领导者的基本职能，是领导活动成败的关键因素，也是衡量领导者水平高低的重要尺度。

2. 领导用人

知人善任是领导者的基本职责，也是成就事业的根本保证。是否善于发现人才、团结人才、使用人才，是领导活动成败的关键。

3. 领导沟通与协调

领导沟通是指领导者与下属之间交流思想、传递信息的过程。任何一个组织或团体，在长时间的对内对外关系中彼此间必然会产生误解和矛盾。领导者必须学会通过沟通来增进了解、减少冲突，争取内外的理解和支持，形成一个坚强团结的整体。

4. 领导激励与凝聚

领导激励是指领导者通过科学的方法激发人的动机，开发人的能力，充分调动人的积极性和创造性，使被领导者焕发出旺盛的工作热情的行为过程，激励是领导者的重要职能，是提高下属积极性、实现领导目标的有效手段。

5. 干部任用的原则、条件和程序

领导的重要职能还体现在干部的任用方面，努力用马克思主义的立场、观点、方法分析和解决实际问题，严格按照程序办事，正确地选拔任用领导干部。

6. 思想政治工作

思想政治工作是以马克思主义为指导，解决人们的思想、观点和立场问题，提高人们认识世界和改造世界的能力，激励和凝聚人心，为实现领导目标而奋斗的组织行为过程。思想政治工作是一切工作的生命线，是领导者的基本职能，是领导活动取得成功的根本保证。

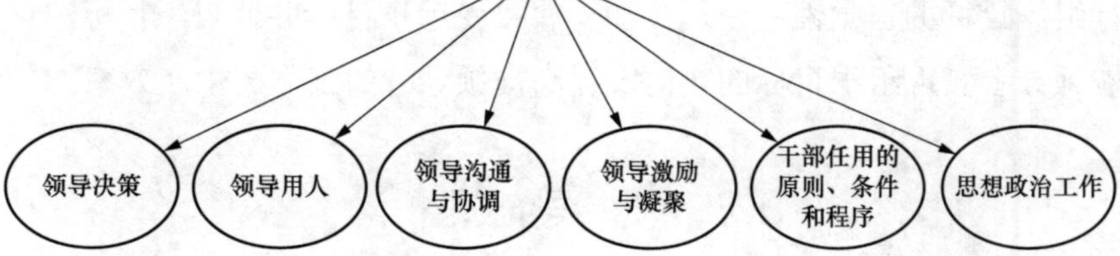

8-2　领导的职能

8.1.3 领导在社会组织中的地位和作用

领导者的社会角色是领导者在社会群体中的身份地位及其相应的行为规范的有机统一。具体来说，领导者是群体利益的集中代表者和维护者；是群体意志的体现者和执行者；是群体活动的组织者；是群体的教育者；是群体人际关系的协调者。

领导的根本作用在于正确地引导和合理地组织管理活动。任何一个企业组织，如果企业领导碌碌无为、能力低下，纵使机构再健全，制度再完美，下属再精明能干，也难以使企业组织有效运转。一个组织中如果没有领导者，就只会有混乱的人权和机器。从管理时间来看，领导的具体作用表现为指挥、协调、激励作用。

1. 指挥作用

领导者是一个组织正常运作和发展的发动者和推动者。领导者通过计划、组织、指导和监督群体成员的活动，发展和维持成员之间的团结以及调动其工作积极性，使之成为一个有机的整体。现在企业组织是一个极为复杂的组织。成员对职位的胜任感和满足感，每个成员都感到自己所处的职位能充分施展自己的抱负才能，对自己的报酬和荣誉比较满意，对集体目标的赞同。这都需要企业进行组织目标的设定，优化组合企业的各种要素，最终实现企业目标，领导者作为企业的驾驭者，要对企业活动负起责任。因此，在领导活动中必须达到高度一致，进行统一指挥。领导者应当具有更加高尚的人格魅力，才能使成员主动接受其领导。

2. 协调作用

主要为了实现企业的目标，科学、合理地组织生产、经营管理活动。企业要对人、财、物、信息、时间和空间等要素进行最优化的组合，最高效地运行，调动各种资源，调节各方面需要，解决不断出现的问题，达到良好的配合状态，就是领导发挥的重要的协调作用。

3. 激励作用

激励作用是领导的主要功能，一个领导者能否激发和调动职工的工作积极性，是衡量他的领导水平的主要标准之一，它直接关系到领导行为的效能。人使企业最具能动性的因素，如何激发人们的热情，调动人们的积极性，鼓舞人们的斗志，并把这些变成企业发展的动力，就是领导的激励作用展现。激励主要包括三方面的内容：提高被领导者接受和执行组织目标的自觉性；使员工和下属接受远景目标并使组织目标转化为个人目标，激发被领导者实现组织目标的热情，提高被领导者的工作、生产效率。

8.2 领 导 理 论

领导理论是研究领导有效性的理论，影响领导有效性的因素以及如何提高领导的有效性是领导理论研究的核心。自20世纪40年代以来，西方组织行为学家、心理学家从不同角度，对领导问题进行了大量研究。这些研究经历了几十年的演进，已经由一般的领导形态学、领导生态学发展为领导动态学研究，导致了领导理论的诞生与发展，成为当今西方领导理论的主流。其研究成果可分为三个方面，即领导特性理论、领导行为理论和领导权变理论。

8.2.1 领导特质理论

领导的特质理论是指从领导者的性格、生理、智力及社会因素等方面寻找领导者特有的品质或应有的品质的理论，也称素质理论。美国学者詹姆斯·M·库赛基和贝璃·波斯纳是当今最有建树的领导学专家，他们为领导是每个人的任务，领导是人类组织中不可或缺的重要事务。他们从1980年开始调查近千家企业及政府行政部门，而后又在1987年和1995年进行了两次调查。他们发排在前四位的特质是：诚实、有远见、懂得鼓舞人心、能力卓越。

（1）诚实，它是领导人和被领导人关系中最重要的因素。83%的人期望领导人要诚实、讲信用、有道德、有原则。如果领导者对自己所倡导的原则言出必行，那么下属就会心悦诚服地追随。

（2）有远见。不管我们称这种能力为眼光、梦想、召唤、目标还是计划，它的信息或内涵都是很清楚的；如果领导人期望别人愿意加入他们的行列，那么他们必须知道目标何在、前景如何，也就是要有远见。

（3）懂得鼓舞人心。追随者期望领导人拥有满腔热情、充满活力，尤其是在困难时期对未来感到乐观，领导人若能表现得极其热情和兴奋，显示出他个人对所追求目标的投入，就更能鼓舞人心。

（4）能力卓越。领导者必须有领导能力，这是指领导者必须具备运转工作的核心技术，尽管不同职业对领导者要求不同，但领导人必须具备为他的职业带来某些附加价值的能力。

领导者特质理论在当代的一个新进展，是美国领导学者德克兰提出的领导者素质的宪法模型。德克兰在新形势下研究了领导者特质理论，提出领导特质的宪法模型，该模型实际上是一种理论上的比喻。德克兰认为这些基本特质可以分为四个基本方面：个性、想象力、行为和信心。德克兰用“个性、想象力、行为和自信”四个要素来建构领导者特质的宪法模型，是否准确抓住了领导者特质的核心，其理论框架的建构能否经受得住时间的考验，还有待于实践的检验和进一步的理论研究。

8.2.2 领导行为理论

从20世纪四五十年代起，随着行为科学的兴起，研究者对领导者的研究逐渐转移到领导行为的研究上来。研究者认为，当领导者试图去影响下属的行为时所采用的、被下属感受到的行为模式就是领导风格。领导风格在概念上与特质理论非常相近，但特质理论的心是关注领导者自身的实际特点，而领导风格理论则集中对领导者所展现的领导能力进行研究。领导风格以权力归属来划分，可分为专制型和民主型，其划分标准是看权力归为领导者还是群体；以关注工作或关注人际关系来划分，可分为任务型和关系型。

一般研究者认为，领导行为理论或称领导风格理论与特质理论有截然不同之处。如果特质理论成功，则提供了一个为组织中的正式领导岗位选拔正确人员的基础。如果行为研究找到了领导方面的关键决定因素，则可以通过训练使人们成为领导者。特质理论和行为理论在实践意义方面的差异源于二者深层的理论假设不同。如果特质理论有效，则领导者从根本上说就是天生的。如果领导者具备一些具体行为，则我们可以培养领导者，即通过设计一些培训项目如组织发展、敏感性训练把有效的领导所具备的行为模式植入个体身上。当然，目前的研究成果表明，领导者特质同样可以通过后天培训而产生。

8.2.3 领导权变理论

领导权变理论亦称“领导情境理论”。领导理论的一种。20 世纪 60 年代至 70 年代初形成。该理论认为，不存在一种绝对的最佳的领导方式。领导是领导者、被领导者及其环境因素相互作用的动态过程。领导有效性＝f（领导者，被领导者，环境）。领导的效果与领导者所处的具体情境和环境有关。要根据具体情况来确定领导方式。费德勒模式是最具有代表性的权变理论。

伊利诺伊大学的费德勒从 1951 年开始，首先从组织绩效和领导态度之间的关系着手进行研究，经过长达 15 年的调查试验，提出了“有效领导的权变模式”，即费德勒模型（见图 8-3）。他认为任何领导形态均可能有效，其有效性完全取决于是否与所处的环境相适应。他把影响领导者领导风格的环境因素归纳为三个方面：职位权力、任务结构和上下级关系。

1. 职位权力

这是指与领导人职位相关联的正式职权，以及领导者从上级和整个组织的各个方面取得的支持程度。职位权力是由领导者对其下属的实有权力，包括所有的奖惩力量所决定的。当领导者拥有一定的明确的职位权力（分为强与弱两类）时，则更容易使群体成员遵从他的领导。

2. 任务结构

它是指任务明确程度和人们对这些任务的负责程度（分为高和低两种程度）。当下属成员对所承担的任务的性质清晰明确而且例行化时，领导者对工作质量较易控制。当然，群体成员也有可能因任务多有变化而对自己所承担任务的性质认识不清，这时就需要领导者更好地担负起对他们的工作责任。

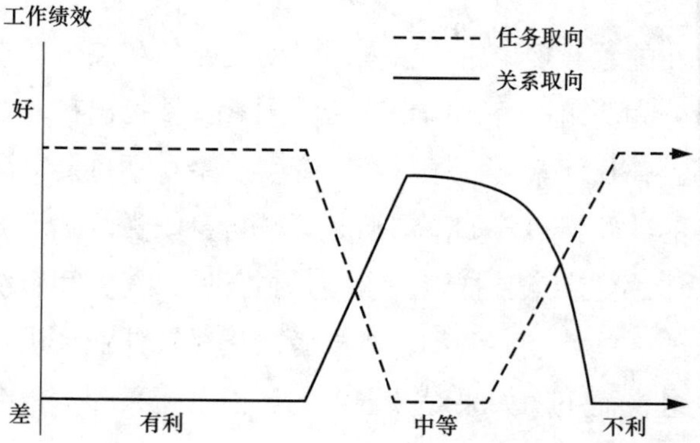

类型	I	II	III	IV	V	VI	VII	VIII
领导者-成员关系	好	好	好	好	差	差	差	差
任务结构	高	高	低	低	高	高	低	低
职位权力	强	弱	强	弱	强	弱	强	弱

图 8-3　费德勒模型

3. 领导者与下属的关系

费德勒认为从领导者的角度看这个方面是最重要的，因为职位权力和任务结构大多可以置于组织的控制之下，但是上下级关系不易控制，如果处理不好，就可能影响下级对领导者的信任和爱戴。

费德勒的领导权变模型的应用非常广泛。费德勒认为，个体的领导风格是稳定不变的，个体的最难共事者问卷（least preferred coworker questionnaire，LPC）分数决定了他最适合于何种情境类型，因此，提高领导者的有效性只有两条途径。第一条途径是替换领导者以适应情境。如果领导者不能适应他所在的领导情境，那么只能用另外一个领导者来替换他。第二条途径是改变情境以适应领导者。重新建构任务和领导者的职务权力，如果可以做到这一点，就可以让环境更符合领导者的风格。

总体来说，费德勒的领导权变模型自发表以来，受到了大家的广泛欢迎，它有很好的准确性，能快速测量并确定领导风格。但 LPC 量表的逻辑实质尚未被很好地认识，有的研究者认为这个模型并未说明 LPC 评分同业绩高低之间的因果关系。

8.2.4　其他领导理论

20 世纪 80 年代以来，社会结构发生了巨大变化，社会成员受教育的程度普遍提高科学技术尤其是信息技术突飞猛进，并在领导过程中发挥重大的作用。传统的官僚组织模式和领导方式受到挑战，人们积极寻找新的组织形式和领导方式，下属在领导活动中的作用越来越重要，因此领导替代理论、自我领导理论和超级领导理论应运而生。

1. 领导替代理论

在西方一些最新的领导理论中，引人注目的是克尔和杰米耶提出的领导替代理论。该理论将环境变量分为两组：替代因素和抵消因素，并指出在一定条件下，领导者的重要性会被大大削弱。替代因素会使领导行为变得多余和不重要，这些因素涉及下属、任务和组织自身存在的一些特点。如下属清楚了解自身职责，知道如何工作，具有较强的工作动力，并对工作感到满意。抵消因素则是指下属、任务和组织中阻碍领导发挥作用或使领导行为无效的一些特点。例如，领导者缺乏对较佳业绩进行奖励的权力就是抵消作用的一种环境变量；而下属如果对领导者的激励毫无兴趣，也会导致领导行为没有任何意义。

领导替代理论的突出贡献在于对各种替代性因素进行了深入思考，为提高组织绩效提供了新的视角。但是该理论没有明确引入干预变量，没有也不可能对每一种替代因素或抵消因素的作用过程详细阐述，因此就很难为广泛的领导行为确定替代因素和抵消因素。如果要达到这个目的，则需要进一步更具体、更明确地对领导行为进行分析，而不是笼统地划分为指令型领导和支持型领导。对领导替代理论进行经验论证时，会发现统计过程的科学性存在较大争议。

2. 自我领导理论和超级领导理论

当代领导理论的最新发展之一是自我领导理论和超级领导理论。所谓“自我领导”顾名思义，就是自己领导自己，即下属如果有了自我控制的能力，就能够以一种负责任的方式迎接挑战。根据管理学家的定义，自我领导是一个注重发挥自我影响的行为和想法的策略集合。所谓“超级领导”，就是领导者带领下属领导他们自己。超级领导适用于那些有责任领导他人的管理者。

自我领导和超级领导有着内在联系。理解自我领导是理解超级领导的关键一步，因为对下属的所有控制最终要靠下属的自我影响起作用。无论控制从何而来，其效果仍然依赖于这些控制在多大程度上能被下属接受和转化。

自我领导有两类策略。第一类是注重有效的行为和行动，即以行为为中心的策略，对下属领导自己完成一些困难但又必须完成的任务十分有帮助，包括自定目标、自我提示、自我检查、自我排练。自我排练即在完成一项重要任务之前进行周密的安排和训练，自行实施奖励和惩罚措施。第二类是注重有效的思想和情感，即以认知为中心的策略。认知策略主要是关于下属如何建构自己建设性的管理思维模式，然后通过它影响行为。这种策略分为两个部分：一部分是考察如何利用来自任务本身的快乐和自然回报，以形成具有建设性的思想与感受；另一部分则通过信念、自我暗示和想象等方法形成建设性思维。

超级领导要通过一系列程序带领下属领导他们自己。这些程序包括：

（1）在开始时进行示范。

（2）引导下属参与。

（3）逐渐发展自我领导。

带动下属实现自我领导，超级领导者要注意任务的自然属性，如工作的丰富性、问题的结构是否清楚、解决的方案是否必须为下属接受等，还要注意时间的充裕性和下属发展的重要性。超级领导者促使下属转向自我领导的关键是使下属从依赖型向独立型转变。

领导替代理论、超级领导和自我领导理论适应了新时代的要求，是对以前的领导理论的辩证发展。一方面，这些理论认为，知识经济时代要对传统的领导方式进行彻底的变革，领导者应该给予下属很大的自我控制权；另一方面，这些理论也继承了传统理论的优点，并不是简单地反对领导、取消领导，认为领导者一定要成为放任自由型领导者，而是认为，由于下属的成熟和自我独立意识的增强，领导者更要注意引领、指导、帮助、服务，这些正是领导的实质。当然，这些理论目前还不是很成熟，需要进一步研究。

8.3 领导行为理论研究及应用

8.3.1 领导的决策行为

领导行为首先是决策行为。一个组织往哪儿去、去干什么、如何干，都需要领导决策，也都需要“领”。决策行为事关组织发展的方向和全局，事关领导活动的成败得失。领导决策行为就是定方向和愿景、定目的和战略。

目前，关于决策理论的研究以理性决策模型（Rational Model of Decision Making）、有限理性模型（Bounded Rationality of Decision Making）、渐进决策模型（Incrementalism of Decision Making）和综合扫描模型（Mixed-Scanning Model of Decision Making）为代表。

综合既有决策理论的主要观点可以发现其具有以下明显的特征：第一，既有决策模型基本上是以“事”为中心的决策模型，这些决策模型的提出旨在分析和解决现实的政策问题，具有直接的问题导向特征。第二，既有决策模型中主要基于决策目标的达到和优化进行研究，无论是完全理性决策模型还是后来的混合扫描模型都强调对决策目标和决策方案的选择。第三，决策模型中蕴含着决策者决策理念的变化，完全理性决策模型的决策理念是最优，有限理性决策模型的决策理念是次优，渐进决策模型的决策理念是满意，混合扫描模型的决策理念是超优。

实际上，这些决策理论的发展基本是在管理学的框架下进行的，因此，在很大程度上可以认为这些决策理论实际是对管理决策的探讨。当前，无论是在理论上还是在实践中，领导决策和管理决策常常被相互混淆、替代使用。

但领导决策和管理决策是存在根本区别的，主要体现在以下几个方面：

（1）管理决策重目标、领导决策重目的管理决策通常视决策为目标优化的过程，决策理论发展的脉络清晰地凸显出这种目标导向的特征。最初的决策是经验决策，取代经验决策的第一个决策理论是完全理性决策模型，即“最优决策”；取代最优决策的第二个理论是有限理性决策模型，即“满意决策”；取代次优决策的第三个理论是“超优决策”理论。从经验决策的“无优”到科学决策的“最优”，从比较务实的“次优”到注重创新的“超优”，决策理论的发展都是突出决策目标这个核心，都是强调优化这个重点。管理决策强调目标越是优化，决策越是科学，这似乎已成了大多数人的共识。但领导决策并非追求决策目标的优化，而是重在追求决策目的的优化。

领导者一定要有远见，要超越具体的目标和指标，关注指标和目标背后的目的。只有将目的放在目标之上，领导者才会更加明确自己的使命和职责，更加坚定努力的方向，领导者的思路才会更清晰、更开阔、更有远见、更有创造性。

（2）管理决策重效率、领导决策重效果管理决策重效率，效率的本质是个体收益，是个别收益，是局部观，是以事为中心的。领导决策重效果，决策效果是社会效果，是综合效果，是整体观，是以人为本。

（3）管理决策重成本、领导决策重价值如果一件事是值得做的，是应该做的，领导者就必须千方百计地去决策、去运作，把它做好。领导决策重视价值也并非意味着做事情就可以不计成本，在实现既定价值的前提下，成本当然是越小越好。

（4）管理决策重秩序、领导决策重变革如前所述，涉及方向、目的和战略的决策通常属于领导决策的范畴，具体实施和执行层面的决策一般属于管理决策的领域。管理决策旨在实现组织目标，关注的是既定方向、目的和战略的实施和执行问题，主要是操作层面、微观层面、战术层面的决定，更加关注当下和现实。一般情况下，方向性的领导决策轻易不会变化，而战术层面的管理决策则要根据影响因素的变化随时调整，因此，管理决策更要灵活、变通。但从更广阔的范围来看，这种变化是在方向既定的空间内进行的，是可控制的，是渐进的，是量变，因此，管理决策重秩序。

领导决策是关乎组织前进方向的根本调整，虽然领导决策具有相对稳定性，但如果领导决策一旦做出，就是涉及方向调整的根本问题，直接影响战略和全局工作重点的变化。因此，领导决策重变革，重战略，重长远。如果说管理决策的实质是从一到多、从有到优的话，是一种量变；那么，领导决策的实质就是从无到有、从黑到白、从左到右、从上到下，是一种质变，是一种主动的制造变化，通过变革来实现领导活动的价值。

8.3.2 领导决策的理念和原则

领导决策理念和决策原则的认识如果停留在管理决策原则的层面，在一定程度上，就是以“事”为中心的决策原则。领导决策理念和决策原则不能仅止于此，不能仅仅停留在“事”的层面，还要进入“人”的层面，从决策涉及的利益相关者的角度考虑决策时应该遵循的原则。

1. 领导决策的共赢理念

一般来说，领导者的决策都是有目标的，都是追求效益和价值最大化的，但效益和价值最大化并不意味着你亏我赢，更不意味着你亏得最多我赢得最多，效益和价值最大化就是要共赢，领导决策要树立共赢的理念。

领导决策要认识到共赢的重要性，因为共赢在一定程度上体现了公共价值，而公共价值正是领导者制定政策的基本出发点和指导思想，而且，公共价值的实现同时意味着共赢的决策能够实现政策相关主体的利益，得到多数群众的认可和拥护。领导者的共赢决策不仅是一种制定政策的理念和艺术，更有利于政策的执行。

共赢决策理念的要点是，领导者在决策时要考虑到群众的利益和需求，让群众赢，这是最大也是最重要的赢；考虑到下级的利益和需求，让下级赢；考虑到普通员工的利益和需求，让员工赢。这样，与决策相关的各个利益主体都赢了，有了一个良好的外部环境和内部环境，组织才能更好地生存、发展。把自己的赢建立在别人赢的基础上，建立在共赢的基础上，这也是共赢决策艺术所在。

传统的决策观点认为，决策特别是竞争决策时是一种零和博弈，你赢得多我就赢得少。如果局限于这种认识，那么共赢决策就难以实现。而事实上在共赢决策的格局中，每一个参与决策者所赢之和是一个变量，是一个可以减少也可以增加的量。懂得共赢决策的理念和艺术，每个决策者都能增加所赢，甚至超过原来的单赢之和。这样共赢决策所赢的总和就大大超过了原来单赢决策的总和。放大所赢是共赢决策的内驱机制，也是共赢决策的合理性所在。

放大所赢不是一个静态的概念，必须把它与发展的概念结合起来探讨。

或者说共赢决策是一个过程，是一个持续发展的过程，是一个持续所赢的发展过程。放大所赢不是一次性的。第一次的共赢决策成功了，然后这种行为得到强化，就有可能激发第二次的共赢决策，就有可能再次成功。只有持续所赢，才能放大所赢，最终实现真正的共赢。

2. 共赢决策的原则

共赢决策的含义是多层面的。第一层含义是多个决策主体的共赢，通常是指多个利益主体的共赢，共同发展；第二层含义是领导者与组织成员之间的共赢；第三层含义是政府与企业、与社会的共赢。

领导者要灵活掌握和运用共赢决策的原则，将这些原则创造性地加以运用就成了领导者共赢决策的艺术。共赢决策的原则如图 8-4 所示，有四条，即激励兼容的原则、竞争合作的原则、超越自我的原则和以人为本的原则。

（1）激励兼容的原则。领导决策与领导激励是绝对不能分开的，这里强调的共赢决策就是一种典型的激励型决策。如果说单赢决策忽视激励的话，那它忽视的只是对其他人的激励，生怕激励有余；对自身却是千方百计进行激励，唯恐激励不足。单赢决策把对自身利益的激励与对他人的激励对立起来。而共赢决策的激励是广泛的、兼容的。它在决策活动中不仅激励本部门，而且主动地激励其他参与者、竞争者、相关者。共赢决策的理论认为，对决策的制定者、参与者、竞争者和相关者可以同时进行激励，并且这种激励是相互兼容的、一致的。

（2）竞争合作的原则。在单赢决策者看来，竞争与合作是水火不相容的；而在共赢决策者看来，竞争与合作在许多领域、许多方面都是可以共存的。多个竞争对手可以竞争同一种资源或多种资源，实现同一个目标或多个目标。竞争中有合作，合作中有竞争，既竞争又合作有利于决策的共赢。

（3）超越自我的原则。所谓超越自我的原则是指决策的参与者不要把共赢局限于同一个目标、同一个范围，不要局限于同一种资源、同一种手段。比如，两个单位不仅可以在国内市场上共赢，更可以在国际市场上共赢。超越自我的原则强调了共赢决策要打开思路，要突破已有的成绩，要善于创新。

（4）以人为本的原则。共赢决策不仅追求经济效益，还追求环境效益、社会效益，包括下级和群众能力、素质的提高，下级和群众生活质量和满意度的提高。如果认识不到这一点，共赢决策也有可能走上弯路。

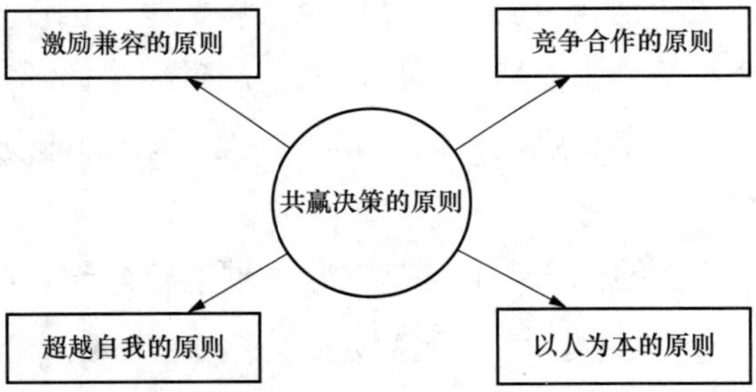

图 8-4　共赢决策的原则

8.3.3　领导用人行为

领导的本质应该从追随者的角度来定义，换句话说，领导者是与追随者相对应的，不是和领导职位相关而是和影响力相关，对领导者和领导力的定义是从追随者、从影响力的角度界定的。如果从领导的本质出发，能得出这样的认识，领导用人不仅是使用人，更是影响人、激励人、培养人、提升人，领导用人的根本目的是赢得追随者。

1. 领导行为重在用人

与决策行为相比，领导用人行为更重要，更带有根本性。领导行为的本质不仅是自己能干，而且是激励他人能干。领导用人需要突破传统用人观的局限，树立正确的用人理念，明白领导用人的实质并非仅仅是用人，而是重在影响人，既要影响下级，也要影响同级和上级，既要影响内部的人员，也要影响外部的人员，从广义上来讲，领导用人的实质就是凝聚力量，就是“团结一切可以团结的力量”

（1）传统用人理念的局限。谈到传统用人之道，曾子曾提出“用师者王，用友者霸，用徒者亡”的论断。意指任用才能超过自己的人会成为王者，任用与自己才能相当的人会成为霸者，任用平庸之辈必定败亡。尽管曾子的论断很有道理，但这种用人观念却有很大的局限性，主要表现为：

1）只注重用。只强调对人的使用，其实质是把人视为一种工具来使用。

2）视人是被动的。用人过程中突出领导者的权力和作用，突出领导者的主动性，而忽视了被领导者的权利，忽视了被领导者的自主性、能动性和积极性，忽视了被领导者的重要作用。

3）对人的尊重不够。传统的用人理论突出了领导者的特殊地位，突出了外在的种种控制和约束，强调被领导者对领导者的服从，而忽视了被领导者的需求，忽视了领导者与被领导者相互的作用，忽视了领导者与被领导者之间的互动关系。

总之，以现代领导科学的观点来看，传统的用人观是比较狭隘的，存在着明显的局限，过分强调领导就是用人，就是识别人、就是任用人，容易陷入人治、违背法治，从而导致用的是庸才。这种用人观已经难以适应当今社会发展和人才成长的需要，迫切需要更新用人观，进而优化领导行为。

（2）领导用人理念的更新。随着社会的进步和发展，越来越多人的知识素质、能力水平在不断提高，人的使命感、创造力、自主意识都在增强，对人的领导也需要不同于传统的用人理论。因此用人理论和用人理念亟须创新。

1）用人的柔性化。传统的用人理论强调的是对人的约束、控制、监督，强调人与固定岗位的永久搭配。现代用人理论则强调对人的激励、鼓舞、影响，强调一个人去适应不同的岗位、不同的工作。事实上，传统的用人理论是在刚性的、僵硬的领导理论的框架内展开的。现代用人理论则是在柔性的、变革的领导理论的范畴中形成的。人是自主的，有独立的人格，独特的个性，他只有自愿接受领导者的影响，接受领导者的激励，才可能自觉地把潜能发挥出来。

2）用人的个性化。传统的用人理论忽视了人与人之间的差异，忽视了人的个性，过分强调组织成员整齐划一的共性，即强调同一种思想、同一种行为、同一种步调、同一种风格。其结果只能是在用人的过程中压抑人的个性，压抑人的创造性。少数用人的人张扬了自己的意志和风格，大多数被用的人却得不到发挥。新的用人理论强调个别化关怀，强调尊重人的人格和个性，尊重人与人的差异。

3）用人的非权力化。传统的用人理论强调的是用权力，是对人的外在强制性的控制力。新的用人理论强调的是魅力和亲和力，是领导者内在的非强制性的影响力，是领导者的软权力。领导者的软权力来自自身的知识、能力、品德、经验、个性、业绩和风格等。

4）用人的隐性化。传统的用人者总是高高在上，大权在握，被用者只能俯首听命，盲目执行，用人方式是僵硬的、强制性的、显性的。新的用人理论强调用人角色的转换，用人者即领导者的主要职责是为下级和群众提供辅导当教练、当教师，提供服务当公仆、当服务员。用人者为下级和群众提供一个良好的环境，下级和群众自觉自主地创造财富，创造价值，这样，用人就实现了由显性化到隐性化的转变。

5）用人的制度化。传统的用人强调用人者的主观经验和意志、个人判断和好恶，是一种典型的人治。现代的用人理论强调用人的制度化，选拔人、任用人、辞退人不是领导者个人说了算，而是制度说了算，制度拥有最终的用人权。

（3）用人重在激励。领导用人的实质是影响人，影响人重在激励人，所以用人重在激励。传统的领导观念认为用人就是约束人、控制人，现代的领导理论则认为用人强调激励人。因此，领导用人、影响人要把重点放在激励人方面，通过激励调动影响下属的积极性是领导用人工作的重点所在。

激励人首先要明白什么是激、什么是励。“激”在行为之前，是激发，是让一个人有意愿去干、有兴趣去干、有信心去干；“励”是在行为之后，是奖励，是对一个人行为的评价和反馈。“激”和“励”要相一致，“激”是激发人们行动的动机和动力，“励”是强化人们行动的后果和结果。在激与励一致的基础上以励促激，重点要放在“励”上。“励”得好，“激”也就在其中了。

于是先激后励、再激再励、再接再厉，激励是一个不断强化的过程。如果只激不励，激励就会断裂。

领导要激励别人，首先要激励自己，把激励自我与激励他人结合起来是领导者的第一要务。激励自我是手段，是前提；激励他人才是目的，是重点。领导激励第一步是自我激励。没有自我激励就没有领导者的影响力和领导力。领导者的以身作则就是自我激励，它是领导工作的起点，既是逻辑上的起点，又是实践的起点。领导激励的第二步是激励他人，激励众人，使众人行，这是激励的重点。通过激励他人、号召他人，使整个团队、整个组织的士气振奋起来，朝着同一个目标前进。领导激励的第三步是相互激励，即领导者激励追随者，追随者也激励领导者。通过相互激励为成功领导提供持续的动力。

激励有两个任务，既要激励心，更要激励智。领导激励首先要把自己的心、他人的心激励起来，做到有热情，有自信，有兴趣，有动机，然后再激励智力、智慧、能力和创造力。激励心就是领导者要传递正能量、疏导下属的心理；激励智就要辅导下属业务，提高下属能力，教导下属行为。有的领导者在认识上存在误区，认为激励就是调动积极性，解决热情、信念问题，结果产生许多只有积极性，苦干蛮干却不讲方法的现象。这实际上只对了一半。激励下属想干、愿干是对心的激励；更重要的还要让下属能干、会干、创造性地干。

激励要分和合相结合，一般先分后合。分是分别激励，个别激励；合是群体激励，综合激励。先分后合有两个方面的含义。第一是激励的对象，先激励个体，后激励群体，再激励整体，把激励个体、激励群体和激励整体相结合，重点是激励整体。必须把单独的具有鲜明个性的成员分别激励起来，才可能最终把全体组织成员都激励起来。第二是激励的手段，通常先单一激励，后综合激励。即在某一特定时刻，对某一特定对象，针对优势需求，进行单一手段和单一形式的激励，再对其他需求进行满足，对其他动机进行激发。

2. 领导者的用人方式

领导用人重在用人才，用人才包括识才、选才和容才三个相互联系的有机整体，领导用人要先识才、后选才，还要容才。

（1）领导者要敏于识才。领导者要能识人于未显之时，然后培养、使用，使其成熟，成为显才。

领导识别人才有两个关键：

1）识别人才重在从四个方面入手。

识别人才的独特优势。识别人才一定要看其独特的地方，无论是性格上的，能力上的，职业上的，一定要看其与众不同的地方。偶然的一次判断或许不会百分之百正确，但多次观察之后的结论在很大程度上是有参考价值的。

识别人才的行为方式。不仅要看说得怎样，更要看干得怎样，尤其是要看所言所行是否一致。人的行为举止是无声的语言，往往能反映一个人的心灵，反映一个人的为人和道德品貌，体现一个人的素质修养、精神气质。尤其是人的下意识的行为举止所透露出来的信息，要比加工后的言语更能够直接、真实地表现一个人的心理活动和真实思想。

识别人才的价值取向。识别人才的行为方式背后的价值取向，就是看其为什么这样做。一般来说，每一个人的行为背后都有其价值取向。所以，识别人才不能只看表现的行为，还要看背后的原因。

识别人才的业绩表现。识别人才的关键还要看其工作实绩，工作出色、成绩突出的人更有可能是一个人才。

2）识别人才要避免四个“效应”。

避免“光环效应”。觉得这个人有一个优点，就认为一好百好；认为一个人在一个方面行，就认为他在其他方面也行。在现代社会，人的专业化取向将越来越显性，有的人在技术方面是一流的人才，但让他做管理工作，却是二流、三流的。所以我们不要被“光环效应”所迷惑。

避免“马太效应”。领导者如果总是喜欢与自己合得来的人，会造成另外的人被冷落，没有机会，难以施展。所以领导者要想凝聚人心，要想识别人才，须避免“马太效应”。

避免“首因效应”。许多领导者习惯根据最初的印象来评价这个人。比如一个人在刚进单位时很能干、很有闯劲，就认为他是一个人才，是一匹千里马，把他放到重要管理岗位上去。可是随着时间增加，他可能并不适合。因此，识人应该全面地看人，不能仅用最初的印象来左右对人才的整体评价。

避免“近因效应”。“近因效应”与“首因效应”相反，是指在对人的长期了解中，最近了解的内容往往占优势，掩盖了对人的一贯了解。比如，认为这个人最近表现不错，就把他原来的其他表现，不好的表现统统忽略。

识别人才关键在：“看人要全面地看，历史地看”，即要同时避免“首因效应”和“近因效应”。

（2）领导者要善于选才。识别人才要从多个角度出发，同样，选拔人才的重点也要在对比中选拔人才，通过对比和比较从不同角度来认识人的不同侧面，从而全面识才，善于选才。

1）从“独唱”与“合唱”的对比中选拔人才。真正的人才既能“合唱”，与团队成员相互协同完成工作任务；也能“独唱”，能够自我领导、自我管理。

2）从顺境与逆境的对比中选拔人才。真正的人才既能在顺境中有所成就，也能在逆境中有所作为，尤其在逆境中更能凸显其坚定的意志以及非凡的能力。

3）在平时与关键时刻的对比甲远拔人才。既要考虑平时表现，更安注重关键时刻的作为。真正的人才往往能摧锋于正锐，扶大厦于将倾，挽狂澜于既倒。

4）从所言与所行的对比中选拔人才。选拔人才既要看怎么说，也要看怎么做，通过说与做的对比观察其是否言行一致。如果不一致再看其具体行为，以备进一步观察后用。

5）从对上与对下的态度行为对比中选拔人才。真正的人才对下级关心爱护、平易近人，对上级服从尊重，但不趋炎附势。

6）从能力水平与努力程度的对比中选拔人才。工作努力又有能力水平的人是人才，要及时选拔任用；工作有能力但不努力的人要量才使用；工作能力不够但努力的人要培养使用。

7）从规定动作与自选动作的对比中选拔人才。优秀的人才既能完成上级交代的规定动作，又能创新性地完成自选动作，而且能把二者结合起来。

8）从专长与通才的对比中选拔人才。发现是专才的，培养其做技术骨干；发现是通才的，培养其做领导者；既是通才又是专才的，要下大力气培养。

9）从品德与才干的对比中选拔人才。德才兼备的，要大胆选拔出来；有德无才的要培养使用；有才无德的要慎重使用。

10）从群众评价与领导评价的对比中选拔人才。群众认可、领导赞赏的人是优秀的人才；群众认可、领导不赏识的人说明在某一方面还存在不足；只有领导赏识，没有群众认可的人很难说得上是人才。

（3）领导者要学会容才。一个领导者的宽广胸襟，不仅仅是个人品德修养的问题，更是其事业成功所必须具备的条件。领导者容才不仅要容才之长、之功，还要能容才之短、之过，领导者要有海量容纳人、团结人，充分发挥每个人的最大作用，使他们更好地为我们地税事业贡献聪明才智。毛主席曾赞扬汉高祖刘邦是“豁达大度，从谏如流”的英雄人物。

8.4 领导过程、领导生态与领导环境

8.4.1 领导过程与领导生态

1. 领导过程

领导过程是一种复杂的动态交流。在这一相互交流的过程中，有四个关键的因素：领导者、追随者、环境及结果。领导者与被领导者之间互相产生影响，双方又被交流的环境所影响。相应地，领导者与被领导者相互交流的结果也对未来的环境产生影响。他们之间的关系共同构成了领导生态。

2. 领导生态

领导生态系统是由领导者、被领导者和领导环境三个基本要素构成。三者是所谓领导者是指在社会共同生活中，经过选举、任命、聘任或从群众中涌现出来的能够指导和协调组织中的成员向既定目标努力的、具有影响力的个人或集体。领导者是领导活动过程中的决策者、指导者、指挥者、组织者。领导者与被领导者是相对而言的，在现代社会中，领导活动处于一个庞大的系统中，一个系统的领导者相对于更高层次的领导系统而言，则是被领导者。被领导者是指在领导活动中执行决策方案、决定、命令，实现组织目标的具体行动者。被领导者与领导者是相互依存的，被领导者的素质对领导活动目标的实现有重要影响。领导环境是指推动或制约领导活动开展的各类要素的总和。它是政治、经济、文化、法律、科学技术和自然因素等组织内部与外部的环境氛围和条件。

3. 领导者

从领导科学的角度，该如何给“领导者”一个本质的定义呢?现代管理科学之父彼得，德鲁克指出：“领导者的唯一定义是其后面有追随者。一些人是思想家，一些人是预言家，这些人都很重要，而且也很急需，但是，没有追随者，就不会有领导者。”领导者与追随

者的相互界定，揭示了领导者的实质。不同于领导者与被领导者的相互界定，仅是形式上的。因此，这是具有时代精神的概念，是关于领导者的本质定义。

从群体中自发产生出来的领导者，在社会生活中广泛存在。比如，家庭就是正式的群体，父母是天然的领袖，父母按照自己的价值观和经验引导孩子，对于孩子来说，最初的领导行为就发生在家庭。传统社会中，父亲是家庭生活的权威，是领导者；现代社会中，母亲往往是家庭生活的权威，父亲则转变为追随者。

在梅奥领导的霍桑实验中，发现了正式组织中有非正式群体的存在，非正式群体中自然涌现出来的领袖人物，往往比正式群体的领导者更具有权威性。在社会生活中，政治学家早已发现"非委任领袖"的存在，如甘地、南丁格尔、马丁·路德·金等，他们在没有建立组织之前，就已经有成千上万的追随者，因此是无可争议的领导者。

从这个意义上说，领导者与管理者不同，领导者可以没有组织，但必须有追随者：管理者可以没有追随者，但必须有组织，否则就不成其为管理者。另一类领导者是通过选举或组织任命正式产生的，包括经过注册、登记而被承认的正式组织的领导者。

4. 被领导者

被领导者是相对于领导者而言的，是指在社会共同活动中处于被领导地位的组织和个人。被领导者在领导活动中具有双重身份：相对领导者而言，它是领导客体或领导对象；相对于领导环境和领导目标而言，它又是领导主体。同时，绝大多数被领导者对上级而言是被领导者，对下级或群众而言又是领导者。被领导者一般具有服从性、受动性、对象性、源泉性和相对性等特征。

8.4.2　领导环境

1. 领导环境的概念

从领导学的角度来看，领导环境是指制约或推动领导活动展开的各种自然要素和社会要素的组合，是影响领导行为模式的政治、经济、文化、法律、科学技术、自然要素等组织内、外氛围和条件的总称。

2. 领导环境的特点

（1）客观性：领导环境是客观存在的，因此，无论领导者和被领导者能否认识和把握它，它都照样发挥作用；

（2）动态性：领导环境随时间、空间以及其他因素的变化而变化；

（3）复合性与相关性：领导环境是由无限复杂的具体环境所构成，因此，它是一种复合存在。并且领导环境因素是相互联系、相互制约的，领导环境中某一因素的变化常会引起一系列环境因素的变化；

（4）能动性：在受领导环境影响的过程中，领导者可以按照其固有的规律，通过增加或减少其构成因素、强化或弱化某些因素及其关系的作用等手段来改造环境，使其能为我所用。以促进领导活动的顺利开展。

8.5　领导者的权力与责任

8.5.1　领导者影响力的来源——权力

1. 领导权

任何领导者，当被组织或群体正式授予某种领导职务时，就意味着他获得了与此相适应的权力。授予的职务越高，获得的权力就越大，这种权力被称为职权或领导权。领导权具有法定的性质，受法律的保护，它以服从为前提，具有明显的强制性。它随着职务的授予而开始，也以职务的免除而终止。正因为这种权力受法律的保护，所以领导在履行领导职责时，也必须按照法律规范行动，决不可随心所欲、为所欲为。不难看出，领导权有这样的特点：第一，它是依靠职务（职位）等其他非抗拒的力量得到的，故也称为“硬权力”。第二，它是以服从为前提的，具有强制性。第三，要依法办事。

2. 权力

权力泛指控制力、影响力，很显然权力的外延要大于领导权。一般来说，权力分为两大类：非人格权力和人格权。所以，权力包含领导权，人格权是指由于个人独特的魅力而形成的控制力、影响力，如高尚的道德品质、卓越的领导才能、非凡的胆识、气魄等。领导要做好工作，这两种权力都要使用。在当代，由于社会越来越突出人的价值，追求平等、民主、法治。

在这种背景下，领导的“硬权力”越来越受到挑战。随着人的自我意识的成熟，自己管理自己，自己开发自己已成为趋势。因此，领导在运用职权时，更多地要借助于“人格权力”来提高自身的控制力和影响力。当代，提高领导者的“软权力”及其如何获得和发挥它的效力，是提升领导素质、改进领导工作的重点之一，也是领导科学研究的热点问题之一。

8.5.2　领导者所要承担的职责

领导者职责，是指来自职位的责任，一是自己承担的具体工作的责任，二是法律上应负的责任。现代领导者在组织中担负起引导和服务两个方面的职责：引导职责是指领导者有责任指导各项活动的开展和协调；服务职责是指领导者有责任为各项活动的开展提供条件和帮助。

可见，引导职责和服务职责是相辅相成的，并且，服务职责发挥得越好，引导职责就越能有效地实现。对于作为组织主管人员的领导者来说，权力和权威是实施领导有效工具，领导者需要用自己所拥有的权力和权威进行控制和指挥，发挥其在组织中的影响力。

8.5.3 未来领导者面临的挑战与任务

（1）未来的领导者必须更加灵活，具备更广泛的经验。个人通过单一的技能培训就能提升到大公司的高层，特别是一个全球化的公司的高层，这样的时代几乎是一去不复返了，从整个系统角度来看，交叉的训练背景对处理复杂的变化来说将是十分必要的。

（2）未来的领导者将把她或他的“形式上的”或“精神上的”职责看成是首要的职责，并且对组织来说是必要的和十分重要的，而不是必须授权给其他人或必须由其他人来承担的微不足道的职责。

（3）在相关程度上，伴随全球化业务的问题已经变得如此复杂，以至于决策制定不能再有效地集中在高层领导当中。对于我或其他任何对公司所有重大问题做决策的高级管理团队来说，最多不过是被推翻和导致低劣的业务效果。

倾向于授权给组织下层的趋势满足了把决策制定移到组织的较低层次的需要，这种趋势为未来领导者创造了必要的发展机会，而且同时它还创造了在危机时刻可以利用的经验基础。

尽管这个变化可能会使这样一些人感到害怕，他们是在执行总裁作为几乎所有事情的最后决策者的环境中成长起来的，并且他们以他们自己为控制事件和结果的能力而自豪，但是我们当中的那些满足领导角色要求的人却能够不再那样做。我们必须越来越依靠其他人来承担这些责任，并且我们能够利用我们对组织文化的领导来促使他们取得成功。

8.6 领导方式、领导方法及其运用

8.6.1 领导方式

1. 领导方式的概念与特点

领导方式是在领导行为理论与权变理论的基础上提出来的。它主要是指领导者在进行领导活动时对待下属的态度与行为的表现。

2. 领导方式的类型

（1）魅力型领导方式。魅力型领导方式是指领导者通过自身的魅力，使追随者信任领导者信仰的正确性，追随领导者的信仰，并对领导者产生毫无疑问的接受，自愿服从领导者、认同并模仿领导者，自愿承担组织分派的使命，从而实现有效领导

的方式。

魅力型领导者的行为特性：魅力型领导者有四种个人特征，即自信、支配欲、对他人施加影响的需要和确信自己的信仰在道义上的正当性。

（2）变革型领导方式。变革型领导方式的特征：道德价值观，并激励员工的领导方式。

（3）公仆式的领导方式。它是由罗伯特·K·格林里夫（Robert K.Greenleaf，1904—1990）在 1970 年提出的一种存在于实践中的无私的领导哲学。采用此类领导方式的领导者以身作则，乐意转换角色，以服务来领导；领导的结果也是为了延展其服务功能。服务型领导方式鼓励合作、信任、先见、聆听以及权力的道德用途。

（4）第五级领导方式。处于顶部的是第五级：执行官级；处于第四级的是高效的领导者；处于第三级的是能干的经理；处于第二级的是具有奉献精神的团队成员；处于第一级的是高素质的员工：用才智、知识、技能以及良好的工作习惯为公司创造价值。

8.6.2 领导方法

1. 领导方法的概念

领导方法，就是领导者为达到一定领导目标，按照领导活动的规律采取的领导手段。

2. 领导方式与领导方法的区别

领导方式与领导方法的区别在于领导方法灵活多变，领导方式却相对稳定；领导方法面对的是人，领导方式面对的是事。

3. 领导方法的类型

领导方法虽然很多，但可归纳为基本的领导方法和专门的领导方法两大类。

（1）基本的领导方法主要有：调查研究法、群众路线的方法、科学分析的方法。

（2）专门的领导方法主要有：软硬领导法、会议领导法、危机领导法、运筹领导法、目标领导法。

8.6.3 领导方式与方法的运用

1. 领导者如何授权

（1）授权的概念。授权是领导者通过与下属和员工共享相关信息，并让其控制影响员工工作绩效的因素，来给员工和下属提供更多自主权的过程。它的重点在于所做的是给予人们在相关的决策上以更大的影响，从而创造条件培育首创性和自我决定。实际上授权意味着分派职责、授予权力、产生义务。

（2）授权的三个基本要求。愿景：预期未来清晰的心理图景；资源：实现愿景需要的各种工具——包括知识技能、人力支持、设备和资金；权威：赋予下属进行决策的正式权力——名义上所说的授权。

（3）授权的优势。更强的任务支持；在实现角色任务中有更大的首创性；在面临障碍和暂时的退却时有更大的坚忍；更多的创新和学习；对工作的结果更加乐观；更高的工作满意度和更强的组织忠诚。

（4）授权可能产生的弊端。高的选择和训练成本；熟练雇员的更高的工资成本；不稳定的服务质量；一些雇员的大量的浪费和很差的决策；可能削弱中层管理者的权力而受到中层管理者的反对；唤起的雇员期望超过了领导者的所愿意的给予，从而带来的冲突。

2. 领导方法的运用

领导方法的运用如图 8-5 所示。

（1）如何构建和领导团队。团队的类型；识别卓越团队的品质；团队的构建；对团队进行有效领导。

（2）如何构建学习型组织。明确学习型组织的基本意义；学习型组织的基本模型；学习型组织的真谛——活出生命的意义；理解影响组织学习的几大智障；创立学习型组织的基本切入点；认识领导者在建立学习型组织中的基本责任；创建学习型组织的六个行为准则。

（3）如何推动和领导变革。组织变革是组织为适应内外环境及条件的变化，对组织的目标、结构及组成要素等适时而有效地进行各种调整和修正，它是组织保持活力的一种重要手段。组织变革涉及内部变革与外部变革结合起来的组织变革，内部变革涉及人们的价值观、追求与行为，外部变革包括程序、战略、实践与体系的变革。

1）建立正确的变革观。变革需要全员参与；变革建立在对于人性的了解上；变革最根本的问题就是改变人们的行为；真正的变革要从领导者的内心和思想开始；变革需要充分授权。

2）认识变革中的主要障碍。对变革带来的好处缺乏信任；对变革的成功缺乏信心；高的成本投入；对丧失权利的恐惧；害怕失败；价值理念的冲突；对失去自主权的憎恶。

图 8-5 领导方法的运用

8.7 案例分析

案例 1 领导行为——克罗克的“走动管理”

麦当劳快餐店的创始人是克罗克，他不喜欢坐在办公室里，大部分的工作时间都用在走动管理上，即到下属各公司、部门走走、看看、听听、问问。麦当劳公司曾有一段时间面临严重亏损的危机，克罗克发现其中一个重要原因是公司各职能部门经理有严重的官僚主义，习惯躺在舒适的椅背上指手画脚、抽烟和闲聊。于是，克罗克想出一个奇招，将所有经理椅子的靠背锯掉，开始很多人说克罗克是一个疯子，但不久大家开始悟出他的一番“苦心”，他们纷纷走出办公室，深入基层，开展“走动管理”及时了解情况，现场解决问题，终于使公司扭亏为盈。

案例启示：

（1）克罗克成功地应用改进领导作风的方法取得管理上的成功。

（2）领导活动实践是不断变化的，原有的领导作风变得与环境不相适应，反之，领导作风本身也会因各种原因而发生变化而与领导活动实践不相适应。所以，领导者只有经常地、积极主动地培养优良的领导作风，坚决、及时、不断地纠正各种不正之风。领导者应投身实践、从严要求、从我做起，改革创新、开拓进取、脚踏实地，真抓实干，反对官僚主义和形式主义，深入实际，具体指导。

（3）克罗克以身作则，带动管理干部，运用走动管理打击官僚主义，及时了解情况，现场解决问题。

案例 2 领导艺术——纽约州长疫情讲话

纽约州从 2020 年 3 月 2 日在纽约市郊区发现第一例社区传染病例之后，在不到一个月的时间里，总确诊病例急速蹿升至数万例，几乎占全国总数的一半。公共卫生健康专家认为纽约州疫情之所以如此严重，主要归于两个原因：一是纽约市的高人口密度和人口总数，二是纽约州的高测试率。

从人口密度角度看，根据 2010 年的全国人口普查，纽约市的人口密度每平方千米超过一万人，超过芝加哥和费城两倍，超过洛杉矶三倍。和纽约相比，北京市和武汉市的人口密度都只有每平方千米一千多人。纽约市的高人口密度无疑极大地增加了病毒在人群中传播的风险。

从测试角度看，虽然美国全国整体水平落后于韩国、德国等其他国家，但是纽约州在大力扩展测试范围方面明显领先于其他各州。从疫情爆发伊始，纽约州长就发动专门力量提高医院和实验中心的测试能力，并且在人口密度最高的地区设立免下车测试点。到 2020 年 3 月 13 日，纽约州 28 个公立和私营实验室经药监局授权开始在全州进行新冠病毒测试，成为全美第一州。

面对确诊病例急速上升给公众带来的极度恐惧，以及居家隔离措施给公众带来的困扰，纽约州长两分半钟的讲话片段充分体现了三个 C。

（1）Connect：州长讲到不能和女儿见面给他带来的痛苦和恐惧，告诉人们他理解他们所感受的痛苦、不安、恐惧和压力，因为他自己也正亲身经历着同样的感受。

（2）Communicate：州长一方面向公众坦诚描述可能出现的糟糕局面，另一方面又向公众强调无论现在的情况有多可怕，但终究只会是短期的和暂时的。

（3）Command：州长以全州行政首脑的身份，呼吁公众在最艰难的时刻，释放出更多的善良、爱心、理解和合作精神。

案例启示：公众的情感共鸣和信任，是领导者软实力的体现，而软实力则是决策执行度的重要保证。如果软实力不足，就不得不大量借助强制力。任何领导者只要具有权利优势，使用强制力就并非难事，不大需要高超的领导艺术。强制力也确实是实施执行领导决策的工具之一，但是如果过于滥用，不但做事效果事倍功半，更糟糕的是还可能会为危机之后埋下后患。

第9章

创 新 管 理

本 章 导 读

目前，国有企业治理机制需要进一步完善，经营效率需要进一步提高，“十四五”期间深化国有企业改革意义重大、任务艰巨。对企业来讲，管理人员决定着企业的发展方向，创新管理显得尤为重要。为实现战略目标的需要，加快发展速度，增强企业核心竞争力以及解决内部管理瓶颈问题，必须通过创新管理提升核心竞争力。本章全面梳理创新管理的基本理念、创新方法的概念、创新方法与创新思维的关系，对主要的创新原理进行了概括，并对精益生产创新管理方法、六西格玛（6σ）创新管理方法、TRIZ创新管理方法等具体创新技法进行了详细的介绍。同时，对于创新方法在管理中的应用也进行全面的总结。以提升电网企业管理人员的创新能力，旨在引导电网企业管理人员树立创新思维，掌握创新管理的相关知识、常用的创新方法和工具。

本章思维导图如图9-1所示。

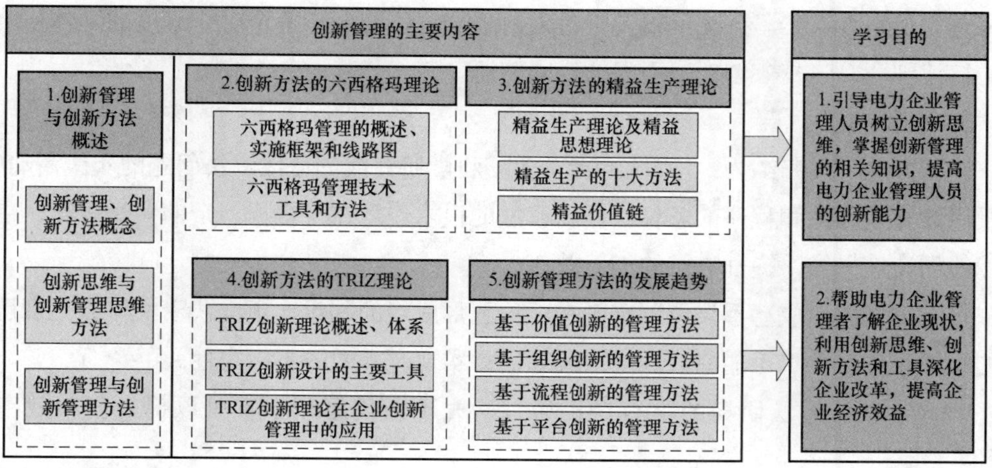

图9-1　创新管理思维导图

9.1 创新管理与创新方法概述

9.1.1 创新管理相关概念

1. 创新的概念

“创新”起源于拉丁语，其概念具有三层递进含义：一是“更新”；二是“创造”；三是“改变”。

最早提出“创新”概念的是美籍经济学家熊彼特。他认为，“创新”是生产要素的重新组合，建立一种新的“创新生产函数”，把一种从未进行组合的生产要素和生产条件进行重新组合，引入生产体系中去，以实现对生产要素或生产条件的“新组合”。他提出了“创新”包含的四种情况：引入新产品、引入新的生产方法、开辟新市场、获得新的供应来源。

熊彼特有关的创新概念不仅包含技术创新，还包含组织创新或制度创新。本书选择熊彼特的创新概念作为对创新的理解。

2. 创新管理

创新管理应实行“全面创新管理”的思想。其内涵是：以价值增加为目标，以培育和增强核心能力、提高核心竞争力为中心，以战略为导向，以各创新要素（如技术、组织、市场、战略、管理、文化、制度等）的协同创新为手段，通过有效的创新管理机制、方法和工具，力求做到人人创新、事事创新、时时创新、处处创新。它具体包括 3 个层次的含义：一是涉及以技术创新为中心的企业各创新要素的全方位创新；二是企业各部门和全体员工人人参与创新，以及全时创新、全价值链创新等全时空维度的立体化全方位的持续创新；三是各创新要素间的协同创新。

3. 创新方法

创新方法可以归纳为：人们在创造发明、科学研究或创造性解决问题的实践活动中，所采用的有效方法和程序的总称。创新方法的根本作用在于根据一定的科学规律，启发人们的创造性思维，提升人们的创新效率。

首先，创新的成功不仅要突破既有的传统形成新的创意，更取决于如何充分利用已有的知识和技术，尽可能降低创意形成和创意实现过程中的不确定性。

其次，创新方法研究的重点在于通过研究不断挖掘和丰富可以提升创新效率的途径。

对创新方法的研究可以使人们尽可能地明确进行技术与管理创新过程中所需要的条件，辨别不同的方法在不同创新环境下的适用性，从而尽可能地避免创新过程中的盲目性。

9.1.2 创新思维与创新管理思维方法

1. 创新思维是创新力发挥的前提

创新思维是改变常规思路，利用全新的方法和独特的解释来寻求问题答案的思维过程。科学研究能够取得突破性、革命性的进展，其实现的先决条件就是创新思维。创新思维不仅是一切科学研究和技术发展的起点，而且是创新的灵魂，贯穿于科学研究和技术发展的全过程。每个人都具有创新思维，但受限于传统思维和权威教育，人们所具备的创新思维并没有发挥应有的创新力。创新思维是可以训练的，创新思维训练可以提高创新效率。在这个意义上，我们说是否具备一定的创新思维往往是决定创新成败的关键，因此，创新的起点就是作为具有主观能动性的、进行自然科学和社会科学探索的人类首先需要具备正确的创新思维。

2. 创新思维的两种基本思维形式

创新思维存在逻辑思维与非逻辑思维两种基本思维形式。

逻辑思维（logical thinking）是创新思维的前提条件。是人们在认识过程中借助概念、判断、推理等思维形式反映客观现实的理性认识过程，逻辑思维又称理论思维。只有经过逻辑思维，人们才能达到对具体对象本质规律的把握，进而认识客观世界。它是人的认识的高级阶段，即理性认识阶段。

非逻辑思维（non-logic thinking）是指逻辑思维不包含而又在逻辑思维过程中发生作用的各种非逻辑因素的作用过程。例如个体的思维过程中的情感、意象、形象、灵感等。非逻辑思维在选择创新目标、构思方案、开辟解决问题的途径等方面起着不可估量的作用。在创新性活动中也发挥着巨大的作用，思维最活跃、最独特的个体最容易获得成功。

3. 创新管理的思维方法

（1）创新管理的发散思维方法。创新管理的发散思维（或辐射思维）方法，是指管理者以管理工作某个现实问题为出发点，利用已有的经验和知识，通过联想、比较、综合等形式寻求各种解决方案的一种思维方法。其中由“一”到“多”的思考过程是创新管理发散思维的精华。

（2）创新管理的系统思维方法。创新管理的系统思维方法，是指创新管理者将工作对象视为一个有机整体——系统，在分析该系统中要素与要素、要素与系统整体、系统整体与外部环境相互关系的基础上全面把握对象并寻求管理工作中某个现实问题的解决方案的一种思维方法。

（3）创新管理的逆向思维方法。创新管理的逆向思维方法，是指创新管理者逆常规思考方向寻求某个现实问题解决方案的一种思维方法，也就是从总—分—总的方向思考问题。逆向思维方法就是倒过来去想问题，回过头来进行思考。

（4）创新管理的侧向思维方法。创新管理的侧向思维方法，是指创新管理者借鉴其他领域的事物或知识，寻求管理工作某个现实问题解决方案的一种思维方法。

（5）创新管理的联想思维方法。联想思维方法是指人们在头脑中将一种事物的形象与另一种事物的形象联系起来，探索它们之间共同的或类似的规律，从而解决问题的思维方法。联想思维的形式主要有相似联想、接近联想、对比联想、连锁联想和飞越联想五种。

9.1.3 创新管理原理基本含义

创新管理原理，就是人们根据创新性思维的发展规律和创新性行为的实施特点，总结出并用以指导发明创新活动的，带有普遍意义的道理。它是创新管理方法得以产生和发展的基础。如今，人们已深刻体会到创新活动具有认识世界和改造世界的功能。原理对路、方法得当，创新活动就能得心应手、事半功倍，否则就会劳心费力、事倍功半，难以收到除旧创新、开拓进取的效果。从本质上看，创新原理体现了创新思维在发明创新活动中的能动性和实用性，也反映了创新性思维在发明创新实践中的方向性和规律性。目前在我国创新学界内，对应创新性思维的不同形式，已归纳出 10 种创新原理，即：组合原理、综合原理、分解原理、还原原理、移植原理、换元原理、迂回原理、逆反原理、强化原理和群体原理。每一种创新原理，都反映出一种创新性思维的方向，从根本上为各种创新管理技法提供了理论依据，说明了形形色色的发明创新管理技法为什么是有效的和合理的，是人们进行具体发明创新活动的出发点。

9.1.4 目前国内外主要的创新管理方法

1. 六西格玛创新管理方法

六西格玛是一种改善企业质量流程管理的技术，以零缺陷的完美商业追求，带动质量成本的大幅度降低，最终实现财务成效的提升与企业竞争力的突破。

2. TRIZ 创新管理方法

TR1Z 创新管理方法是苏联发明家根里奇•阿奇舒勒等的研究成果。在创新管理的理论研究与实践应用中，具有鲜明的特色和作用。我们对其进行初步的总结和归纳。

（1）TRIZ 的技术进化法则为创新管理提供了创新的战略性和方向性。TRIZ 的技术系统的八大进化法则如下：

1）技术系统的 S 曲线进化法则；

2）提高理想度法则；

3）子系统的不均衡进化法则；

4）动态性和可控性进化法则；

5）增加集成度再进行简化法则；

6）子系统协调性进化法则；

7）向微观级和增加场应用的进化法则；

8）减少人工介入的进化法则。

（2）TRIZ 的发明分类方法提出创新管理的知识供给性与供给区域。TRIZ 理论中，阿奇舒勒把发明按照创新程度从低到高依次划分为以下五个等级。

第一级是最小型发明问题，是指在本领域范围内的正常的设计，在产品的单独组件中进行少量的变更，不影响产品系统的整体结构的情况，属于小改革。

第二级是小型发明问题，是指在解决一个技术问题时，对现有系统中的某一个组件进行改进。

第三级是中型发明问题，是指对产品系统中几个组件进行改进，其中大概要有上百个变量加以改善，它需利用领域外的知识，但不需要借鉴其他学科的知识。

第四级是大型发明问题，是指必须采用全新的原理创造新的事物，它一般需引用新的科学知识而非利用科技信息。

第五级发明问题是最高级的特大型发明，是指利用最新的科学原理，发明一种全新的系统或者产品。

（3）TRIZ 理论有效地助推创新管理。关于 TRIZ 创新管理方法应用于创新管理的基本思路，主要有三点。

第一点，明确管理对象系统的基本特征。在实践中概括出管理问题求解过程中所应用的技术参数和创新原理，用 TRIZ 理论指导实际的管理问题求解过程。

第二点，需要制定针对管理对象系统特征的对策。建立相应的冲突矩阵，明确冲突关系。对不同的系统冲突区别对待。

第三点，需要建立应用 TRIZ 理论解决管理问题的模式。根据组织系统以及组织管理问题的演化趋势，预测下一时期要解决的主要管理问题并解决问题。

9.2 创新方法的六西格玛理论

9.2.1 六西格玛管理概述

1. 六西格玛的起源和概念

六西格玛作为品质管理概念，最早由摩托罗拉公司的比尔·史密斯于 1986 年提出。六西格玛管理是把所有的过程以量化的方式来评价，设定质量改进活动的优先顺序，并据此进行有效的过程管理。

2. 六西格玛管理特征

（1）以顾客为关注焦点的管理理念。六西格玛管理关注顾客的需求，通过提高顾客满意度来占领市场、开拓市场，从而提高企业的效益。

（2）基于数据和事实的管理。六西格玛管理高度重视数据，强调“用数据说话”“依据数据进行决策”“改进一个过程所需要的所有信息，都包含在数据中”。

（3）以项目为驱动力的管理方法。六西格玛管理方法的实施是以项目为基本单元，通过一个个项目的实施来实现的。

（4）实现对产品和流程质量的突破性改进。西格玛项目通过突破性改进使产品质量得到显著提高，或者使流程得到改造，从而使企业获得显著的经济利益。

（5）强调管理队伍的建设。六西格玛管理对不同层次的骨干进行严格的培训及资格认证，并将他们作为六西格玛管理实施的管理者和执行者。

（6）无界限的合作。公司部门之间以及上下级之间往往存在沟通的障碍，六西格玛管理提倡消除这些隔阂和内部部门之间的竞争。

3. 六西格玛管理组织架构

（1）六西格玛管理委员会。六西格玛管理委员会是公司实施六西格玛管理的最高领导机构，该委员会主要由公司的领导担任成员。

（2）执行负责人。六西格玛管理的执行负责人是对改进项目全面监控的高层管理者。这是一个至关重要的岗位，需要具有较强平衡协调能力的人才能胜任。

（3）黑带。黑带来自20世纪90年代的摩托罗拉公司，用来指代那些在统计、技术产品或流程改造方面具有特殊专长的人。黑带是六西格玛变革的中坚力量，领导项目小组实施流程变革，同时负责培训绿带。

（4）黑带大师。黑带大师是六西格玛管理专家的最高级别，一般由统计方面的专家担任，负责六西格玛管理中技术方面的指导和咨询。

（5）绿带。绿带通常是接受过六西格玛培训的项目小组负责人或成员。其作用是将六西格玛的新概念和新工具带到企业的日常工作中去。

4. 六西格玛管理的作用

实施六西格玛管理的作用可归纳为以下四个方面：

（1）解决困扰公司的重要而复杂的难题，降低不良质量成本。

（2）建立持续改进和创新的企业文化，消除沟通壁垒。

（3）全面提升公司的核心竞争力和经营管理成熟度。

1）提高顾客满意度，留住顾客，增加市场份额；

2）减少缺陷错误，降低风险和成本；

3）改进产品及服务，使企业获得持续的成功；

4）加快改进的速度。

（4）培养下一代领导者，促进员工职业发展。

5. 六西格玛管理的创新之处

第一，六西格玛管理是一种新的管理模式，融合了许多现代管理理念，如以顾客为中心、持续改进、基于事实和数据的分析、并行工程、群策群力、加速变革等。

第二，六西格玛管理实现了现代管理技术和方法的有效集成。在产品和过程设计方面，综合了并行质量工程、稳健性设计技术、现代设计方法学等，总结出了面向六西格玛设计的流程。

9.2.2 六西格玛管理的实施框架和路线图

1. 六西格玛管理的实施框架

六西格玛管理的实施框架包括五项要素。如图 9-2 所示。

（1）高层管理者的承诺。在公司采用六西格玛是需要高层管理者决定的战略决策。

（2）有关各方的参与。有关各方指的是与六西格玛项目有关的顾客、员工、供应商等。

（3）培训方案。六西格玛包括一整套基于关注顾客、波动、过程性能、设计、改进方法、改进工具等的方案推行和变革管理的综合知识。

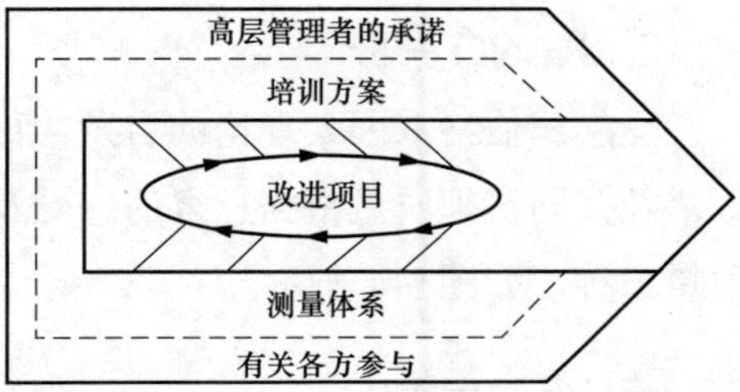

图 9-2　六西格玛管理的实施框架

（4）测量体系。每一个六西格玛实施方案都应当有一个测量体系对企业的关键质量特性进行有效测度。

（5）改进项目。改进项目是六西格玛实施框架的核心，六西格玛的全部核心活动就是产生、优化、执行和跟踪改进项目。

2. 六西格玛管理的实施路线图

六西格玛管理作为一种质量尺度和追求的目标，包含一套科学的工具和管理方法，其丰富的内容给实施它的企业带来一定的困难。因此，实施六西格玛管理应当遵循科学的步骤，才能取得良好的效果。一般而言，六西格玛管理的实施路线如图 9-3 所示。

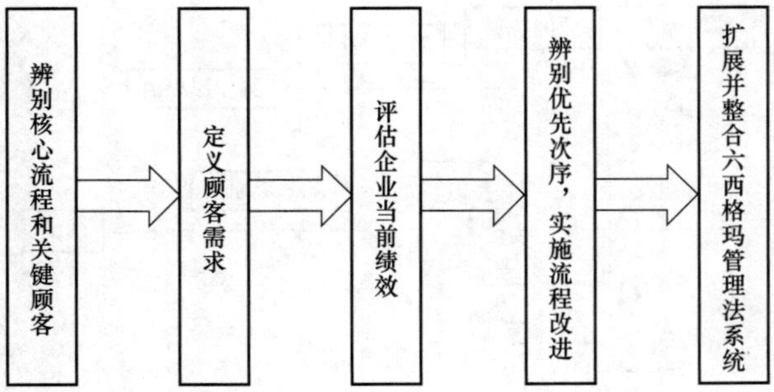

图 9-3　六西格玛管理的实施路线

9.2.3　六西格玛管理的技术工具和方法

1. SIPOC

质量管理大师戴明认为：任何一个组织都是一个由供应者（supplier）、输入（input）、流程（process）、输出（output）和顾客（customer）这样相互关联、互动的五个部分组成的系统。这五个部分的英文单词的首字母就组成SIPOC，因而称之为SIPOC组织系统模型。该模型作用有：用以界定业务过程和范围，展示出一组跨越职能部门界限的活动；明确各个职能部门之间的相互作用的关系，有助于保持“全景”视角；针对每一个业务过程，可以实行标准化管理。

2. KANO 分析

受赫茨伯格双因素理论的启发，日本质量管理专家卡洛发明了一种质量分析技术，卡洛及其同事把质量根据顾客的感受及满足需求的程度分成必备质量、期望质量和魅力质量三种，如图9-4所示。

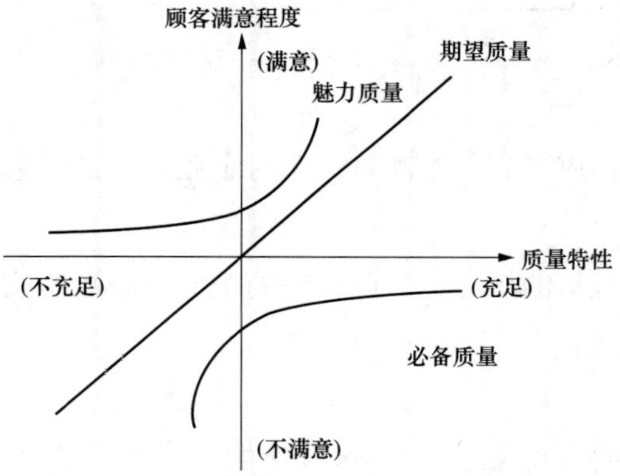

图9-4　KANO质量特性分析示意

由图9-4可以看出，期望质量和顾客满意度之间呈线性正相关关系，必备质量和魅力质量与顾客满意度之间呈非线性相关关系。对于企业而言，必须充分保证必备质量，不断改进期望质量，努力追求魅力质量。

3. 因果图

因果图（见图9-5）又称鱼骨图，是由日本管理大师石川馨先生发明的，所以又叫石川图。因果图是一种分析产品或过程产生问题原因的一种简单易行的方法，主要用于分析质量特性与影响质量特性的可能原因之间的因果关系，试图通过把握现状、分析原因、寻找措施来促进问题的解决。

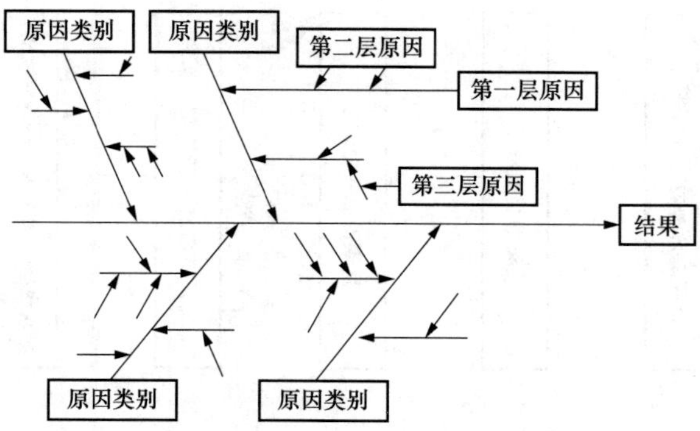

图9-5　因果图

4. 帕累托图

帕累托图又叫排列图、主次图，是将质量改进项目从最重要到最次要进行排列而采用的一种简单图示技术。帕累托图由一个横坐标、两个纵坐标、若干个按高低顺序排列的直方图和一条累计百分比折线组成，如图9-6所示。

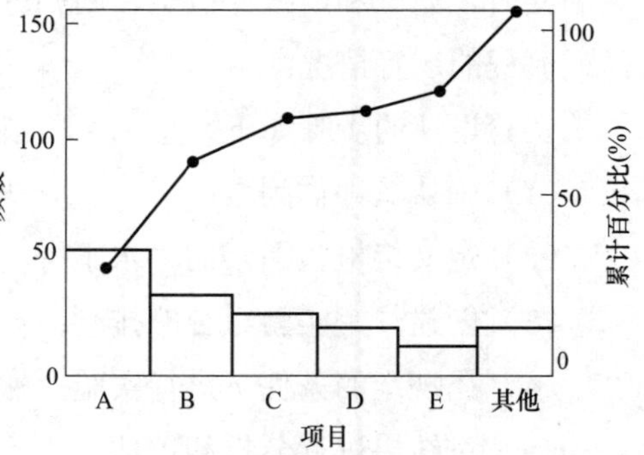

图 9-6 帕累托图

5. 相关和回归分析

相关分析和回归分析构成了分析两个以上因素之间相互关系的工具组合，相关分析用来确定两个以上因素之间是否存在关系、存在什么样的关系、关系的强度如何；而回归分析则可以进一步确定自变量（x）和因变量（y）之间关系的密切程度，以及预测某一个因素的变化对另一个的影响。

6. 失效模式和影响分析（FMEA）

失效模式和影响分析（failure mode and effect analysis，FMEA）是用于分析系统中每一产品所有可能产生的故障模式及其对系统造成的所有可能影响，并按每一个故障模式的严重程度、检测难易程度以及发生频度予以分类的一种归纳分析方法。

FMEA 通过采取事先预防的措施，而不是事后矫正，这样可以降低产品系统设计及流程实施中的风险，避免或减少损失。

7. 亲和图法（KJ 法）

亲和图法又称 KJ 法或 A 型图解法（Affinity Diagram），是由日本学者川喜田二郎（Kawakita Jiro）于 1979 年前后研究并加以推广的质量管理方法。其核心是头脑风暴，是将收集到的资料和信息，根据它们之间的相近性进行分类综合分析的一种方法，通常使用卡片记录信息，所以又叫卡片法，如图 9-7 所示。

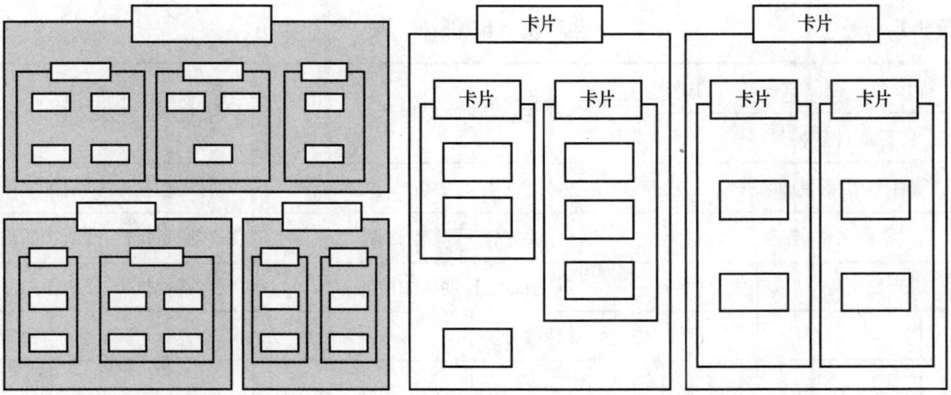

图 9-7 亲和图示例

8. 实验设计

实验设计（Design of Experiments，DOE）是一种用于控制过程输入以便更好地理解对过程输出影响的实验技术。实验设计用于检验和优化某一流程、产品、服务或解决方案的绩效，充分利用统计检验、回归分析等分析技术来帮助我们了解不同条件下某种产品或流程的运行情况。

实验设计的步骤如下：

（1）确认待评估因素；

（2）定义待检验因素的“水平”；

（3）创建一个实验组合的排列；

（4）在规定的条件下进行实验；

（5）对结果进行分析和评估。

9. 控制图

控制图（Control Chart，CC）（见图 9-8）又称管制图，是对过程质量特性进行测定、记录、评估，进而监察过程是否处于控制状态的一种图形方法。它是六西格玛管理的一种重要手段和工具。

控制图由休哈特博士最先提出并使用，用于控制不合格品率，所以基本型的控制图又称休哈特控制图。

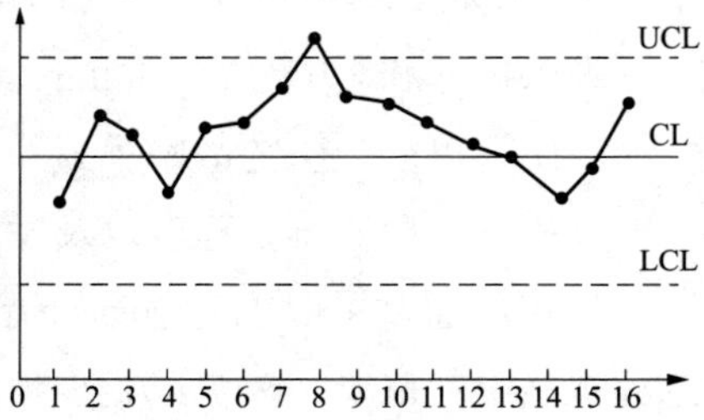

图 9-8　控制图示例

10. 控制计划

控制计划（Control Plan，CP）是一个描述过程中应监控的点及控制方法的文件，这个文件中一般应包括对过程步骤的简单描述、监测的指标、指标应控制的理想范围和方法、出现问题时应采取的措施。

基本的控制计划如表 9-1 所示。

表 9-1　　控 制 计 划 样 表

样件		试生产		生产		主要联系人/电话			日期（编制）		日期（修订）	
控制计划编号												
零件号/最新更改水平						核心小组			顾客工程批准/日期（如需要）			
零件名称/描述						供方/工厂批准/日期			顾客质量批准/日期（如需要）			
供方/工厂			供方代码			其他批准/日期（如需要）			顾客其他批准/日期（如需要）			
			特性			特殊特性分类	方法					反应计划
零件号/编号	过程名称操作描述	生产设备	编号	产品	过程		产品过程/规范/公差	评价/测量技术	样本		控制方法	
									容量	频率		

9.3 创新方法的精益生产理论

9.3.1 精益生产理论概述

1985年，著名国际管理专家丹尼尔•T•琼斯（Daniel T.Jones）组织了50多位专家用了5年时间对17个国家的90家汽车制造企业进行了分析比较后，发表了著名的报告——“改变世界的机器（The Machine That Changed The World）”。在该报告中专家们仔细分析了丰田公司的运作模式，就是备受推崇的“精益生产”模式，“精益生产”模式的运用成就了丰田的强大实力，也成就了日本经济的迅速崛起。

精益生产极大地降低了制造成本、缩短了开发和制造的周期、显著地增强了企业的竞争能力，精益思想的应用取得了飞跃性的发展，冲击和再造了近百年来人们习以为常的大规模成批处理和层级管理的观念，提高了人类各种社会活动的效率，节省了资源的消耗，改进了人们生产、生活的效率和质量，已经成为新一轮管理革命的指导思想。

9.3.2 精益生产理论及精益思想理论

1. 精益生产理论

精益生产是一种在整个企业范围内以降低所有生产活动中各种资源（包括时间）的消耗，并使之最小化的生产哲学。它要求在设计、生产、供应链管理以及客户关系等各个方面，发现并排除所有的非增值行为。简言之，精益生产就是消除浪费、降低成本的准时生产。

丰田汽车公司原社长张富士夫先生是继大野耐一之后积极推行丰田生产方式的管理者。他把丰田生产方式的体系架构概括为“丰田屋”，如图9-9所示。屋顶是追求最佳品质、最低成本、最佳安全、最高员工士气等目标；房屋的两大支柱是准时生产和自动化；房屋的里面是人员与团队、进行持续的改进以消除浪费；房屋的基础是丰田模式理念、目视管理、标准作业和生产均衡化。精益生产要求充分发挥人的主观能动性，通过持续改进，采用自动化和准时化等方法，消除制造中的各种浪费，降低成本，实现利润最大化。

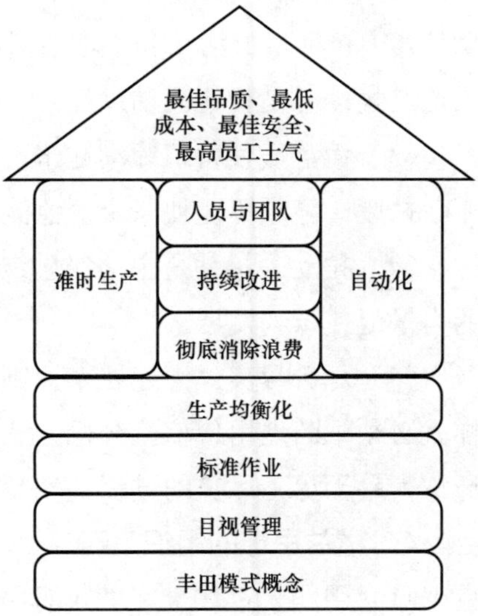

图9-9 丰田屋

2．精益生产的特征

（1）以用户为“上帝”。产品面向用户，与用户保持密切联系，将用户纳入产品开发过程，以多变的产品、尽可能短的交货期来满足用户的需求，真正体现用户是“上帝”的精神。

（2）以“人”为中心。人是企业一切活动的主体，应以人为中心，大力推行独立自主的小组化工作方式。充分发挥一线职工的积极性和创造性，使一线工人真正成为“零缺陷”生产的主力军。

（3）以“精简”为手段。在组织机构方面实行精简化，去掉一切多余的环节和人员。实现纵向减少层次，横向打破部门壁垒，将层次细分，将管理模式转化为分布式平行网络的管理结构。

（4）Team Work 和并行设计。精益生产强调 Team Work 工作方式进行产品的并行设计。Team Work（综合工作组）是指由企业各部门专业人员组成的多功能设计组，对产品的开发和生产具有很强的指导和集成能力。

（5）准时制供货方式。准时制工作方式可以保证最小的库存和最少在制品数。为了实现这种供货方式，应与供货商建立起良好的合作关系，相互信任，相互支持。

（6）“零缺陷”工作目标。精益生产所追求的目标不是“尽可能好一些”，而是“零缺陷”，即最低的成本、最好的质量、无废品、零库存与产品的多样性。

3．精益思想的五大核心

（1）价值。价值是精益思想的根本出发点。企业制造的产品价值是由客户来决定的。

（2）识别价值流。价值流指的是产品或者服务从原材料到客户手中所经历的一切活动（其中包括增值活动和不增值活动）。这些活动主要有三个过程：一是设计过程；二是制造过程；三是物料流动过程。

（3）流动。使价值流动起来，一是明确过程流动目标；二是打破界限；三是清除回流、报废、停顿等，使三个价值流连续流动起来。

（4）拉动。拉动是主动的思维方式，是为达成目的而采取的积极行动，是一种内在的力量促使事物发展。

（5）尽善尽美。上述四个原则相互作用，其结果必然是价值流动速度显著加快。这样就必须不断地用价值流分析方法找出更隐藏的浪费，做进一步的改进，这样的良性循环称为趋于尽善尽美的过程。

4．精益思想的组织策略

（1）用团队替代金字塔式的层级组织。在精益组织里，为满足客户需求而组成的综合各个专业人员的项目团队是企业完成所有过程的基本单位。通过发挥团队的主动性，企业将改变原先等级森严的金字塔式的结构。

（2）对员工的信任与关怀。企业按照整个价值链的结构和顺序进行重构，每一个员工按其工作角色分配到企业的价值链结构中去，然后赋予员工与其岗位职责相对应的决策权。

（3）组织间的合作与协同。精益思想组织供应商和客户有可能尽早地了解适时地参与企业的产品/过程/项目，结果精益企业与供应商的关系成为协同与合作的新型伙伴关系，共同为减少整个价值流的浪费而努力。

（4）精益的企业文化。在企业过程观的指导下，精益企业形成体现新的人际关系、组织间关系和员工责任感的新型的文化氛围-这些新的企业文化成为企业在竞争中取胜的精神力量和法宝。

9.3.3 精益生产的十大方法

1. 面向产品族的“制造单元”

制造单元是以柔性设备为核心的若干台设备的组合，将这些设备按照每一个产品“族”相类同的工艺顺序排列，在制造单元内完成制造这些产品/零件族的全部过程。

2. 柔性化的设备

实现精益制造的设备是便于更换或调整的柔性化设备。在柔性设备上，更换产品只需要很少的时间，以至于可以大大地降低所谓“经济规模”的阈值。

3. 一人多工序的标准作业

利用精益生产的方法，改变传统大而长的高产能生产线为小而短的细胞生产线，弹性安排生产，实现少人化作业。

4. 确保设备运转的 TPM

TPM（Total Productive Maintenance，全面生产维修）是消除停机时间最有力的措施。包括例行维修、预测性维修、预防性维修和立即维修四种基本维修方式。

5. 5S 管理

5S 即整理、整顿、清扫、清洁和素养。5S 管理是企业推行精益生产、提高产品质量、提升企业生产效率的一种较为实用的现场管理方法，近年来国内外大型制造企业在实施现代化现场管理方式时普遍采用这一管理模式。

6. 均衡化生产

均衡化生产是指企业各个生产环节按计划生产，完成等量的工作量，从而保证生产按照产品、质量、数量和时限能够均衡地完成。

7. 全面质量管理

最早提出全面质量管理的是费根堡姆，他给全面质量管理所下的“定义”是：为了能够在最经济的水平上，并考虑到充分满足顾客要求的条件下进行市场研究、设计、制造和售后服务，把企业内各部门的研制质量、维持质量和提高质量的活动构成为一体的一种有效的体系。

8. 看板拉动系统

看板管理是实施准时化原则的生产控制方法。看板可以粗略地理解为可视记录或卡片。简单地理解就是一种信号，表示那一种物料已经用完，需要补充，做看板显示要做的事。

9. 识别和消除七种浪费

（1）Defect——不合格品的浪费；

（2）Over-Manufacturing——过量生产的浪费；

（3）Waiting——等待的浪费；

（4）Transportation——搬运的浪费；

（5）Inventory——库存的浪费；

（6）Motion——动作的浪费；

（7）Extra Processing——过量加工的浪费。

10. 现场防错法

质量和稳定是精益生产环境的基本。防错是为了强化操作的程序和顺序，防止产品、机器的损坏以及人员受到伤害。

9.3.4 精益思想在管理价值中的应用——精益价值链

1. 精益物流与精益供应链

（1）精益物流。生产物流精益化管理主要从以下几方面进行解决：

1）一切生产都要以市场和客户的需求为出发点，采用拉动式生产方式，没有需求就不生产，企业管理和运作的方式为拉动式；

2）企业要追求零库存目标；

3）实现零缺陷质量目标；

4）产品运输要准时和高效；

5）要以人为本。

（2）精益供应链。精益供应链（Lean Supply Chains）将从市场预测、产品设计、采购、存储、生产、运输直到顾客得到产品整个过程所必需的步骤和合作伙伴整合起来，快速响应顾客多变的需求，其核心是减少、消除企业中的浪费，用尽可能少的资源最大限度地满足客户需求。

2. 精益现场管理与精益质量管理

（1）精益现场管理。精益现场管理，即用科学的管理制度、标准和方法对生产现场各生产要素，包括人（工人和管理人员）、机（设备、工具、工位器具）、料（原材料）、法（加工、检测方法）、环（环境）、信（信息）等进行合理有效的计划、组织、协调、控制和检测，使其处于良好的结合状态，达到优质、高效、低耗、均衡、安全、文明生产的目的。

（2）精益质量管理。精益质量管理是以综合改善作业系统质量与效率为目标，吸收借鉴精益思想、全面质量管理、六西格玛管理及ISO 9000质量管理体系的优秀成果，并结合我国企业的实际情况而形成的。精益质量管理的主要内容包括以下几个方面。

1）员工职业化；

2）生产系统化；

3）工序标准化；

4）度量精细化；

5）持续改进化。

3. 精益化营销

精益化营销指企业要确立战略性营销思维，基于企业价值链对营销资源进行有效的整合、集约与经营，摒弃追求短期销量增长的营销模式，以提升营销的价值为核心，走营销的集约化成长模式，追求市场份额规模、市场份额质量、企业效益的同步增长，从而建立起企业长期的战略性盈利基础。精益营销是企业全面实施精益管理的重要环节，是精益理论思想在市场营销领域的创新性应用。

4. 精益思想在企业管理其他方面的应用

（1）精益人力资源管理。人力资源管理的精益模式就是："在需要的时候，得到所需要的人员。"

（2）精益组织结构。精益企业的生产组织机构和生产布局要求建立基于产品的生产单元、生产流程，使生产状况和问题一目了然。基于生产单元的制造过程应不断实现优化，以尽量减少时间和作业上的浪费。

（3）精益成本管理。

1）全员成本管理；

2）全过程成本管理；

3）全企业范围的成本管理；

4）全面综合运用现代管理方法和手段。

（4）精益服务。精益服务通过各方面的变革，使服务系统能很快适应用户需求的不断变化，并能使服务过程被精简。

9.4 创新方法的TRIZ理论

9.4.1 TRIZ创新理论概述

1. TRIZ的起源

20世纪50年代末，阿奇舒勒为全新的发明问题解决理论（TRIZ）奠定了基础。

TRIZ 通过揭示待改进技术系统的技术矛盾，可将含糊不清的发明问题情境转变为准确定义的发明问题。

在阿奇舒勒看来，解决发明问题过程中所运用的科学原理和法则是客观存在的，大量发明所面临的基本问题和矛盾（TRIZ 称之为技术矛盾和物理矛盾）也是相同的，同样的技术发明原理和相应的问题解决方案，在一次次的发明中被重复应用，只是被使用的技术领域不同而已。因此，将那些已有的知识进行提炼和重组，形成一套系统化的理论，就可以用来指导后来者的发明创造、创新和新产品开发。

2. TRIZ 的基本概念

TRIZ 的基本概念主要包含系统、技术系统、功能、矛盾等，现解释如下。

（1）系统与技术系统。“系统”一词源于古希腊语，是由部分构成整体的意思。技术系统是相互关联的组成成分的集合。同时，各组成成分有其各自的特性，而它们的组合具有与其组成成分不同的特性，用于完成特定的功能。

（2）功能。19 世纪 40 年代，美国通用电气公司的工程师迈尔斯首先提出功能的概念。广义的功能定义为：研究对象能够满足人们某种需要的一种属性。

（3）矛盾。TRIZ 中的技术问题可以定义为技术矛盾和物理矛盾。技术矛盾是指为了改善系统的一个参数，导致了另一个参数的恶化。物理矛盾是针对系统的某个参数，提出两种不同的要求。

3. TRIZ 创新理论的核心思想

（1）所有的工程系统服从相同的发展规则；

（2）像社会系统一样，工程系统可以通过解决冲突（conflicts）而得到发展；

（3）任何一个发明或创新的问题都可以表示为需求和不能（或不再能）满足这些需求的原型系统之间的冲突；

（4）为探索冲突问题的解决方案，有必要利用专业工程师尚不知道或不熟悉的物理或其他科学与工程的知识；

（5）存在评价每项发明创造的可靠判据；

（6）在大多数情况下，理论的寿命与机器的发展规律是一致的。因此，“试凑”法很难产生两种或两种以上的系统解。

9.4.2 TRIZ 创新理论体系

1. TRIZ 理论的基本架构

（1）创新思维方法与问题分析方法。TRIZ 理论中提供了如何系统分析问题的科学方法，如多屏幕法等。

（2）技术系统进化法则。针对技术系统进化演变规律，在大量专利分析的基础上，TRIZ 理论总结提炼出八个基本进化法则。

（3）物质—场分析法。应用物质—场分析方法，可以正确地描述产品或者技术系统的构成要素以及构成要素之间的相互联系，从而使技术人员能正确地理解系统问题的所在。

（4）创新原理。TRIZ 理论将不同发明创造遵循的共同的规律归纳成 40 个创新原理，针对具体的技术矛盾，可以基于这些创新原理，结合工程实际寻求具体的解决方案。

（5）发明问题的标准解法。针对具体问题的物质—场模型的不同特征，分别对应有标准的模型处理方法，包括模型的修整、转换、物质与场的添加等。

（6）发明问题的解决算法 ARIZ。发明问题的解决算法 ARIZ 主要针对问题情境复杂、矛盾及其相关部件不明确的技术系统。

（7）科学原理知识库。基于物理、化学、几何学等领域的数百万项发明专利的分析结果而构建的知识库可以为技术创新提供丰富的方案来源。

TRIZ 理论的主要组成部分如图 9-10 所示。

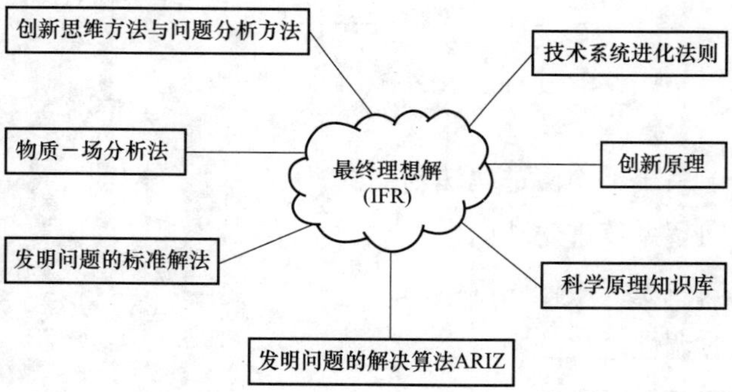

图 9-10 TRIZ 理论的主要组成部分

2. TRIZ 理论解决问题的一般流程

TR1Z 解决问题的一般流程（见图 9-11）是：首先将一个待解决的实际问题转化为问题模型；然后针对不同的问题模型，应用不同的 TRIZ 工具，得到解决方案模型；最后将这些解决方案模型应用到具体的问题之中，得到问题的解决方案。

9.4.3 TRIZ 创新设计的主要工具

1. 技术系统八大进化法则

技术系统进化法则的内容，主要体现了技术系统在实现其相应功能的过程中，技术系统改进和发展趋势。在经典 TRIZ 中，有八大类的技术系统进化法则。

（1）技术系统完备性法则；

（2）技术系统能量传递法则；

（3）技术系统动态性进化法则；

（4）技术系统提高理想度法则；

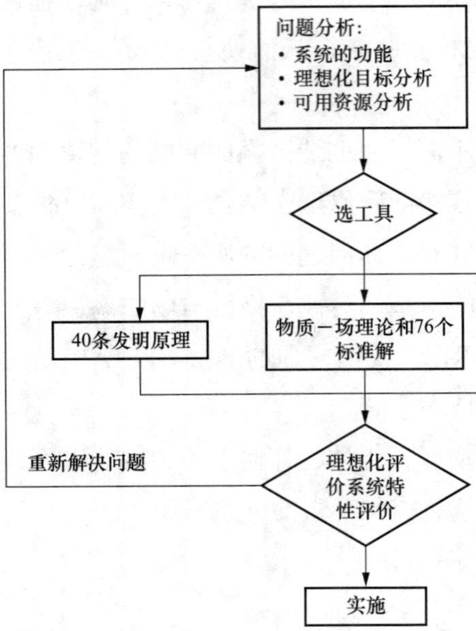

图 9-11　TRIZ 解决问题的一般流程

（5）技术系统子系统不均衡进化法则；

（6）技术系统向超系统进化法则；

（7）技术系统向微观级进化法则；

（8）技术系统协调性进化法则。

2. 技术矛盾与物理矛盾

（1）技术矛盾。如果技术系统中两个通用工程参数（特性、功能、子系统）间的矛盾呈现以下特征，即被称作技术矛盾——在某一子系统强化有用功能，引起另一子系统产生有害功能；在某一子系统消除有害功能，引起另一子系统有用功能的弱化；强化有用功能或减少有害功能，引起另一子系统或全体系统产生无法接受的并发症。

（2）物理矛盾。当一个技术系统的工程参数具有相反的需求时，就出现了物理矛盾。例如，要求系统的某个参数既要出现又不存在，或既要高又要低，或既要大又要小等。相对于技术矛盾，物理矛盾是一种更尖锐的矛盾，创新中需要加以解决。

（3）技术矛盾与物理矛盾的关系。二者关系如图 9-12 所示。

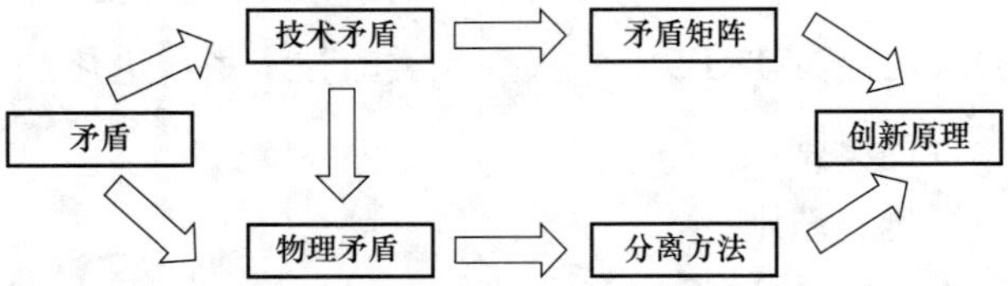

图 9-12　技术矛盾与物理矛盾的关系

3. 矛盾解决方案及流程

矛盾问题的解决方案大致分为三步。首先，将待解决的实际问题转化为通用问题模型；然后，根据实际情况利用 TRIZ 中相应的中间工具——矛盾矩阵，或者四种分离方法其中的一种，得到 TRIZ 的解决方案模型——发明原理。最后，根据发明原理，得到最终方案。

解决矛盾问题的流程如图 9-13 所示。

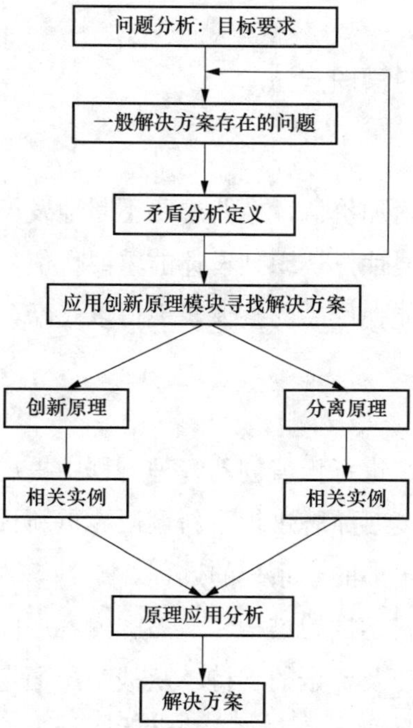

图 9-13 解决矛盾问题的流程

9.4.4 TRIZ 创新理论在企业创新管理中的应用

1. 目前 TRIZ 在应用中存在的问题

（1）理论研究的欠缺；

（2）难以形成自身良性循环；

（3）局限在机械等产业；

（4）长远利益与短期利益的两难抉择。

2. TRIZ 应用中问题的解决对策

（1）强化理论研究；

（2）尽可能多地培养 TRIZ 大师；

（3）学习欧美的经验；

（4）政府出资购买软件；

（5）普及 TRIZ 创新方法教育；

（6）科研成果的评定重视思维、方法类论文；

（7）政府加大科学方法类科研资金的投入；

（8）举办专题报告会，推进 TRIZ 理论传播。

9.5 创新管理方法的发展趋势

9.5.1 基于价值创新的管理方法

1. 设计创造价值

新的产品设计创造高的附加价值，企业想要不断地发展，提高自身品牌的影响力，必须要充分认识到设计的重要性，认识到设计的重要价值。只有以产品卓越的性能为基础，不断完善产品设计，才能使产品的整体表现得以飞跃，使产品的附加值和品牌力得以提高。

2. 品牌再造

品牌再造是近年来企业在进行价值创新管理过程中提出的新的理念，指在已有品牌的基础上，从品牌战略的高度对品牌进行重新调研、重新评估和重新定位，通过品牌创新，最终获得品牌的持久竞争力的一系列的过程。

品牌再造是复杂而具有科学性的过程。从品牌内容层面考虑，需要管理者拥有充分的市场数据、良好的执行技巧及资金的支持。从战略层面考虑，品牌再造既需要同之前的品牌形象保持一致，同时又要具备推动消费者购买行为的能量。另外，企业需保持品牌危机感，时刻关注品牌价值，不断推动品牌再造。

9.5.2 基于组织创新的管理方法

1. 组织创新的主要内容

（1）职能结构的变革与创新。要解决的主要问题包括：第一，走专业化的道路；第二，加强生产过程之前的薄弱环节，同时加强对信息、人力资源、资金与资本等重要生产要素的管理。

（2）管理体制（组织体制）的变革与创新。管理体制是指以集权和分权为中心，全面处理企业纵向各层次特别是企业与二级单位之间权责利关系的体系，亦称为企业组织体制。

（3）机构设置的变革与创新。考虑横向上每个层次应设置哪些部门，部门内部应设置哪些职务和岗位，怎样处理好它们之间的关系，以保证彼此间的配合协作。

（4）横向协调的变革与创新。有三个措施。第一，自我协调、工序服从制度。第二，主动协作、工作渗透的专业搭接制度。第三，对大量常规性管理业务，在总结先进经验的基础上制定制度标准，大力推行规范化管理制度。

（5）运行机制的变革与创新。建立企业内部的“价值链”，上下工序之间、服务与被服务的环节之间，用一定的价值形式联结起来，相互制约，力求降低成本、节约费用，最终提高企业的整体效益。

（6）跨企业组织联系的变革与创新。前面几项组织创新都属于企业内部组织结构及其运行方面的内容，除此之外，还要考虑企业外部相互之间的组织联系问题。重新调整企业与市场的边界，重新整合企业之间的优势资源，推进企业间组织联系的网络化，这是新世纪企业组织创新的一个重要方向。

2. 组织创新的主流模式

目前，我国企业组织创新的主流模式为战略先导型组织创新模式，此模式既符合我国经济转型时期的特点，又适应当前世界经济发展大趋势。

战略先导型组织创新模式又有两个具体的主导模式，一是业务流程重组，二是分权制。

（1）业务流程重组。业务流程重组是企业为达到组织关键业绩（如成本、质量、服务和速度）的巨大进步，而对业务流程进行的根本性再思考和再设计，其核心是业务流程的根本性创新，而非传统的渐进性变革。业务流程重组属于企业内源型的根本性组织创新。

（2）分权制。分权制组织是现代企业特别是大企业所普遍采取的一种组织结构形式，也是目前我国企业组织创新中的重要目标模式。提高企业的分权基础能力是我国企业取得分权制组织创新成功的关键所在。

3. 组织创新的维度划分

基于对组织创新内涵的理解，本文将企业组织创新要素定性归纳为结构、战略、制度、文化、流程、人员、学习、服务、市场、关系十个要素。

（1）关于战略和市场要素。在组织创新中可将这两个要素归纳为一体，视为组织创新中的战略导向型维度，即以战略为核心而进行的组织创新。

（2）关于结构和关系要素。结构和关系这两个组织要素视为结构导向型维度，即以结构为核心进行的组织创新。

（3）关于流程、制度和人员要素。在组织创新过程中，流程、制度与人员要素的变化均归结为制度导向型维度，即以制度为核心而进行的组织创新。

（4）关于文化、学习和服务要素。这三个要素在组织创新中归结为文化导向型组织创新，即以文化为核心而进行的组织创新。

4. 组织创新的管理方法

（1）跨文化管理。跨文化管理不等同于文化的同一化管理，而是在保持本土文化基础上的吸收精华，不断创新，建设既有自己特色，又充分吸纳外来优秀文化成果的管理模式。

（2）学习型组织。学习型组织是指通过培养弥漫于整个组织的学习气氛、充分发挥员工的创新性思维能力和主观能动性建立起来的一种有机的、高度柔性的、扁平的、符合人性的能持续发展的组织。这种组织具有持续学习的能力，具有高于个人绩效总和的综合绩效。

（3）扁平化管理。扁平化管理是指在决策层和操作层之间的中间管理层越少越好，扁平化管理可以使决策层的经营理念、决策意图很容易传达到操作层，基层员工的许多想法也可以很快传到决策层。它较好地解决了等级式管理层次重叠、冗员多、组织机构运转效率低下等弊端。

9.5.3　基于流程创新的管理方法

1. 业务流程重组

业务流程重组（business process reengineering，BPR）是当今企业和管理学界研究的热点。最早是由美国的迈克尔·哈默和詹姆斯·钱皮提出的：BPR是对企业的业务流程作根本性的思考和彻底重建，其目的是在成本、质量、服务和速度等方面取得显著的改善，使得企业能最大限度地适应以顾客（customer）、竞争（competition）、变化（change）为特征的现代企业经营环境。

2. 业务外包

业务外包指企业整合利用外部最优秀的专业化资源，从事企业非核心业务工作的一种模式。业务外包能够使企业达到降低成本、提高效率、充分发挥自身核心竞争力和增强企业对环境的迅速应变能力的目的。

3. 标杆管理

标杆管理（亦称基准管理或对标管理）是指围绕提升企业能力和实现发展目标、瞄准一个比其绩效更高的组织进行比较，以便取得更好的绩效，不断超越自己、超越标杆、追求卓越，同时也是组织创新和流程再造的过程，是建立学习型组织的最佳实践。

4. 供应链整合

供应链整合是指产品生产和流通中涉及的原材料供应商、生产商、批发商、零售商及最终消费者组成的供需网络。供应链管理所要达到的目的就是对现有的供应链进行有效整合，建立协调有序的贸易伙伴关系。供应链整合重点包括供应链信息整合、成员企业合作协调和创建成员企业利益机制这三大方面。

9.5.4　基于平台创新的管理方法

1. 综合集成

综合集成法作为一门工程，可称为综合集成工程，它是在对社会系统、人体系统、地理系统和军事系统这四个开放的复杂巨系统研究实践基础上提炼、概括和抽象出来的。

具有如下主要特点：

（1）定性研究与定量研究有机结合，贯穿全过程；

（2）科学理论与经验知识结合，把人们对客观事物的知识综合集成解决问题；

（3）应用系统思想把多种学科结合起来进行综合研究；

（4）根据复杂巨系统的层次结构，把宏观研究与微观研究统一起来；

（5）必须有大型计算机系统的支持，不仅要有管理信息系统、决策支持系统等功能，还要有综合集成的功能。

2. 互联网与创新管理

商业模式创新已成为移动互联网时代企业转型升级战略实施的重要载体，是竞争优势的价值源泉。商业模式创新（BMI）与价值创造（VC）研究已成为商业模式领域的重要议题。

电子商务体系充分满足了客户的购买需求。微信营销是移动互联网时代企业对营销模式一种新的探索。基于移动互联网的自身属性，微信不受时间和空间的限制，用户一旦注册并使用微信，便可与其他微信用户形成联系并产生互动，用户可以订阅自己所需的信息，商家也可以通过提供用户需要的信息，推广自己的产品，实现多重营销方式。

微信短期内聚集起来的庞大用户群和诸多特性使其逐渐成为优质的网络营销新平台，正日益在企业的品牌营销工作中发挥着不可估量的作用。

9.6 案 例 分 析

施耐德电气的精益生产案例

施耐德电气的业务主要有工业制造、电网和云、智慧城市、智慧家居四大领域。作为全球工业自动化领域的先驱，施耐德电气在欧洲已有“智能化工厂”，在中国，施耐德电气在推进自身工厂自动化、智能化的同时，也通过一系列的解决方案，帮助数以千计的中国公司。

已经有外资企业在中国成都推“智能工厂”项目，而施耐德电气（中国）有限公司工业事业部 OEM 副总裁庞邢健表示，复制是可以实现的，但从成本角度来看并不划算。

“精益生产”倡导从生产工艺的改进出发，有步骤和目的性地提高自动化水平，逐步进行自动化和信息化融合，最终实现制造业的全面升级。

生产断路器等三大系列产品的施耐德电气武汉工厂，正在推进“精益生产”改造，在该工厂高管的办公室里，每个车间的生产进度、设备故障与维修等实时情况，在终端显示器上一目了然。

“智能制造是中国制造业转型升级的终极目标，”庞邢健表示，“智能制造就是做到设备的互联互通，所以我们提出‘精益生产’，通过单机自动化、连接自动化、车间自动化、工厂自动化的过程，一步一步实现智能制造。”

“我们的建议是，今后制造企业在建设新厂时，就要向智能工厂、智能制造方向考虑，不管现在用不用得上，先把各种接口留在那里。”施耐德电气（中国）有限公司工业事业部 OEM 行业总监王新华表示，“因为有些老的企业，当初引进的都是不同品牌的设备、不同品牌的控制器，当初的这些设备并没有预留连接的接口，导致很多设备之间无法互联，来自设备的数据也无法采集，自动化、智能化改造也就无从谈起。”

王新华说，“在生产和制造环节，除了 ERP 不提供以外，施耐德电气所提供的自动化升级方案囊括了自动化控制系统、互联互通的软硬件产品以及行业解决方案多个层面，一方面可以帮助发展水平参差不齐的中国企业逐步提高自动化水平；另一方面可以通过精益生产的理念，针对改进建议推动自动化与信息化的不断融合，逐步实现智能制造。”企业实施精益生产管理理念将会成为现代化企业发展的一种趋势。

施耐德电气的精益生产启示：施耐德电气的精益生产不仅是生产线上柔性的制造技术，还是一个以客户为中心的，从采购、物流、工程、制造、质量到销售、服务的一个大概念的精益理念。企业要紧跟用户需求的变化，通用利用先进的信息技术，进行管理系统和生产流程的变革，推动生产方式向柔性化、个性化、智能化转变，延伸企业服务链条和服务环节，大力发展服务型制造，从而向产业链价值链中高端迈进。

企业的高质量发展，意味着生产经营效率高、需求满足能力快、产品和服务品质好、核心竞争力和抗风险能力强，要实现这些都离不开管理创新。因此，企业应当着力夯实企业基础管理，持续推行精益化管理，聚焦用户需求与价值创造，建立柔性化生产信息系统，进行精益生产管理，推动信息技术与企业管理的深度融合。

第10章

企业文化建设

本章导读

从发达国家中的卓越企业来看，现代企业之间的竞争，已经不再仅仅是资金、技术、人才、策略的竞争，更主要的是企业文化的竞争。世界500强企业的经验表明，企业出类拔萃的技术创新、制度创新和管理创新均根植于其优秀而特的企业文化。随着全球化和知识经济的发展，中国企业面临着更加激烈的高层次人才争夺和跨文化管理等一系列有待解决的问题，这更依赖于发挥企业文化的功能，特别是价值观、愿景、宗旨等文化要素的竞争优势，来吸引、培育、保留优秀员工，形成一股强大的凝聚力，为企业带来无形的、难以模仿的核心能力。本文在介绍企业文化发展背景的基础上，详细阐明了企业文化的内涵、功能，论述了企业文化的诊断、策划，以及实施过程中的管理原理与管理方法，探讨了企业文化与企业竞争力之间的关系。我们希望通过本章学习能为企业管理人员在制定、实施企业文化策略方面有所裨益。

本章思维导图如图10-1所示。

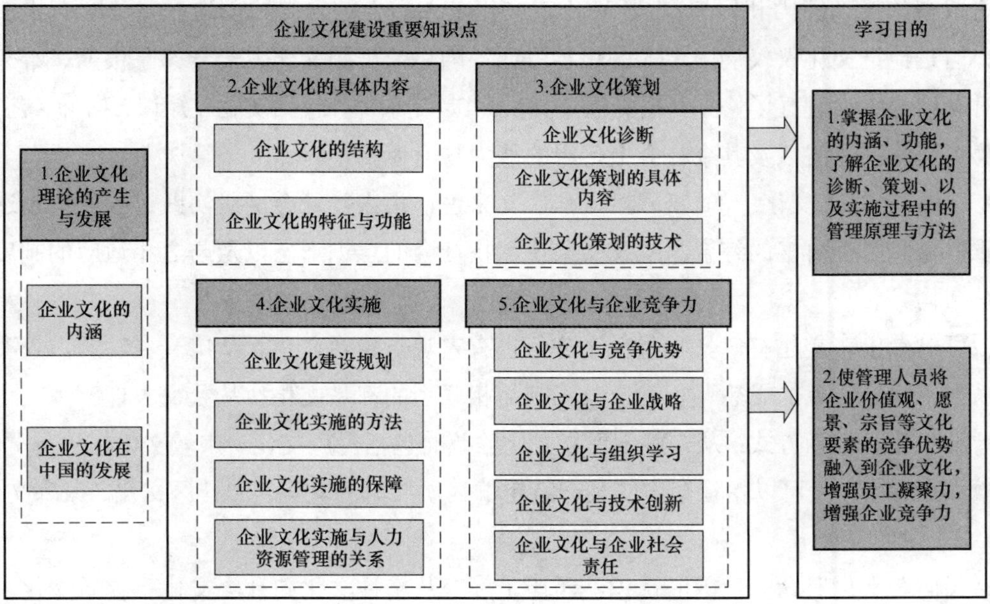

图10-1　企业文化建设思维导图

10.1 企业文化理论的产生与发展

企业文化理论产生于20世纪七八十年代的西方企业界。当时西方许多企业的内外部环境发生了显著的变化：科学不断昌明、技术迅猛发展，市场呈现全球化倾向，竞争日趋激烈，企业员工的文化素质、生活水平、参与管理的意识和能力不断提高，并且有不断要求进一步改善的趋势。在这种形势下，传统的过分偏重理性、刚性的管理模式的缺陷日益明显，客观上要求有新的理论来弥补这一不足。

许多学者看到，从20世纪50年代以来日本经济发展异常迅速，到了70年代，美国企业界日益受到来自日本的挑战。美国人对造成日本"奇迹"的"东方魔术"惊叹不已，渴望能把成功的秘诀学过来，重振雄风。于是在70年代末、80年代初，掀起了一场日美管理比较研究热潮，这个热潮催生了企业文化理论。

10.1.1 企业文化的内涵

企业文化学说对现代企业管理产生了深远影响。理解企业文化的内涵，应该首先了解"文化"的概念，进而再来具体分析企业文化的含义。

1. 文化

了解什么是"文化"，是研究企业文化的逻辑起点。19世纪，随着后期现代文化学的诞生，人们对文化才从科学的角度有了全新的解释。泰勒在《原始文化》一书中说："文化是一个复杂的总体，包括知识、信仰、艺术、道德、法律、风俗，以及人类在社会里所取得的一切能力和习惯。"泰勒肯定文化是人后天的习得和创造，是一个有机的整体。但是他把文化仅仅局限于人的精神方面。随后，美国文化人类学家亨根斯、维莱等人对泰勒的定义进行了修正，把文化定义为："是复杂体，包括实物、知识、信仰、艺术、道德、法律、风俗以及其余社会上习得的能力与习惯。"

《辞海》对"文化"的解释是："从广义来说，指人类社会历史实践过程中所创造的物质财富和精神财富的综合；从狭义来说，指社会的意识形态以及与之相适应的制度和组织结构。"

可以看出，文化有广义与狭义之分，也有宏观与微观之别。从广义去理解，人类有史以来，凡是与人的思想、行为及人工制品相联系的都是文化；从狭义去理解，文化特指精神产品及行为方式：从宏观上看，文化的范畴包括民族文化、宗教文化、社会文化；从微观上看，它又可以指社会中的某一特定群体所共享的文化，如社区文化、家庭文化。

2. 企业文化

人们对文化概念、范围的认识，经历了一个从精神文化向社会文化、物质文化、经济文化、法律文化逐步发展的过程。当然，这个扩展过程是相互交叉的，并不是截然分开的。把经济活动和企业文化作为文化现象来研究，是当代文化学最新发展的标志。

“企业文化”，最初出自20世纪80年代初期的西方管理学界。威廉·大内认为，一个公司的文化由其传统和风气所构成。此外，文化还包含一个公司的价值观，如进取、守势、灵活性，即确定活动、意见和行为模式的价值观。特雷斯·迪尔和阿伦·肯尼迪在《企业文化》一书中，对企业文化阐述得更为具体，认为企业文化是由5个方面的要素组成的系统。其中价值观、英雄人物、习俗仪式和文化网络是其四个必要要素，而企业环境则是形成企业文化唯一的而且又是最大的影响因素。国内学者张德2007年提出，“企业文化是指全体员工在企业创业和发展过程中，培育形成并共同遵循的最高目标、价值标准、基本信念及行为规范。它是组织观念形态、制度与行为，以及符号系统的复合体。”

通过分析国内外学者对企业文化的定义，那么究竟应如何理解企业文化呢？我们认为，企业文化是社会文化的一个子系统。企业通过自身生产经营的产品及服务，不仅反映出企业的生产经营、组织和管理的特色，更反映出企业在生产经营活动中的战略目标、群体意识、价值观念和行为规范。因此，在国内外学者观点的基础上我们作如下定义：

企业文化是指在一定的社会大文化环境影响下，经过企业领导者的长期领导和全体员工的共同认可、实践与创新所形成的具有本企业特色的整体价值观念、道德规范，经营哲学、企业制度、行为准则、管理风格以及历史传统的综合。

10.1.2 企业文化在中国的发展

“企业文化”兴起后，在20世纪80年代中期传入中国，迅速得到中国管理学界和企业界的认同和响应。在改革开放后，顺应国际企业文化兴起的时势，吸收国外一些企业文化建设的先进经验，根据中国企业的具体实际情况，开展了各具特色的企业文化理论研究与建设实践工作，形成了中国企业文化发展的潮流。在中国，企业文化的理论研究主要经历了三个阶段。

1. 中国企业文化理论的引进（20世纪80年代中期到90年代初期）

1983年，党的十二届三中全会制定了关于中国经济体制改革的决定，第一次在党的正式文件中提出了“建立社会主义有计划的商品经济”的概念。从此，对外开放不断扩大，私营企业、商品经济迅速发展。企业文化理论正是在这样的大背景下传入我国的。

1986年，中国理论界翻译了一批国外学者的企业文化的经典论著，如《Z理论——美国企业界如何迎接日本的挑战》《日本的成功与美国的复兴》等，明确了企业文化的概念。1987年9月，中国企业管理协会、国务院发展研究中心等共同发起在北京召开了第一次全国性的企业文化研讨会。1988年年末，由一批长期从事经济和文化建设工作的老同志和企业家、专家学者发起成立了中国企业文化研究会，陆续组织出版了《中国企业文化大辞典》和几十部有关企业文化的著作。

2. 中国企业文化理论的发展（20世纪90年代初期到21世纪初期）

20世纪90年代初期，“企业文化”一词开始出现在中央领导人的谈话和中央文件中。1993年，党的十四届三中全会通过了《关于建立社会主义市场经济体制的若干问题的决定》在关于建立现代企业制度一节中明确提出：“加强企业文化建设，培育优良的职业道德，树立敬业爱厂、遵法守信、开拓创新的精神。”1997年，党的十五大重新明确了“建设有中国特色社会主义文化”这一概念，使之同建设具有中国特色社会主义的经济、政治一起，构成党在社会主义初级阶段的基本纲领，为企业文化的发展再次注入了强大动力，企业文化的理论研究也进入了繁荣发展时期。在这一时期中，形成了一批具有中国特色的研究成果。如王进主编的《中国社会主义企业文化概论》。

随着国外资本的大量引进，世界500强企业大量落户中国，由它们带来的国外先进企业文化理论与中国本土企业文化理论相融合，又进一步推动了中国企业文化建设的理论发展。

3. 中国企业文化理论的日趋成熟（21世纪初至今）

这一时期，国内相关的企业文化著作、刊物和文章日渐丰富，企业文化学的课程体系日益成熟与完善，企业文化教材不断推陈出新。2005年北京交通大学首开全日制企业文化硕士班，开高校之先河。不少院校工商管理和财经类专业中陆续开设了企业文化课程。党中央又提出了“中国梦”“社会主义核心价值观”等一系列重大战略思想。这些都为进一步发展和完善企业文化理论提供了有利的条件。与此同时，顺应企业的需要，中国企业文化研究会、中国企业联合会、中国企业文化促进会等学术及社会团体，在高校学者和企业专家的配合下，总结优秀企业文化制胜的经验，建立企业文化示范基地，出版了各种企业文化的案例集，具有中国特色的现代企业文化理论呼之欲出。

10.2　企业文化的具体内容

10.2.1　企业文化的结构

从文化角度分析，一般认为企业文化分为三部分：一是精神文化部分；二是制度文化部分；三是物化部分。物化部分有人认为亦可把其分为行为文化和器物文化。

从管理角度分析，一般认为企业文化内容可分为显性内容和隐性内容。隐性内容是企业文化的根本，主要包括企业精神、企业哲学、企业价值观及道德规范等。这些内容是企业在长期的生产经营活动中形成的，存在于企业员工的观念中，对企业的生产经营活动有直接的影响。显性内容是企业的精神以物化产品和精神性行为为表现形式的，能为人们直接感觉到的内容，包括企业设施、企业形象、企业经营之道等。

综合学术界的各种观点，认为企业文化的结构应包括精神文化、制度文化、行为文化和物质文化，如图 10-2 所示。

1. 精神文化

深层精神文化是现代企业文化的核心层，指企业在生产经营中形成的独具本企业特征的意识形态和文化观念，它包括企业价值观、企业宗旨、企业愿景、企业精神、企业伦理。

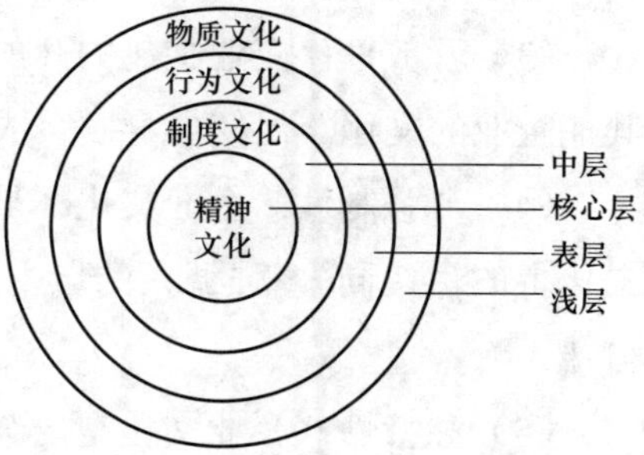

图 10-2 企业文化结构示意

2. 制度文化

制度文化，它在企业文化中居中层，是具有本企业文化特色的各种规章制度，道德规范和职工行为准则的总称，是企业为实现自身目标对员工的行为给予一定限制的文化，包括一般制度、特殊制度、企业风俗。

3. 行为文化

行为文化，是指企业员工在生产经营、学习娱乐中产生的活动文化，包括企业经营、教育宣传、人际关系活动、文娱体育活动中产生的文化现象。诸如：向客户提交产品是否按时和保证质量，对客户服务是否周到热情，上下级之间以及员工之间的关系是否融洽等。

4. 物质文化

物质文化，是企业员工创造的产品和各种物质设施等构成的器物文化。物质文化的载体是指物质文化赖以生存和发挥作用的物化标志，包括企业产品、企业名称、企业外貌和企业对员工素质形成的实体手段。

企业文化结构各部分之间的关系：首先，精神层次决定了行为层、制度层和物质层。精神层一经形成，将处于较为稳定的状态，是企业文化的决定因素；其次，制度层是精神层、物质层和行为层的中介。精神层直接影响制度层，并通过制度层影响物质层和行为层；最后，物质层和行为层都是精神层的体现。企业文化的物质层、行为层、制度层和精神层密不可分，它们相互影响、相互作用，共同构成企业文化的完整体系。

10.2.2 企业文化的特征与功能

1. 企业文化的特征

企业文化的特征是指企业文化本身所具有的内在的、本质的特色表现，包括客观性、稳定性、开放性、非强制性、独特性、渗透性和系统性。

（1）客观性：企业文化是客观存在的，是不以人的意志为转移的。在实践中，企业文化是与企业同步产生的，任何企业都有自己的管理思想，管理方式和手段。

（2）稳定性：企业价值观一旦形成，就会变成企业发展的灵魂，不会朝令夕改，不会因为企业产品的更新、组织机构的调整和领导人的更换而发生迅速的变化，一般来说，它会长期在企业中发挥作用。

（3）开放性：企业文化的开放性，将促进企业文化的发展。通过引进、改造、吸收其他企业的文化，促使自身发育成长，不断完善。

（4）非强制性：企业文化不是强调个体遵守各种硬性的规章制度和纪律，而是强调文化上的“认同”，强调人的自主意识和主动性，通过启发人的自觉意识来达到自控和自律。

（5）独特性：企业文化是一个企业独特精神和风格的具体反映，它以其鲜明的个性区别于其他企业。这是因为企业生存的社会、地理、经济等外部环境，以及企业所处行业的特殊性，自身经营管理等特点各不相同，所以企业文化会呈现出不同的特点。

（6）渗透性：真正被员工认同和实践的价值观念具有极强的渗透性，它无处不在，渗透于企业的每一个层面、每个角落，是企业的美德所在。

（7）系统性：企业文化具有整体性、全方位性，是从企业群体的精神文化、制度文化、行为文化、物质文化等方面全方位展开的。这些要素在企业内部不是单独发挥作用，而是经过相互作用和联系，融合成为一个有机的整体。

2. 企业文化的功能

企业文化作为一种理性和自觉的文化，对企业、企业内部员工乃至整个社会都会产生影响和发挥作用，这就是企业文化的功能。

（1）企业价值的导向功能：企业文化的导向功能，主要是通过企业文化的塑造来引导企业成员的行为心理，使人们在潜移默化中接受共同的价值观念，自觉自愿地把企业目标作为自己的追求目标。其具体体现在：一是规定企业行为的价值取向；二是明确企业的行动目标；三是建立企业的规章制度。

（2）企业主体的凝聚功能：企业文化有同化、规范和融合作用，这三种作用的综合效果，就是企业文化的凝聚功能。这种功能通过以下两方面得以体现：一是目标凝聚，即企业目标以其突出、集中、明确和具体的形式向员工和社会公众表明企业群体行为的意义，在企业全体员工中形成强大的凝聚力和向心力；二是价值凝聚，即通过共同的价值观，使企业内部存在着共同的目的和利益，使之成为员工的精神支柱。

（3）员工士气的激励功能：指企业文化以人为中心，形成一种人人受重视、受尊重的文化氛围，激励企业员工的士气，使员工自觉地为企业而奋斗。具体体现在三方面：信任鼓励、关心鼓励和宣泄鼓励。

（4）思想行为的约束功能：指企业文化对企业员工的思想、心理和行为具有约束和规范作用，主要通过完善管理制度和道德规范来实现。

（5）企业发展的推动功能：表现在通过抓企业文化，使企业摆脱困境，走出低谷，持续发展，在竞争中长期立于不败之地。其不仅表现为推动企业的经济，也能推动企业的教育、科学以及整个企业的总体文明状态。

10.3 企业文化策划

10.3.1 企业文化诊断

企业文化的诊断大致分为四个主要步骤，即资料收集、企业内外部环境的调查、企业与外部的关系分析和现场调查。其目的是从定性和定量两个方面了解、评价企业文化的现状。

企业文化诊断是个系统工程，是定量分析与定性分析的相互结合。定量的诊断方法（即采用企业文化量表进行大规模测验的诊断方法）与定性的诊断方法（即采用观察、访谈甚至参与企业活动等方式来了解分析企业的文化内涵和文化状态）结合使用，既能保证企业文化诊断的全面性和深刻性，又能反映出特定企业环境下的文化各异性。因此，企业文化的诊断也常常分阶段进行。诊断的结果应用于如何建设有特色的企业文化，并针对调查的结果，对核心理念的梳理，以便进一步完善企业文化建设。.

10.3.2 企业文化策划的具体内容

企业文化的策划是企业文化建设的重要内容，是企业文化实施的基本前提，策划包括四个主要层次：企业精神文化的策划、企业制度文化的策划、企业行为文化的策划以及企业物质文化的策划。

1. 精神文化的策划

精神文化的策划内容包括企业愿景、企业宗旨、企业价值观、企业精神以及企业伦理设计等。企业愿景、企业宗旨的设计我们已经在第二章进行了详细介绍，这里不再赘述。

（1）企业价值观的设计。企业价值观体系不仅要具有时代的特色、行业的特色，更要体现企业的特色和企业家的个性，因而它不能从书本上抄来，不能照搬其他企业的价值观，只能从企业自己的实践，从企业家的实践中提炼出来。例如，星巴克的核心价值观："为客人煮好每一杯咖啡"；可口可乐的核心价值观："自由、奔放、独立掌握自己的命运"；诺基亚的核心价值观："科技以人为本"；海尔的核心价值观："敬业报国，追求卓越"都反映了企业特色和企业家的个性。

（2）企业精神的设计。企业精神的设计有多种来源，可以通过在内部员工中进行调查研究，集思广益，提出企业精神的表达内容。也可以对企业英雄人物的思想和行为进行深入研究，确定出企业最需要的企业精神。还可以由企业领导人决定企业精神的内涵。

（3）企业伦理的设计。企业伦理的设计应该注意以下几点：企业的伦理道德要体现本民族的优秀传统道德；要符合社会公德和家庭美德；要突出企业所在行业的行业道德；要反映企业自身的道德特性。企业伦理设计内容一般包括：忠诚、守信、负责、正直、勤劳、节俭、无私、廉洁、礼貌等。例如：飞利浦（中国）集团在员工行为规范中明确规定，集团的基本目标之一，就是以道德的手段获得利润。

2. 制度文化的策划

制度文化的策划主要包括企业制度和企业风俗的设计。企业制度在设计时应该以企业文化理念为基准，对企业制度进行经常性的检查，以适应变化和提升了的理念。通过组织和管理手段，防止刚性的制度对文化理念的侵蚀。设计培育新的企业风俗需要体现企业文化的精神内涵，例如，江苏有一家以制造文化用品为主的乡镇企业，把培养高文化品位作为企业目标，于是该企业大力倡导和积极鼓励员工开展各种读书、书法绘画、诗歌欣赏等活动，后来逐渐形成了一年一度的中秋文化之夜的企业风俗，企业员工及家属子女都踊跃参加，展示自己的书画作品，朗诵自己喜爱或创作的诗词散文。这一企业风俗就很好地反映了企业的理念。

企业风俗的设计还需要与企业的发展特点和企业的经济实力相结合。行为文化策划的主要内容是员工行为规范的设计，包括岗位纪律、工作程序、待人接物、环境与安全。物质文化的策划主要包括两大类要素：一是基本要素，包括企业名称、企业标志、标准字、标准色；二是应用要素，包括办公用品，建筑及室内外环境，衣着服饰，广告宣传，产品包装，展示陈列，交通工具等。

10.3.3 企业文化策划的技术

1. 突出企业文化的民族性

企业文化根植于民族文化的土壤中，企业价值观、行为准则无不刻有民族文化的烙印。从世界其他国家的企业文化对比中能够发现，民族文化的性质在很大程度上决定和影响着企业文化的特征。例如日本的大和民族文化，它所派生的日本企业文化，着眼点放在运用职工的“集体智慧”，力求“协调”“合作”，并格外强调职工对企业、企业对社会、领导对下属的责任感，因而就有了“和亲一致、顺应同化、感谢报恩、产业报国、奋力向上、献身组织”的特色。而英、美这些带着浓厚个人英雄主义色彩的国家，则强调企业经营者的素质和能力，强调个人创新。产生不同类型的企业文化，无疑是民族文化差异的影响，是东西方企业面临的不同社会环境和职工思想意识的深刻作用所致。所以，中国的企业要发展企业文化，建设中国特色的企业文化，必须坚持中华民族文化的独特性。

2. 锤炼企业文化的个性

锤炼企业文化的个性分三步：第一步是企业价值观准确概括企业文化个性；第二步是个性语言雕塑企业文化个性；第三步是生动形象展现企业文化个性。

如何确立核心价值观呢？通常可以通过关键小组访谈或问卷方式进行初步调查，再根据企业发展的要求进行选择。价值观可以是一两条，也可以是一组系列观点。我们可以根据重要性，选择出最具企业特色的价值观作为企业核心价值观。比如，日本索尼公司的企业精神是“土拨鼠”精神，土拨鼠在茫茫的黑夜里总是不停地挖掘，体现出了索尼公司的开拓创新精神。索尼公司提倡：“干别人不敢干的事”，“永不步人后尘，披荆斩棘开创没人敢于问津的新领域。”这是一种很难确定方向、失败了外人也很少知道其艰辛的开拓，因而最需要的是暗地里持续不断使劲的“土拨鼠”精神，这种精神使索尼公司取得了一项又一项举世瞩目的成就。

企业是由人来创造，没有两个企业的成长过程是完全一样的，企业的存在本来就是唯一的.具有个性的。所以，即使与同行或其他行业企业的文化产生相似的地方，企业文化的个性也可以通过企业的特色语言来填补。譬如，同样是德才兼备的人才观念，有的企业就用自己领导人的一句话“在自己岗位上把工作做得最好的就是我们所要的人才”一来表示。又如《华为基本法》第一条写的“永不进入信息服务业……”与“华为专注信息设备业”意思相似，但效果大为不同，这种语言风格正是华为个性精神的体现。

3. 从企业故事中提炼企业精神

企业故事是企业文化工作者的重要研究对象。企业故事不仅具有多侧面、多层次的文化人类学内涵，而且通过对故事的诠释、提炼和升华，可以探讨出很多具有很深管理哲学道理的东西。企业故事的编辑演绎过程主要包含以下三个步骤。

（1）征集。企业故事是企业人创造的，因此它必然蕴藏于企业中，成为企业极为重要的文化资源，面向全体企业人广为征集企业故事，这是开发企业这种文化资源的有效方法。

（2）选择。企业故事必须要有导向性，并不是本企业发展过程中的所有人和事都可以提炼出本企业的企业精神和企业理念。本企业的特殊发展阶段，特定的社会背景和时代主题等决定了企业故事必须具有典型性，必须体现本企业的特色。因此，在广泛征集企业故事之后，对征集到的企业故事做出正确的“选择”和“甄别”，这是演绎企业故事必不可少的环节。

（3）诠释与提炼。一个原生态的企业故事，往往具有多侧面多层次的文化人类学内涵，因此对于原生态的企业故事做出合理性的诠释就显得尤为重要和必要。事实也表明，通过对企业故事的诠释、提炼和升华，可以探讨出许多具有深刻哲学意味的东西，从而表现出企业文化精神和理念。

10.4 企业文化实施

10.4.1 企业文化建设规划

1. 规划的原则

企业文化建设规划的原则是在企业文化建设过程中必须遵循的基本要求，主要包括如下七项原则：

（1）行动化原则。企业文化建设必须围绕组织目标，将文化管理的理念体现在组织的各个领域，让企业文化和组织成员的工作结合起来。

（2）战略化原则。企业文化建设是一项根本性、基础性工程，企业文化建设是企业文化的战略性建设计划，而非具体的作业性计划。

（3）长期化原则。企业文化建设规划一般是对3～5年，甚至更长的时间内的企业文化建设的总体构想、目标、实施方法进行设计，属于长期计划。

（4）系统化原则。企业文化建设与企业战略、组织结构、人力资源等方面共同构成企业管理体系。为使企业文化融入整个管理之中必须考虑各个方面的条件和影响因素。

（5）全员化原则。企业文化建设必须着眼于全员、立足于全员、归属于全员。

（6）实效化原则。在企业文化建设中，要求认真务实，反对形式主义，避免急功近利。

（7）层次化原则。企业文化建设是一个动态化发展的过程，企业文化建设规划可以进一步分解为若干个年度计划和若干个子项目计划。

2. 规划产生的客观基础

（1）企业生产经营情况和发展趋势。如果企业生产经营遭遇重大困难，前途莫测，那么企业文化建设的目标就应着重于振奋员工精神、共渡难关，使企业寻找到突破口；如果企业处于蒸蒸日上时期，那么企业文化建设的目标就应集中于戒骄戒躁、增加创新意识、提高学习能力，使企业更上一层楼等方面。

（2）企业文化建设资源。企业文化建设是一个具有全局性的战略实施过程，为此必须有与其相匹配的战略资源作为支撑。这些资源主要包括：

企业人力资源、企业财力资源、企业物力资源、企业技术资源、企业信息资源、企业管理资源、企业市场资源、企业环境资源和外部环境资源。

企业文化的建设过程，也是企业内外部资源的整合过程，能否充分利用企业的内外部资源关系到企业文化建设的成功与否。

3. 规划的主要内容

（1）企业文化建设的发展阶段、环境与优劣势分析。在对企业文化进行盘点、分析、诊断的基础上，进一步对企业文化发展的政治、经济及人文环境作系统分析，厘清企业自身的优势和劣势，找到外部环境带来的机会和威胁，以此判定企业文化建设现状。

（2）企业文化建设的指导思想。企业文化建设的指导思想可以从政治化内涵、科学化内涵、人本化内涵、市场化内涵四个方面进行概括，体现鲜明正确的政治导向和科学发展观的要求，体现以人为中心的现代管理的主旨，体现创新与竞争的市场经济伦理。

（3）企业文化建设的总体目标。企业文化建设的总体目标是企业文化建设规划内容的核心。总体目标的规划应该遵循以下五个原则：

1）综合考虑企业发展和员工的实际利益；

2）与企业所在行业的特点与发展趋势相一致，力争使企业文化能够长期支持企业在行业中立足；

3）具有企业自身的特色，可以借鉴但绝不模仿；

4）清晰、可操作、可测量，紧密结合企业实际情况，从弘扬企业整体经营管理优势及着手解决企业的实际问题开始；

5）结合中国的文化传统并注意吸收国内外优秀企业的先进经验。

（4）企业文化建设的阶段性目标。企业文化建设总体目标从时间和内容上可以分解为若干方面的分目标，分目标下还可以具体划分为若干定性和定量的指标。

（5）企业文化建设规划实施的组织保障。企业在领导体系、人员配备、资金预算、教育培训等方面应提供各项保障措施。

10.4.2 企业文化实施的方法

1. 领导垂范法

第一，领导者以身作则来引导员工的行为。领导者应当做到：表里如一，言行一致，带头履行文化价值理念，事事做员工表率。

第二，领导者通过象征性的行为表现出自己对企业文化始终如一的关注。

第三，领导者通过天天讲时时讲反映出对企业文化的重视。

2. 造就楷模法

企业楷模，又称企业英雄，是企业为了宣传和贯彻自己的文化系统而为企业员工树立的可以直接仿效和学习的榜样。企业楷模是企业价值观的人格化体现，更是企业形象的象征。重视树立能体现企业价值观的企业楷模，对企业楷模进行奖励，向其他职工宣传提倡和鼓励的东西。

3. 员工培训法

企业文化的教育培训是企业文化实施的基础工作。企业文化的落实需要员工的认同和配合，但员工受到惯性思维、传统情节和既得利益的影响，不会主动接纳新文化。因此在实施阶段，需要在企业文化领导小组或企业文化部的统一部署下，会同相关部门，对全体员工进行系统的培训和宣讲，让员工能够真正理解本企业的企业文化的内涵、发自内心地认同和拥护企业文化。

4. 宣传推广法

企业文化宣传推广，是指企业通过内外部渠道向员工、通过产品服务向社会传播企业文化并取得认同的过程。一般而言，企业文化的宣传网络存在两种形式：一种是正式网络，如企业创办的刊物、报纸、闭路电视、企业广播、宣传栏、内部局域网等；另一种是非正式网络，如非正式团体内部的交流、企业内的小道消息等。另外，编制企业文化手册也是一种有效的宣传推广的方法。

5. 制度检查法

明确企业价值观念后，应该将价值观念进一步落实到工作规范中去。对企业原有的制度进行系统的梳理，以剔除、修改与企业文化理念不相适应的部分，在原有的制度中增加与该制度相关的价值观念及其相应的规则。只有坚决抛弃与文化价值观念相背离的各类规定，把企业的制度和企业文化对应起来，才能真正以价值观念引导员工的思维，以制度规范员工的行为，并使企业文化能够在员工工作中得到切实的落实。

6. 礼仪固化法

企业文化礼仪是指企业在长期的文化活动中所形成的交往行为模式、交往规范性理解和固定的典礼仪式。企业文化礼仪在企业文化实施中的作用总结为以下三个方面：

（1）企业文化礼仪体现并固化了企业价值观；

（2）企业文化礼仪体现并固化了企业道德要求；

（3）企业文化礼仪可以增强企业的凝聚力和向心力。

10.4.3 企业文化实施的保障

1. 建立企业文化领导小组

作为企业文化的发起者，企业最高领导者的主要工作就是要组建企业文化实施的领导团队，对企业文化的实施进行全员、全方位、全过程的领导和管理。一般而言，企业文化领导小组（也可称为企业文化建设委员会）的组成人员包括：企业最高领导者、各中层部门经理（各部门负责人），适当情况下，还可以吸收来自外部的企业文化咨询专家，或者企业一线员工中具有代表性的人员加入。

2. 构建企业文化工作机构

企业文化实施是一个长期的过程，领导小组作为一个决策和协调机构，无法承担具体的实施职能。因此，在领导小组之下，应该建立一个高效精干的工作机构。企业文化部的成员，应该由那些热心企业文化建设并有一定企业文化基础知识，在以后企业文化的建设中将成为骨干的人员组成。

3. 设立专项资金

企业文化建设不仅要纳入日常管理，而且还要有资金的支持，否则难以顺利开展。因此，企业应该设立企业文化建设的专项资金，由企业文化部控制使用。具体的资金额度，由企业根据自身的实际情况制定。资金的使用去向主要包括宣传费用、教育培训费用、文娱活动费用、企业文化设施建设费用和部门建设费用。

4. 企业文化建设动员

在企业文化建设之初，企业员工往往对企业文化有不同的认识，如果企业员工对于企业文化没有共同的理解，企业文化建设实施也就会无所适从。因此，在企业文化建设实施之初的第一步就是通过各种方式统一大家对企业文化及其作用的认识。

5. 建立企业文化考评机制

企业文化的建设实施必须有反馈和考评机制。在企业文化实施过程中，对情况的反馈和阶段性效果的评估以及对企业各部门和员工贯彻实施企业文化建设情况的考评时实行“实时纠偏”，是保证企业文化建设能够长期坚持下去的一种较好手段。

10.4.4 企业文化实施与人力资源管理的关系

1. 企业文化贯穿人力资源管理

企业文化贯穿着人力资源管理活动的全过程。企业文化规范和引导人力资源招聘、培训、绩效和薪酬管理工作的进行，为人力资源管理提供潜在的规范与约束，使人力资源管理与开发深刻化。人力资源管理活动必须在企业文化的规范下开展，各项活动必须与企业文化相一致；同时，有效的人力资源管理也会对企业文化起着积极的改进和塑造作用。

2. 人力资源管理承载企业文化

（1）招聘管理与企业文化。招聘阶段要以企业文化，尤其是企业价值观念为导向，企业人力资源管理者要通过有目的的公关活动和广告宣传，让潜在的员工了解企业的文化，特别是企业的基本价值观念、基本的原则和宗旨。

（2）培训管理与企业文化。企业的培训包括对员工工作技能的培训和对员工价值观的培训两大方面。在对新员工的培训方面，培训内容应该使他们对组织的过去、现在、文化以及未来的愿景有宏观的认识，并且了解政策和程序一类的关键事项。对于已经入职的员工，也应定期组织企业文化方面的培训或研讨会，以不断深化员工对新的企业价值观的理解。

（3）绩效管理与企业文化。成功的企业的绩效评估系统都会体现出特定的企业文化。不同的企业文化对绩效评估的标准和重点是不同的。例如，对于注重“团队精神”的组织，绩效评估会突出对“合作”“奉献”及“对团队的影响”等体现团队精神和团队业绩的相关要求的考核，并且增大这些分指标的权重。而对于强调创新与竞争的组织，在绩效评估体系中就会突出对个人业绩与个人能力的评价。

（4）薪酬管理与企业文化。企业文化对薪酬制度具有内在的规定性，企业文化中的特性对应着薪酬制度中各元素的特征，薪酬制度的设计必须符合企业核心价值观和企业原则，才能真正地被企业所接受。

10.5　企业文化与企业竞争力

10.5.1　企业文化与竞争优势

1. 竞争优势的内涵

企业竞争优势是指企业在特定的市场、特定的阶段、特定的地域，在为消费者提供有价值的产品或服务的过程中所具有的超越主要竞争对手、获得超过行业平均利润的能力或潜能。

从广义上将，资源和企业能力都是企业竞争优势的来源，但是企业的竞争优势在很大程度上取决于企业文化。一方面，企业文化本身所具有的难以模仿性、不可替代性等属性就使其构成了企业宝贵的无形资源；另一方面，企业文化通过对各种有形资源和无形资源进行有效整合，形成具有开发独特技术、独特产品、独特营销和独特管理等能力。所以，企业文化是当今企业在市场竞争中获取竞争优势的重要来源。

2. 企业文化对企业竞争优势的影响

优秀的企业文化，能够创造一个良好的企业环境，提高员工的道德和科学文化素质，对内形成企业的凝聚力，对外提高企业的竞争力，成为企业发展不可缺少的精神纽带和道德纽带，从各个环节调动并合理配置有助于企业发展的积极因素。其整体性与不易模仿性，更使企业文化成为孕育企业核心竞争力的土壤，支撑企业现在与未来的竞争优势。

（1）共享价值观有助于增强企业员工的凝聚力。价值是任何企业文化的基石。作为赢得成功的企业哲学，价值为所有职工提供了共同的方向，并指导他们的日常工作。每个成功的企业都有其独特的“核心价值”，用简洁的、甚至平凡的语句抓住组织中人们深信不疑的精髓。其含义可以是广泛的，如“进步是我们最重要的产品”；也可集中于一点，如“杰出的保险事业”；可迎合人们的想象，如“第一个爱尔兰跨国公司”。若这些信念是强烈的，那么它们能吸引每个人的注意力，组织也能从共享价值中获得强大的力量。因为，如果企业员工了解企业的观点，明确自己应该坚持什么样的标准，他们很可能做出决定来支持这些标准，他们更有可能感到自己是组织的一个重要的组成部分。

（2）企业文化的制度层有助于激励和约束员工的行为。企业文化不但在精神层面作用于全体人员，把人们凝聚在一起向共同的方向努力，而且决定着组织的结构、管理制度及生产方式等一系列行为层面的建立与改造，形成企业文化生存、发展、发挥最大效用的企业环境。组织的结构及制度等会随着外界环境的变化而发生相应的变化，变化的方向也要与企业的精神相一致，且成为精神、价值观念不断发扬的支撑力。IBM的信念之一是“提供客户世界上最佳的服务”，同时秉持“任何事都要尽力做到尽善尽美”的理念。当IBM实行按照人数规模划分客户类型，由不同负责部门提供服务的时候，由于划分不清产生信息传递的混乱，有的公司会收到来自IBM不同客户服务部门的传真，造成资源浪费与服务效率的下降；而且，由于客户服务地点的差异，使服务成本递增。IBM及时改变这种混乱景象，按照理念的指引，认真分析，将客户按照区域分类，并将组织的部门结构进行相应改变，从而使客户能够得到“最佳的服务”。

（3）深厚的企业文化有助于造就企业的品牌优势。品牌优势能够为企业带来竞争中的成功，而品牌中同样凝结着企业的文化。从这个意义上说，品牌是企业文化的一种外显的标志。它也是企业与消费者（或客户）之间连接的桥梁，顾客通过认识、认知、信赖等一系列过程建立对品牌的忠诚度，从而成为企业竞争中取胜的法宝。这一系列微妙心理过程的转变，是由顾客与相关品牌的产品、服务和企业员工接触中逐渐形成的；文化也在此间传递，将品牌由单一的标识塑造成有血有肉、富有灵魂的个体，具有与其他品牌相区别的独特个性。

10.5.2 企业文化与企业战略

1. 企业与企业战略的关系

凡是成功的企业，不仅有其优秀的企业文化，同时还有能够不断适应经营环境变化的企业战略。然而，在企业内部本身，其自身的文化与战略也需要相互适应和相互匹配。随着企业的发展，企业文化会不断趋于稳定和固化，而企业战略却需要根据内、外部环境的变化而进行不断的调整。企业文化对企业战略的制定和实施如何产生影响，二者之间如何更好地相互适应和匹配，从而促进企业的健康发展，是本节将要研究的问题。

2. 企业文化对战略管理的影响

从本书第二章对战略管理学习，我们可以了解到，战略管理包含战略分析、战略选择、战略实施、战略评价四个关键要素。这四个要素可进一步划分为战略制定和战略实施两大阶段。企业文化的核心价值观决定着企业战略的定位。企业战略总是在一定的企业经营哲学指导下产生的。此外，良好的企业文化氛围是实现企业战略的重要保证。实践表明，优秀的企业文化一旦被广大员工所认知，并内化为行动，就会成为一种力量，促进企业战略决策的顺利实施。

（1）企业文化在战略制定过程中的作用。企业文化对战略决策制定起引导作用。首先，企业文化是企业广大员工所共有的价值观念和行为方式的总和，而企业使命则描述了企业的愿景、共享的价值观、信念以及存在的原因。企业使命为企业发展指明了方向，是企业战略决策制定的前提。企业战略决策的制定不能脱离企业使命，也离不开企业使命背后体现出来的企业文化。其次，文化的形成过程是漫长的，文化的变革也是相当困难的。如果企业制定的战略目标与现存的企业文化格格不入，这个战略至少在短期里是很可能得不到有效实施的。比如，在具有追求创新、强调结果、工作环境相对松散等企业文化特征的公司推行强调效率和规范的低成本战略就是相当困难的。以至于有一种说法认为，当企业文化和企业战略发生冲突时，如果没有足够的把握和耐心，最好改变战略，因为企业文化的改变不是一朝一夕就能做到的事情。可见，在制定企业战略决策的时候，必须清楚地了解当前的企业文化，才能保障战略目标的实现。

（2）企业文化在战略实施过程中的作用。企业文化对战略实施的影响主要体现在三个方面：导向、激励和协调。文化的导向作用是指企业共同接受的价值观念引导着企业员工自觉选择符合企业长期利益的决策，并在决策的实施过程中自觉表现出符合企业利益的行为；文化的激励作用主要指员工在日常经营活动中自觉地根据企业文化所倡导的价值观念和行为准则调整自己的行为；文化的协调作用主要指在相同的价值观和行为准则的引导下，员工选择的行为不仅是符合企业长期或短期利益的，而且是相互协调、相辅相成的。

成功的企业往往是因为企业的价值观能够被员工所认同，并且能和员工个人的价值观所融合。这样，员工们在为企业努力奋斗的同时，也会认为是在为自己的理想目标而奋斗。从而对企业产生强烈的归属感。这种归属感为企业带来的效益是巨大的。美国著名管理学家彼得斯和沃特曼在《寻求优势》一书中指出，在经营得最成功的公司里，居第一位的并不是严格的规章制度或利润指标，更不是计算机或任何一种管理工具、方法、手段，甚至也不是科学技术，而是企业文化。成绩卓著的公司能创造一种内容丰富、道德高尚而且为大家所接受的文化准则，使员工们情绪饱满，互相适应和协调一致；使员工热爱企业产品，产生提高服务质量的愿望以及对企业高度的责任感和归属感，为战略决策的有效实施提供保障。

10.5.3　企业文化与组织学习

1. 企业文化与组织学习的关系

知识经济是继劳动力经济、资源经济之后以对知识的占有为决定因素的全新经济形态。在传统经济形态中，决定企业生存、发展的关键是对劳动力、资本等有形资源的占有，而在新的经济形态中，决定企业生死存亡的关键是其所占有的知识的质与量。正如David 在 1998 年所言，如果现代企业没有对学习进行很好的投资，很可能会导致其无法跟上产业中科技进步的速度，同时也难以面对顾客的需求，从而丧失市场上的竞争优势。因此，现代企业为了能在知识经济条件下健康发展，对组织学习理论予以了空前的关注，众多企业积极开展学习型组织创建的实践。

而在组织学习研究和学习型组织创建的过程中，不论是理论界还是企业管理者都逐渐认识到企业文化是决定组织学习的一个重要的影响因素。企业文化通过影响雇员的行为和心智模式进而影响组织运作，因此，只有建立有利于组织学习顺利开展的企业文化——学习型文化，才能进一步提高企业的学习能力，增强企业的创新能力和企业绩效，真正使企业在市场上保持可持续的竞争力。

2. 组织学习的内涵

组织学习的概念是从人的学习概念中引申出来的。心理学家认为个人学习是由经验引起相对持久的变化，也就是说，学习必须导致主体产生某种行为上的变化，这种变化能相对持久地保持，而且这种变化是由个体与环境的相互作用产生的，即是后天习得的。在组织学习研究领域中公认的最具代表性的人物是哈佛大学教授阿吉里斯和熊恩，以及《第五项修炼》的作者彼得·圣吉。

1978 年，阿吉里斯和熊恩的经典著作《组织学习：行为视角理论》的出版，标志着组织学习研究达到了一个新的水平。他们把人们口头信奉的价值观和行动背后隐含的价值观进行比较研究，发现了"心智模式"这一核心概念，这是一种根深蒂固的思维方式和价值观，在经常地、无形地影响着人们的行为和决策。阿吉里斯因此被誉为组织学习之父。

彼得·圣吉基于系统动力学理论，并吸收了阿吉里斯和熊恩关于"心智模式"的概念，从而形成了学习型组织的"第五项修炼"的基本框架。圣吉认为："许多团体中，每个成员的智商都在 120 以上，而整体智商只有 62。"这是因为组织的智障妨碍了组织的学习和成长，要想获得持久的竞争优势，必须通过自我超越、改善心智模式、建立共同愿景、团队学习和系统思考"五项修炼"将组织变成学习型组织。

根据以上学者的诠释，我们认为：组织学习不仅是一种改进的程序，可以提高例行性工作效率及改进技术，也是一种改进的结果，是组织知识的累积，可让组织适应外部环境的改变。组织学习可以概括为以下几点本质特征：

（1）组织学习的主体是整个组织，而不是个人；

（2）组织学习的客体围绕信息和知识；

（3）组织学习的目标是改善组织绩效。

3. 企业文化对组织学习的影响

组织学习作为一种组织行为，必然与企业文化相联系，一种企业文化是否适应或支持学习将对组织学习产生重要影响。企业文化对组织学习的促进作用体现在三个方面：指导、激励和共享。企业文化按照所期望的方式行为，指导企业按照所期望的方向发展；企业文化通过激发员工需要、树立奋斗目标，使员工以饱满的热情、高昂的情绪投入工作；企业文化提倡企业内部共享资源而其本身就是共享的资源，优秀的企业文化还提倡企业借助外部资源。组织学习更重视无形规则即文化的作用。组织成员的价值观、思维和行为方式在很多时候对其行为的影响是在无明显思考的状态下进行的。在既定的价值观念和思维方式的引导下组织成员往往不必对问题进行详细的考虑和判断，就会自觉不自觉地采取行动。因此，创建适宜的企业文化会对组织学习起到内在的促进作用。

10.5.4 企业文化与技术创新

1. 技术创新的研究背景

当前世界500强企业出类拔萃的关键就是它们令人瞩目的技术创新、体制创新和管理创新其实是根植于其优秀而独特的企业文化。由此可指，企业文化在企业技术创新中的作用已经逐步为广大管理专家和学者所认可，并在企业技术创新中发挥着越来越重要的作用。

2. 技术创新的内涵

技术创新是一个从产生新产品或新工艺的设想到市场应用的完整过程，它包括新设想的产生、研究、开发、商业化生产到扩散这样一系列活动，本质上是一个科技、经济一体化过程，是技术进步与应用创新共同作用催生的产物，它包括技术开发和技术应用这两大环节。这样理解的技术创新的最终目的包括了技术的商业应用和创新产品的市场成功两个方面。优秀企业在技术创新方面各具特色。例如，三星电子在产品开发上遵循这样一种战略原则：开发周期要比日本同行快3～6个月，比国内同行快半年。几年下来，迫使许多日本公司放弃同三星电子的竞争。海尔也非常重视技术创新。“小小神童洗衣机，能洗地瓜的洗衣机”，这些产品创新都是技术创新的成果。海尔在促进企业创新中，坚持整个公司分享技术。虽然开发产品的责任是落在每一个部门的，但是技术是属于整个公司的。

3. 促进技术创新的文化因素

从技术创新的内涵中可以看出，技术和市场是技术创新的主要影响因素，但是有时候同行业中具有类似技术能力、市场条件也相同的企业在技术创新上却大不相同，究其原因，是企业文化这一第三维度在起作用。

企业文化是企业发展最为持久的动力，良好的企业文化对技术创新的促进在于为技术创新提供一种内在动力，主要表现在自我激励、追求卓越、敬业精神这三个方面。一是自我激励，从根本上说，技术创新是人的创新。因此，人的创新与人的需要乃至人的发展是统一的。企业文化激励人的发展，人的发展激发人的创新行为，进而促进技术创新的实现；二是追求卓越，技术创新在于否定其过去，否定现状，以现在的起点重新再来。这不仅是如何克服传统制约因素的问题，更重要的是勇气问题，企业需要有精神。追求卓越就是一种否定现状，追求创新的精神。这种精神使企业时刻意识到自己的处境，明白自己在社会发展中的地位，从而使企业不断地走向技术创新之路；三是敬业精神，敬业精神使人产生一种情感冲动。当技术创新作为企业发展的出路时，敬业精神就为技术创新行动提供精神动力和合理的依据。敬业精神在于把心思投入企业发展中，并不局限在为企业谋取利润、赚钱的层面上。按照敬业精神的力量，形成一种积极向上、团结一致的观念，促进技术创新深入，带动企业发展。

10.5.5 企业文化与企业社会责任

1. 企业社会责任的定义

管理学家谢尔顿最早提出了企业社会责任（corporate social responsibility，CSR）的概念。他认为企业社会责任是企业经营在承担经济责任的同时，对与其相联系的社区提供服务、有利于增进社区利益的责任。其后，学者们相继对企业社会责任的内涵进行了扩展。1979 年，阿奇·卡罗尔认为，企业社会责任是指某一特定时期社会对组织所寄托的经济、法律、伦理和慈善的期望。其中，经济责任要求企业为社会提供产品和服务，是企业社会责任的基本责任。法律责任要求企业在法律允许的范围内从事经营管理销售活动。伦理责任则是社会对企业的期望，如信守承诺，为子孙后代负责，爱护环境等。而慈善责任则是企业社会责任的最高境界，反映了社会对企业的新期望，即企业能够自愿履行其慈善行为，成为一个好的企业公民。

目前，国际上普遍认同的 CSR 理念是：企业在创造利润、对股东利益负责的同时，还要承担对员工、对社会和环境的责任，包括遵守商业道德、生产安全、职业健康、保护劳动者合法权益及资源等。

2. 企业文化与企业社会责任的关系

在现代企业的文化建设中，企业主管领导和相关部门必须了解企业文化与社会责任的关系，这是实现两者协调发展的重要基础，也是完善现代企业文化体系的前提条件。企业文化与社会责任的关系主要表现在以下几个方面。

（1）企业社会责任应该内化到企业文化之中。企业文化和社会责任是鱼水关系，企业是社会的组成部分，企业建立和发展离不开社会，社会是企业利益的来源，任何企业不管是提供产品还是提供服务都是为了社会的人们，都是在对社会作出贡献，在履行社会责任，所以企业文化首先应该具有社会责任，不管是企业的领导者还是职工，都要有为社会做贡献的思想。如松下的自来水哲学、杜邦公司安全炸药理论。迪士尼公司给游客以欢乐的理念、日本九州电力公司要与社会携手共进。

（2）企业社会责任将企业文化扩展到了全世界。企业社会责任的履行，不仅能在企业内部营造良好的氛围，更能扩展到整个企业界和社会。企业通过履行社会责任活动，进一步扩大企业在社会上的良性影响，进而在消费者和社会公众中树立良好的形象。同时，这种社会影响反过来又会影响到社会文化的发展和进步，全面促进企业经济效益和社会效益的提高。

（3）企业文化与企业社会责任相互促进。企业的文化与企业社会责任是相互促进的关系：一方面，企业构建自己的核心文化时要充分考虑到社会责任，积极主动地承担社会责任，不仅会给企业带来好的声誉，吸引人才，而且能够增加顾客的满意度和忠诚度，使企业获得经济回报；另一方面，企业的社会责任感能够加强企业文化的凝聚力。企业文化使其利益相关者改变了以自我为中心的价值观念，树立起了一种以企业为中心的共同的价值观念，从而潜意识地对企业产生一种强烈的向心力。企业在履行社会责任时尽力处理好企业与利益相关者之间的关系，从而大大提高了企业的凝聚力。

10.6 案 例 分 析

人民电业为人民

“人民电业为人民”是以人民为中心的思想理念在电力行业的集中体现，是电力行业初心和使命的高度概括。

电网公司在实践全心全意为人民服务方面总是走在前头，从帮助企业尽快落地用电申请，到按照“特事特办、特事专办”的原则，加快推进内部流程，快速制订供电方案的一系列举动，都体现着把人民的要求放在第一位。饯行“人民电业为人民“企业宗旨，落实优化电力营商环境各项举措，推进项目配套电力设施建设。创新服务方式，大力实施“阳光业扩”，持续优化营商环境，应用信息化手段提高办电效率，压减办电流程和时间，不断提升客户服务水平，实现办电省时省钱、用电省心省力。

电网公司积极推进“互联网＋”。某地供电公司利用“网上国网”App，提升优化线上报装业务流程，实现了从用户线上受理到答复供电方案中间的所有环节，仅仅用时 18 分钟，为工程施工节约了大量时间。

电网公司助力企业发展。某供电公司主动履责，为按时完成企业重点项目的送电任务，统筹内部部门打破专业壁垒，在工程建设前期接洽、可研报告、初步设计方案批复、物料供应、现场安全监督、协调参建各方等方面协同融合、同频共振，确保了工程建设和送电任务的按时完成。

从一桩桩这样的事例中，无不体现“人民电业为人民”的宗旨。

启示：国有企业要坚持以优秀文化培育恒久动力，从战略高度规划企业文化管理，不断适应时代发展趋势，在原有基础上完善文化体系，制定制度，推动落实，在实践中打磨，形成具有企业特色的核心竞争力。同时，在企业文化管理工作中，始终牢记人民至上的宗旨，在发展实践中培育和锻造富有特色的企业文化，将企业文化融入企业生产的全过程和管理的全方位。

第11章

经济法律法规

本章导读

调整经济关系的法律法规，是伴随着人类社会阶级和国家的出现就产生了。1890年美国国会通过了由美国经济学家谢尔曼提出的《保护贸易和商业不受非法限制于垄断之害法》，又称《谢尔曼法》，这部法典既是美国第一部反垄断法，又是世界上第一部具有现代意义的西方的经济法。我国自改革开放以来，经过四十多年的努力，初步形成了经济法律框架体系，主要包括市场主体法、市场规范法、市场宏观调控法、市场经济社会保障法、市场经济程序法等。本章从经济法概念讲起，包括经济法的表现形式以及调整对象。经济法的调整对象是特定的经济关系，不是一切经济关系，更不是经济关系以外的社会关系。经济法只有在市场失灵需要国家干预时，国家才进行干预。也就是说，市场失灵为国家干预划分了界限。经济法律关系具有三个基本构成要素，即主体、客体和内容。然后按照市场主体法体系、市场规范法体系、市场宏观调控法体系、市场经济社会保障法体系展开，最后简明阐述了经济法律法规的基本法律程序。经济法，从微观层次上保障个人、社会组织与政府主体之间利益的平衡；从宏观层次上对政府、社会、市场进行平衡协调，实现社会资源在整体上的优化配置；两方面的共同作用，最终实现社会经济的可持续性和长期发展。

本章思维导图如图11-1所示。

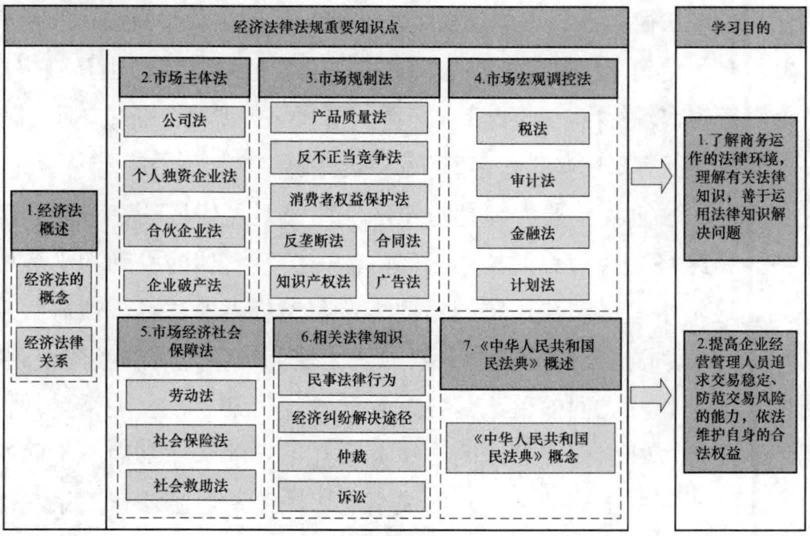

图11-1　经济法律法规思维导图

11.1 经济法概述

11.1.1 经济法的概念

经济法是规范和保障国家调节社会经济之法；经济法是调整在国家调节社会经济过程中发生的各种社会关系，规范和保障国家调节，促进社会经济协调、稳定和发展的法律规范的总称。

其表现形式为：宪法、法律、行政法规、部门规章、地方性法规和规章、自治条例和单行条例、特别行政区基本法和有关规范性文件、司法解释、国际条约或国际协定。

调整对象：经济法的调整对象是特定的经济关系，不是一切经济关系，更不是经济关系以外的其他社会关系，主要包括：经济管理关系、维护公平竞争关系、经济组织内部经济关系、涉外经济关系。

11.1.2 经济法律关系

经济法律关系是指经济法主体在国家干预和协调经济运行过程中根据经济法律规范规定所形成的权利和义务关系。经济法律关系具有三个基本构成要素，即主体、客体和内容。

（1）主体。经济法律关系的主体亦称经济法的主体，是指参加经济法律关系，依法享有经济权利和承担经济义务的组织或个人。享有经济权利的当事人称为权利主体；承担经济义务的当事人则称为义务主体。经济法律关系主体包括国家机关、社会组织、经济组织的内部机构、自然人、农村承包经营户、个体工商户等。

（2）客体。经济法律关系的客体是指经济法律关系的主体享有权利和承担义务所共同指向的对象。客体是确立权利义务关系性质和具体内容的依据，也是确定权利行使与否、义务是否履行的客观标准。如果没有客体，权利义务就失去了依附的目标和载体。经济法律关系客体包括有形财物、经济行为、智力成果等。

（3）内容。经济法律关系的内容是指经济法律关系主体依法享有的经济权利和承担的经济义务，是经济法律关系的核心。经济法律关系主体的权利和义务依法律性质的不同而不同。这是由经济法律规范的不同规定和当事人参与经济法律关系的目的不同所决定的。法律关系是指人们的社会关系为法律规范调整时所形成的权利义务关系。在社会生活中，人们相互之间的关系是各式各样的，当某一社会关系受到特定法律规范确认或制约时，这一社会关系便成为法律关系。不同的法律部门对不同的社会关系进行调整，产生了不同的法律关系，诸如民事法律关系、经济法律关系、行政法律关系等。

11.2 市场主体法

市场主体法主要调整国家与市场主体之间的法律关系，主要解决市场主体规格、准入、行为方式等问题，旨在维护社会主义市场秩序及交易安全，包括公司法、个人独资企业法、合伙企业法和企业破产法等内容。

11.2.1 公司法

公司是依法设立的以营利为目的的企业法人。第一，公司是具有法人资格的经济组织；第二，公司是营利性法人；第三，公司是依公司法设立的法人。公司法是调整公司的经济关系，规范公司的组织及行为的法律规范的总称。第一，公司法是以公司这种企业形式为调整对象的法律。第二，公司法是确立公司法律地位和资格的组织法。第三，公司法是规范公司经营活动的行为法。

1. 主要内容

包括十三章条款，涉及有限责任公司的设立和组织机构。有限责任公司是两个以上股东共同出资，股东以其出资额为限对公司承担责任，公司以其全部资产对债务承担责任的企业法人。股份有限公司的设立和组织机构。股份有限公司是指公司全部资本划分为等额股份，股东以其所认购的股份为限对公司承担责任，公司以其全部资产对公司债务承担责任的企业法人等内容。

2. 主要特征

（1）公司法是一种公法化的私法，按照传统的部门法律的分类，公司法属于私法的范畴。

（2）公司法是一种组织法，从内容或规范对象看，公司法是有关公司组织的类型、设立、架构、运作、变更和解散的规定。

（3）公司法是一种具有一定国际性的国内法。从总体上讲，公司法是一种国内法。但是，公司法也有一定的国际性因素。这不仅表现在各国公司法在内容上有一种统一的趋势，而且表现在其法律适用具有一定的域外效力。

3. 主要意义

公司法将股东的资本集合体拟制为具有独立法律人格的公司，不仅扩大了公司法的经营规模，而且大幅降低了交易成本。企业公司法的存在价值在于企业内部的行政成本低于企业公司法外部市场中的交易成本。

11.2.2 个人独资企业法

《中华人民共和国个人独资企业法》（简称《个人独资企业法》）是为了规范个人独资

企业的行为，保护个人独资企业投资人和债权人的合法权益，维护社会经济秩序，促进社会主义市场经济的发展，根据宪法，制定本法。由第九届全国人民代表大会常务委员会第十一次会议于 1999 年 8 月 30 日修订通过，自 2000 年 1 月 1 日起施行。

1．主要内容

2015 年最新的《个人独资企业法》共六章，四十八条。主要内容有个人独资企业的设立；个人独资企业的投资人及事务管理；个人独资企业的投资人及事务管理和法律责任等内容。

2．主要特征

（1）个人独资企业的出资人是一个自然人。该自然人应当具有完全民事行为能力，并且不能是法律、行政法规禁止从事营利性活动的人。

（2）个人独资企业的财产归投资人个人所有。这里的企业财产不仅包括企业成立时投资人投入的初始财产，而且包括企业存续期间积累的财产。投资人是个人独资企业财产的唯一合法所有者。

（3）投资人以其个人财产对企业债务承担无限责任。这是个人独资企业的重要特征。也就是说，当投资人申报登记的出资不足以清偿个人独资企业经营所负的债务时，投资人就必须以其个人财产甚至是家庭财产来清偿债务。

（4）个人独资企业不具有法人资格。尽管个人独资企业可以起字号，并可对外以企业只是自然人进行商业活动的一种特殊形态，属于自然人企业范畴。

3．主要意义

《个人独资企业法》是一部将各种所有制投资者置于平等发展、平等竞争的重要法律，也是促进和鼓励人们创业的一个重要法律。首先在于从法律上确认了个人创业、个人投资的明确地位。其次，《个人独资企业法》保障了私人投资者取得融资、土地使用权等重要资本要素的同等权力。第三，《个人独资企业法》对个人独资企业的投资人及事务管理有进一步的明确，尤其对委托和聘用他人作了更有利于保障投资人的权益的规定。

11.2.3　合伙企业法

《中华人民共和国合伙企业法》（简称《合伙企业法》）是为了规范合伙企业的行为，保护合伙企业及其合伙人的合法权益，维护社会经济秩序，促进社会主义市场经济的发展而制定。

本法所称合伙企业，是指依照本法在中国境内设立的由各合伙人订立合伙协议，共同出资、合伙经营、共享收益、共担风险，并对合伙企业债务承担无限连带责任的营利性组织。

本法于 1997 年 2 月 23 日第八届全国人民代表大会常务委员会第二十四次会议通过，1997 年 2 月 23 日中华人民共和国主席令第八十二号公布，自 1997 年 8 月 1 日起施行。

1. 主要内容

《合伙企业法》包括总则、普通合伙企业、有限合伙企业、合伙企业解散、清算、法律责任以及附则等六章内容。

2. 主要特征

一是合伙企业是不具备法人资格的营利性经营组织，二是合伙企业订立书面合伙协议，三是合伙人共同出资，合伙经营，共享收益，共担风险四合伙人对合伙企业的债务承担具有特殊性。

3. 主要意义

我国的《合伙企业法》是一个特点鲜明的法律，它不是包罗民事合伙与商事合伙的统一合伙法，而是在民法通则规定合伙的基础上专以规定商事合伙为其任务的商事法律。《合伙企业法》突出合伙企业的主体地位，调整合伙企业内部、外部关系的基本内容，但同时采用大量突破性规定，发展了我国的合伙企业法律制度。

11.2.4 企业破产法

企业破产法是为了规范企业破产程序，公平清理债权债务，保护债权人和债务人的合法权益，维护社会主义市场经济秩序而制定的。企业破产法明确规定了企业法人不能清偿到期债务，并且资产不足以清偿全部债务或明显缺乏清偿能力的可以申请企业破产。

1. 主要内容

破产法是典型的实体法和程序法相结合的法规。它主要包括实体规范、程序规范和罚则等内容。

实体规范。凡规定法律关系主体权利义务本体的法律，称为实体规范，或实体法。破产法的实体规范主要有：债务人破产界限、破产财产的构成和管理、破产无效行为及撤销权、破产债务权的行使、破产宣告对法律行为的效力、别除权、取回权、抵销权、破产免责制度。

程序规范。凡规定实现实体法有关诉讼手续的法律，称为程序规范，或程序法。破产法的程序规范主要有：破产案件的管辖、破产申请与受理、债权人会议、和解程序、破产宣告、破产清算，以及破产程序终结等制度。

罚则。主要规定对破产违法行为或者犯罪行为的处罚制度。

2. 主要特征

企业破产法的法律特征有以下三点：

（1）调整范围仅限于企业丧失还债能力，对于有清偿能力而不还债的问题，有其他法律解决；

（2）集实体法与程序法为一体，企业破产法的基本内容涵盖了实体性规范和程序性规范；

（3）有统一法典。《中华人民共和国企业破产法》已由第十届全国人民代表大会常务委员会第二十三次会议于 2006 年 8 月 27 日审议通过，2007 年 6 月 1 日起施行。

3. 主要意义

在经济体制改革的推动下，目前，企业已拥有相对独立的权力，社会具备了较为宽松的就业条件，倾向改革的社会心理已逐步滋长，这就为制定实施企业破产法提供了有利的条件。制定企业破产法是经济体制改革的一个重要环节，它对我国社会主义经济建设的发展，是很有意义的。

11.3 市场规制法

市场规制法体系主要包括产品质量法、反不正当竞争法、消费者权益保护法、反垄断法、合同法、知识产权法和广告法等内容。

11.3.1 产品质量法

《中华人民共和国产品质量法》（简称《产品质量法》）是为了加强对产品质量的监督管理，提高产品质量水平，明确产品质量责任，保护消费者的合法权益，维护社会经济秩序而制定。

1993 年 2 月 22 日第七届全国人民代表大会常务委员会第三十次会议通过，自 1993 年 9 月 1 日起施行。当前版本是 2018 年 12 月 29 日第十三届全国人民代表大会常务委员会第七次会议通过第十三届全国人民代表大会常务委员会第七次会议修改。

1. 主要内容

《产品质量法》的内容分为六章，第一章总则，第二章产品质量的监督；第三章生产者、销售者的产品质量责任和义务；第四章损害赔偿；第五章罚则；第六章附则

2. 主要特征

其特点是确定了“产品”的范围，确立了“质量标准”在产品质量中的地位，并实行严格责任原则，以多种方式追究责任人的法律责任。

3. 主要意义

既体现了法律对生产经营者产品质量的严格要求，又充分地保护了消费者和用户的合法权益，促进了公平竞争。

11.3.2 反不正当竞争法

《中华人民共和国反不正当竞争法》（简称《反不正当竞争法》）是为了促进社会主义市场经济健康发展，鼓励和保护公平竞争，制止不正当竞争行为，保护经营者和消费者的合法权益制定的法律。

1993 年 9 月 2 日第八届全国人民代表大会常务委员会第三次会议通过，2017 年 11 月 4 日第十二届全国人民代表大会常务委员会第三十次会议修订，根据 2019 年 4 月 23 日第十三届全国人民代表大会常务委员会第十次会议《关于修改〈中华人民共和国建筑法〉等八部法律的决定》修正。

1. 主要内容

《反不正当竞争法》包括第一章总则，第二章不正当竞争行为，第三章监督检查，第四章法律责任，第五章附则。

2. 主要特征

《反不正当竞争法》最显著的特征，是调整对象的特殊性，即调整发生在市场竞争中的不正当竞争行为。法律明确规定经营者的哪些行为是不正当竞争行为，应予以制止。对行为主体而言，法律不是直接规定其享有哪些权利，而是规定其负有哪些不作为的义务。反不正当竞争法是从制止不正当竞争行为，制裁违法行为来保护自由公平合理竞争，保护其他经营者的合法权益，维护社会经济秩序。

3. 主要意义

《反不正当竞争法》在第一章第一条开宗明义地规定了本法的立法宗旨，即“保障社会主义市场经济健康发展，鼓励和保护公平竞争，制止不正当竞争行为，保护经营者和消费者的合法权益”。

11.3.3 消费者权益保护法

《中华人民共和国消费者权益保护法》（简称《消费者权益保护法》）是维护全体公民消费权益的法律规范的总称，是为了保护消费者的合法权益，维护社会经济秩序稳定，促进社会主义市场经济健康发展而制定的一部法律。

1. 主要内容

《消费者权益保护法》分总则、消费者的权利、经营者的义务、国家对消费者合法权益的保护、消费者组织、争议的解决、法律责任、附则 8 章 63 条。

2. 主要特征

《消费者权益保护法》以消费者权益为特定保护对象；消费者权益保护法多为强制性、禁止性规范；消费者保护法的法律规范具有综合性；消费者保护法具有预防和救助的功能。

3. 主要意义

一是保护权益明确了消费者的权利。确立和加强了保护消费者权益的法律基础、弥补了原有法律、法规在保障消费者权益方面调整作用不全的缺陷。

二是维护秩序。《消费者权益保护法》通过规范经营者应对维护消费者权益承担何种义务，特别是要规范经营者与消费者的交易行为，即必须遵循自愿、平等、公平、诚实信用的原则，对社会经济秩序产生重要的维护作用。

11.3.4　反垄断法

《中华人民共和国反垄断法》（简称《反垄断法》）是为预防和制止垄断行为，保护市场公平竞争，提高经济运行效率，维护消费者利益和社会公共利益，促进社会主义市场经济健康发展，制定的法律。

《反垄断法》由中华人民共和国第十届全国人民代表大会常务委员会第二十九次会议于2007年8月30日通过，自2008年8月1日起施行。2020年1月2日起，国家市场监督管理总局就《反垄断法》修订草案公开征求意见，2020年1月31日截止。

1. 主要内容

《反垄断法》共8章57条。主要内容包括：关于反垄断法的适用范围；关于垄断协议；关于滥用市场支配地位；关于经营者集中；关于滥用行政权力排除、限制竞争。

2. 主要特征

《反垄断法》主要是成文法；实体规范具有高度的原则性和抽象性；完成了从政治性到技术性的转变；是公法与私法的结合；反垄断执法机关由《反垄断法》直接设定；既规范影响市场结构的行为又规范具体限制竞争行为；是实体法与程序法的结合。

3. 主要意义

《反垄断法》是我们国家维护市场竞争秩序的最为重要的一部法律，它的出台对国家，特别是对现在那些所谓的自然垄断行业竞争意识的提高，将产生非常深远的影响，这些行业以及整个社会必将随着这部法律的出台，加深对市场经济的认识，建立和完善各自企业和行业的竞争机制，从而使整个国家的市场经济体制得以进一步完善和发展。

11.3.5　合同法

为了保护合同当事人的合法权益，维护社会经济秩序，促进社会主义现代化建设制定。《中华人民共和国合同法》（简称《合同法》）由中华人民共和国第九届全国人民代表大会第二次会议于1999年3月15日通过，于1999年10月1日起施行。

1. 主要内容

《合同法》共计第二十三章四百二十八条。2020年5月28日，十三届全国人大三次会议表决通过了《中华人民共和国民法典》（简称《民法典》），自2021年1月1日起施行。《合同法》同时废止。相应地，原《合同法》有关合同的规定纳入《民法典》。

2. 主要特征

《合同法》以任意性规范为主；《合同法》以平等协商和等价有偿为原则；《合同法》具有统一性和国际性；《合同法》是财产法。

3. 主要意义

新的《合同法》的产生，是我国在合同立法上的一个里程碑，它必将为我国的市场交易提供良好的规则，大大地保护合同当事人的利益，并最终促进我国经济的发展。

11.3.6 知识产权法

《中华人民共和国知识产权法》(简称《知识产权法》)是指因调整知识产权的归属、行使、管理和保护等活动中产生的社会关系的法律规范的总称。然而，实施监督、保障各项知识产权法制度执行方面还有许多问题。有关法律及法规仅在中国大陆生效。

1. 主要内容

知识产权法律体系一般包括以下几种法律制度：著作权法律制度；专利权法律制度；工业版权法律制度；商标权法律制度；商号权法律制度；产地标记权法律制度；商业秘密权法律制度；反不正当竞争法律制度。

2. 主要特征

《知识产权法》主要特征为无形财产权。确认或授予必须经过国家专门立法直接规定。具有双重性：既有某种人身权（如签名权）的性质，又包含财产权的内容。但商标权是一个例外，它只保护财产权，不保护人身权。专有性：知识产权为权利主体所专有。权利人以外的任何人，未经权利人的同意或者法律的特别规定，都不能享有或者使用这种权利。地域性：某一国法律所确认和保护的知识产权，只在该国领域内发生法律效力。时间性：法律对知识产权的保护规定一定的保护期限，知识产权在法定期限内有效。

3. 主要意义

有利于智力成果广泛传播，有利于调动人们从事科学技术研究和智力创作的积极性知识产权法确认发明人、设计人、作者等对其创造性劳动成果依法享有专有权、专利权，并保护其不受侵犯，不仅使他们受到精神鼓励，而且能在法律保护下取得经济利益。有利于促进国际经济技术和文化的交流与合作建立知识产权法律制度，是进行国际竞争，开展国际科技、经济、文化交流与合作的基本环境和条件之一。

11.3.7 广告法

《中华人民共和国广告法》(简称《广告法》)已由中华人民共和国第十二届全国人民代表大会常务委员会第十四次会议于 2015 年 4 月 24 日修订通过，现将修订后的《广告法》公布，自 2015 年 9 月 1 日起施行。

1. 主要内容

《广告法》对商品、服务广告的基本要求；对重点商品广告的规定；对广告主、广告经营者与发布者的法律规定。

2. 主要特征

一是公平原则。根据我国《广告法》及相关法律、法规的规定，公平原则具有以下三个方面的内容：

（1）从商品购买者和服务接受者的角度看，广告对其有直接的或者潜移默化的影响。

（2）凡参与广告市场竞争的广告行为主体，都应当依照同一规则从事广告活动，严禁广告行为主体利用其优势，采用任何非正当的或者不道德的手段进行不公平竞争。

（3）在广告活动中，广告行为主体应当平等地享有权利和承担义务，不允许任何广告行为主体只享有权利而不承担义务；也不允许某些广告行为主体利用自己的优势地位，强迫交易对方放弃其依法享有的权利。

二是真实、合法原则；三是诚实信用原则。

3. 主要意义

第一，促进广告业的健康发展。广告业属于知识密集、技术密集、智力密集、人才密集的高新技术产业。第二，保护消费者合法权益。在我国，消费者的合法权益受到法律的保护。按照《消费者权益保护法》的规定，消费者享有知情权。第三，维护社会主义市场经济秩序，发挥广告积极作用。我国广告法立法目的就是依法保护正当广告活动，防止和打击虚假广告现象，充分发挥广告的积极作用，充分保护消费者的合法权益，促进我国广告业的健康发展。

11.4 市场宏观调控法

市场宏观调整法是通过经济法律的功能对市场运行适时的调控，重点解决市场发展过程中存在的结构、速度、均衡等方面的问题，包括税法、审计法、金融法、计划法等内容。

11.4.1 税法

《中华人民共和国税法》（简称《税法》）就是国家权力机关及其授权的行政机关制定的调整税收关系的法律规范的总称。《税法》的调整对象就是税收关系，是指税法主体在各种税收活动过程中形成的社会关系的总和。按照是否属于税收征纳关系的标准，可以将税收关系简单地分为税收征纳关系和其他税收关系。

1. 主要内容

《税法》实施细则，由财政部根据税收基本法规做出解释和详细规定；有关地方各税的征免和各税具体稽征管理制度，一般由省级人大常委会或省级人民政府规定。《税法》由一些基本因素所构成，主要包括：纳税人、课税对象、税率。其他因素有：纳税环节、纳税期限、减免税和违章处理等。

2. 主要特征

一是税收立法权限的多层次性和表现形式的多样性；二是税收法规结构的规范性；三是税法的相对稳定性和适当灵活性；四是实体性规范和程序性规范的统一性。

3. 主要意义

《税法》是税收基本职能得以实现的法律保障；是调整税收关系，保护各方主体合法权益，维护正常税收秩序的法律准则；是贯彻和执行国家政策的一种重要的法律形式；是维护国家税收主权的法律依据；对税收法律关系主体起到教育和宣传作用。

11.4.2 审计法

《中华人民共和国审计法》（简称《审计法》）由全国人民代表大会常务委员会于2006年2月28日第一次修正，自2006年6月1日施行。

1. 主要内容

我国审计法制包括三个方面：国家审计法律制度、内部审计法律制度和社会审计法律制度。国家审计法律制度是国家审计机关对国家财政收支、财务收支进行审计监督以及代表国家主管全国审计工作而形成的法律制度。内部审计法律制度是单位内部审计机构对本单位及其下属单位的财务收支及其经济效益进行内部审计监督而形成的法律制度。内部审计主要是为本单位的内部监督管理服务的。社会审计法律制度是社会审计机构接受委托人委托进行审计查证和其他咨询服务而形成的法律制度。社会审计主要是为委托人和其他社会公众服务的。

2. 主要特征

一是体现了党的十四大提出的强化审计监督的要求；二是体现了审计监督在国家财政经济运行中的地位和作用；三是体现了党的十四届三中全会关于加强审计监督，发挥审计机关在促进廉政建设中的很需要作用的精神。

3. 主要意义

《审计法》依据宪法的有关规定，对审计监督的原则、审计机关和审计人员、审计机关职责、审计机关权限、审计程序、法律责任等做了全面的具体规定，这对强化审计监督，为审计机关依法履行审计监督职责，提供了法律保障。

《审计法》适应了建立社会主义市场经济体制，建立健全宏观经济调控体系的需要。《审计法》的颁布实施，是我国社会主义法制建设的一项重要举措。《审计法》按照宪法规定的原则，为建立与社会主义市场经济体制相适应的审计监督制度，构造了法律框架。

11.4.3 金融法

在金融法总称下面，可以将有关金融监管与金融交易关系的法律分为银行法、证券法、期货法、票据法、保险法、外汇管理法等具体类别。金融信托属于金融法的范畴，而普通的、一般性的信托，属于民法范畴。

1. 主要内容

金融法是一个集合概念，在我国现行法律体系中，并不存在一部以“金融法”命名的法律或者法规，但它自成一类规范或“一个法群”，被公认是我国市场经济法律体系中的一个重要组成部分。金融法则除包括银行法外，还包括货币法、票据法、证券法、信托法、基金法、保险法等。截止到2000年底，由全国人大颁布的金融法律有1部，即中国人民银行法。由全国人大常委会颁布的金融法律8部，包括商业银行法、证券法、保险法、票据法、担保法等。由国务院颁布的金融法规142部。由国务院各机构颁布的金融类规章3523部。由最高人民法院制定的金融类司法解释39部，最高人民检察院的8部。上述总计3721部。

2. 主要特征

金融法具有宏观调控性；金融法以强制性规范为主；金融法是公法和私法的融合；金融法是实体法与程序法的统一。

3. 主要意义

金融法作为自成一类规范或“一个法群”，是经济法的一个重要组成部分。经济法是一个独立的法律部门，金融法是这个独立部门当中的一个组成部分，它是法律体系第三层次的一个组成部分。金融法在我国整个法律体系中有着不可或缺的重要地位和作用。

11.4.4 计划法

计划法是调整计划关系的法律，是指调整在制定和实施国家计划的过程中发生的社会关系的法律规范的总称。它是经济法中宏观调控法的重要部门法，在宏观调控方面具有极为重要的作用。

1. 主要内容

计划法的内容包括：计划法的基本目标；计划体系；计划法律程序；计划的实施与调整。

2. 主要特征

计划法具有广泛的约束性；国家权力机关是计划法律关系中最重要的主体；计划法律关系的存在具有连续性；计划法是实体法和程序法相结合的一种法律规范。

3. 主要意义

计划法在性质上属于现代经济法的范畴。经济法是行政法的私法化的结果，认识“经济法是社会法”的意义不亚于认识“宪法是根本法”的意义。

11.5 市场经济社会保障法

市场经济社会保障法是指在市场经济条件下，促就业，保障社会安定和社会经济秩序稳定的经济法律规范的总称。主要包括劳动法、社会保险法、社会救助法、社会福利法和社会优抚法等内容。

11.5.1 劳动法

劳动法是调整劳动关系以及与劳动关系有密切联系的其他社会关系的法律规范的总称。各国劳动法的表现形式不同，但大都包括以下基本内容：劳动就业法，劳动合同法，工作时间和休息时间制度，劳动报酬，劳动安全和卫生基准制度，女工与未成年工的特殊保护制度，劳动纪律与奖惩制度，社会保险与劳动保险制度，职工培训制度，工会和职工参加民主管理制度，劳动争议处理程序以及对执行劳动法的监督和检查制度等。

1. 主要内容

主要包括：劳动者的主要权利和义务；劳动就业方针政策及录用职工的规定；劳动合同的订立、变更与解除程序的规定；集体合同的签订与执行办法；工作时间与休息时间制度；劳动报酬制度；劳动卫生和安全技术规程；女职工与未成年工的特殊保护办法；职业培训制度；社会保险与福利制度；劳动争议的解决程序；对执行劳动法的监督、检查制度以及违反劳动法的法律责任等。此外，还包括工会参加协调劳动关系的职权的规定。

2. 主要特征

劳动法主要调整劳动者与用人单位之间的劳动关系，社会保障法调整国家、用人单位、公民（劳动者）、社会保障经办机构因社会保险、社会救助、社会福利、优抚安置等发生的关系。

劳动法与社会保障法所涉及的对象劳动法调整的劳动关系的主体是用人单位和与之建立劳动关系或劳动合同关系的劳动者，而社会保障法的主体包括国家、用人单位、社会保障经办机构和公民。

3. 主要意义

《中华人民共和国劳动法》（简称《劳动法》）是1949年以后我国第一部全面规范劳动关系的劳动法律，它关系到数以亿计的劳动者的切身利益，它的颁行有重大意义。

首先，它打破了所有制界限，建立公平的市场竞争规则。其次，《劳动法》充分体现了宪法原则，突出对劳动者权益的保护。总之，《劳动法》肯定了劳动体制改革的成果，强有力地促进现代企业制度的建立。

11.5.2 社会保险法

《中华人民共和国社会保险法》（简称《社会保险法》）是中国特色社会主义法律体系中起支架作用的重要法律，是一部着力保障和改善民生的法律。它的颁布实施，是中国人力资源社会保障法制建设中的又一个里程碑，对于建立覆盖城乡居民的社会保障体系，更好地维护公民参加社会保险和享受社会保险待遇的合法权益，使公民共享发展成果，促进社会主义和谐社会建设，具有十分重要的意义。

1. 主要内容

主要内容包括：基本养老保险、基本医疗保险、工伤保险、失业保险、生育保险、社会保险费征缴、社会保险基金、社会保险经办、社会保险监督等。

2. 主要特征

社会保险法作为一个新兴的法律部门，具有不同于传统部门法的一些特征：具有国家干预法的明显特征；具有广泛的社会性；具有人道性；其有实体法和程序法的统一性；具有特定的立法技术。

3. 主要意义

社会保险法是建立和发展市场经济的必然要求；社会保险法是社会公平的调节器；社会保险法是维护社会稳定的安全网；社会保险法是建立和规范社会保险制度的起点和必要条件。

11.5.3 社会救助法

社会救助法是一部涉及民生的法律，因此引起了社会各界人士的注意。据悉，第八届、第十届人大常委会均将《中华人民共和国社会救济法》（当时的名字）列入五年立法规划。

1. 主要内容

第一，经常性的社会救助工作。主要是包括城乡最低生活保障、农村五保供养、农村特困户生活救助以及城乡医疗救助等专项救助。第二，紧急救助制度。紧急救助主要是指发生自然灾害情况下的对灾民的紧急救助和应急救助行动。也包括对灾民延续一段困难生活的救助和民房倒房重建与修复工作的救助。第三，临时性的救助。临时性救助主要是指对低收入人群的救助工作和对城市生活无着的流浪乞讨人员，包括流浪儿童的救助。第四，支持倡导开展社会互助活动。通过支持慈善事业的发展，培育和发展公益性的民间组织，以及倡导开展群众之间经常性的互助互济活动，来达到社会互助，对困难群众起到帮扶作用。

2. 主要特征

一是社会救助法以实现社会公平为基础；二是社会救助法是实体法和程序法的统一。

3. 主要意义

保障公民的基本人权；维护社会公平；稳定社会秩序；促进经济发展；保障救助对象的程序利益。

11.6 相关法律知识

11.6.1 民事法律行为

民事法律行为是指民事主体通过意思表达设立、变更、终止法律关系的行为。民事法律行为为《中华人民共和国民法通则》所采用，民事法律行为的上位概念是民事行为，具有表意性和目的性，排除了事实行为；同时民事法律行为是合法行为，以适法性为特征，不包括无效民事行为、可变更、可撤销民事行为以及效力未定民事行为。严格称谓是“法律行为”，中国民法称民事法律行为。民事法律行为的行为特征：

（1）应是民事主体实施的以发生民事法律后果为目的的行为；

（2）应是以意思表示为构成要素的行为；

（3）应是合法行为。

11.6.2 经济纠纷解决途径

（1）仲裁与民事诉讼是两种不同的争议解决方式。当事人发生争议只能在仲裁或者民事诉讼两种方式中选择一种解决方式。有效的仲裁协议可排除法院的管辖权。只有在没有仲裁协议或者仲裁协议无效，或者当事人放弃仲裁协议的情况下，法院才可以行使管辖权，这在法律上称为或裁或审原则。

（2）行政复议与行政诉讼方式的选择则与纠纷的性质有关。根据法律的不同规定，有的可以直接向法院起诉，也可以先申请行政复议，对行政复议决定不服时再起诉；有的则只能先申请行政复议，对行政复议决定不服才能提起行政诉讼；还有的则只能通过行政复议的方式解决，由行政机关对纠纷作出最终裁决。

11.6.3 仲裁

仲裁法的适用范围是平等主体的公民、法人和其他组织之间发生的合同纠纷或其他财产纠纷。与人身有关的纠纷，不适用仲裁法，具有行政管理关系的劳动争议以及农业承包合同发生纠纷可以由法律规定的组织仲裁，但不由仲裁法调整。

仲裁是一个法律术语，是指由双方当事人协议将争议提交（具有公认地位的）第三者，由该第三者对争议的是非曲直进行评判并作出裁决的一种解决争议的方法。根据《仲裁法》的规定，平等主体的公民、法人和其他组织之间发生的合同纠纷和其他财产纠纷可以仲裁，而对于婚姻、收养、监护、扶养、继承纠纷和依法应当由行政机关处理的行政争议则不能仲裁。仲裁异于诉讼和审判，仲裁需要双方自愿，也异于强制调解，是一种特殊调解，是自愿型公断，区别于诉讼等强制型公断。

仲裁一般是当事人根据他们之间订立的仲裁协议，自愿将其争议提交由非司法机构的仲裁员组成的仲裁庭进行裁判，并受该裁判约束的一种制度。仲裁活动和法院的审判活动一样，关乎当事人的实体权益，是解决民事争议的方式之一。仲裁是舶来品，源于日本词汇，仲裁通俗理解就是让大家来评评理。

仲裁是指纠纷当事人在自愿基础上达成协议，将纠纷提交非司法机构的第三者审理，由第三者作出对争议各方均有约束力的裁决的一种解决纠纷的制度和方式。仲裁在性质上是兼具契约性、自治性、民间性和准司法性的一种争议解决方式。

民事争议通常可以采取向法院起诉和申请仲裁机构审理两种方法。仲裁指争议双方在争议发生前或争议发生后达成协议，自愿将争议交给第三者作出裁决。

仲裁机构和法院不同。法院行使国家所赋予的审判权，向法院起诉不需要双方当事人在诉讼前达成协议，只要一方当事人向有审判管辖权的法院起诉，经法院受理后，另一方必须应诉。仲裁机构通常是民间团体的性质，其受理案件的管辖权来自双方协议，没有协议就无权受理。

11.6.4　诉讼

诉讼是指国家审判机关即人民法院，依照法律规定，在当事人和其他诉讼参与人的参加下，依法解决讼争的活动，是一种法律行动，分为行政、民事和刑事三类。平等主体当事人之间发生经济纠纷提起诉讼，适用《中华人民共和国民事诉讼法》（简称《民事诉讼法》）解决。1991 年 4 月 9 日第七届全国人民代表大会第四次会议通过的《民事诉讼法》，历经 2007 年、2012 年、2017 年三次修正，是民事诉讼活动进行的法律依据。

诉讼在西方人的观念中，是指法庭处理案件与纠纷的活动过程或程序；在中国人的观念中，“诉讼”一词是由“诉”和“讼”两字组成的。“诉”为叙说、告诉、告发、控告之意，“讼”为争辩是非、曲直之意。两个字连用即为向法庭告诉，在法庭上辩冤、争辩是非曲直。如果就“诉讼”一词从法律角度下定义，可以简要地概括为：诉讼就是国家专门机关在诉讼参与人的参加下，依据法定的权限和程序，解决具体案件的活动。

中国大陆的诉讼程序一般实行两审终审制度，分为一审和二审，但部分案件实行一审终审。如新《民事诉讼法》第一百六十二条规定“基层人民法院和它派出的法庭审理符合本法第一百五十七条第一款规定的简单的民事案件，标的额为各省、自治区、直辖市上年度就业人员年平均工资百分之三十以下的，实行一审终审。”

诉讼时效是指民事权利受到侵害的权利人在法定的时效期间内不行使权利，当时效期间届满时，义务人获得诉讼时效抗辩权。在法律规定的诉讼时效期间内，权利人提出请求的，人民法院就强制义务人履行所承担的义务。而在法定的诉讼时效期间届满之后，权利人行使请求权的，人民法院就不再予以保护。值得注意的是，诉讼时效届满后，义务人虽可拒绝履行其义务，权利人请求权的行使仅发生障碍，权利本身及请求权并不消灭。当事人超过诉讼时效后起诉的，人民法院应当受理。受理后，如另一方当事人提出诉讼时效抗辩且查明无中止、中断、延长事由的，判决驳回其诉讼请求。如果另一方当事人未提出诉讼时效抗辩，则视为其自动放弃该权利，法院不得依照职权主动适用诉讼时效，应当受理支持其诉讼请求。诉讼时效又分为一般诉讼时效和特别诉讼时效。

（1）一般诉讼时效。指在一般情况下普遍适用的时效，这类时效不是针对某一特殊情况规定的，而是普遍适用的，如我国《中华人民共和国民法总则》（简称《民法总则》）第一百三十五条规定的：向人民法院请求保护民事权利的诉讼时效期限为 3 年，法律另有规定的除外。这表明，我国民事诉讼的一般诉讼时效为 3 年。

（2）特别诉讼时效。特殊时效优于普通时效，也就是说，凡有特殊时效规定的，适用特殊时效，我国《民法总则》第一百四十一条规定："法律对时效另有规定的，依照法律规定。"

11.7 《中华人民共和国民法典》概述

1.《中华人民共和国民法典》概念

《中华人民共和国民法典》被称为"社会生活的百科全书"，是新中国第一部以法典命名的法律，在法律体系中居于基础性地位，也是市场经济的基本法。2020 年 5 月 28 日，十三届全国人大三次会议表决通过了《中华人民共和国民法典》，这部法律自 2021 年 1 月 1 日起施行。

2. 主要内容

《中华人民共和国民法典（草案）》共 7 编、1260 条。

总则编：第一编"总则"规定民事活动必须遵循的基本原则和一般性规则，统领民法典各分编。第一编基本保持现行民法总则的结构和内容不变，根据法典编纂体系化要求对个别条款作了文字修改，并将"附则"部分移到民法典草案的最后。

物权编：物权是民事主体依法享有的重要财产权。物权法律制度调整因物的归属和利用而产生的民事关系，是最重要的民事基本制度之一。2007 年第十届全国人民代表大会第五次会议通过了物权法。草案第二编"物权"在现行物权法的基础上，按照党中央提出的完善产权保护制度，健全归属清晰、权责明确、保护严格、流转顺畅的现代产权制度的要求，结合现实需要，进一步完善了物权法律制度。

合同编：合同制度是市场经济的基本法律制度。1999 年第九届全国人民代表大会第二次会议通过了合同法。草案第三编"合同"在现行合同法的基础上，贯彻全面深化改革的精神，坚持维护契约、平等交换、公平竞争，促进商品和要素自由流动，完善合同制度。

人格权编：人格权是民事主体对其特定的人格利益享有的权利，关系到每个人的人格尊严，是民事主体最基本的权利。草案第四编"人格权"在现行有关法律法规和司法解释的基础上，从民事法律规范的角度规定自然人和其他民事主体人格权的内容、边界和保护方式，不涉及公民政治、社会等方面权利。

婚姻家庭编：婚姻家庭制度是规范夫妻关系和家庭关系的基本准则。1980 年第五届全国人民代表大会第三次会议通过了新的婚姻法，2001 年进行了修改。1991 年第七届全国人大常委会第二十三次会议通过了收养法，1998 年做了修改。草案第五编“婚姻家庭”以现行婚姻法、收养法为基础，在坚持婚姻自由、一夫一妻等基本原则的前提下，结合社会发展需要，修改完善了部分规定，并增加了新的规定。

继承编：继承制度是关于自然人死亡后财富传承的基本制度。1985 年第六届全国人民代表大会第三次会议通过了继承法。随着人民群众生活水平的不断提高，个人和家庭拥有的财产日益增多，因继承引发的纠纷也越来越多。根据我国社会家庭结构、继承观念等方面的发展变化，草案第六编“继承”在现行继承法的基础上，修改完善了继承制度，以满足人民群众处理遗产的现实需要。

侵权责任编：侵权责任是民事主体侵害他人权益应当承担的法律后果。2009 年第十一届全国人大常委会第十二次会议通过了侵权责任法。侵权责任法实施以来，在保护民事主体的合法权益、预防和制裁侵权行为方面发挥了重要作用。草案第七编“侵权责任”在总结实践经验的基础上，针对侵权领域出现的新情况，吸收借鉴司法解释的有关规定，对侵权责任制度做了必要的补充和完善。

附则：“附则”明确了民法典与婚姻法、继承法、民法通则、收养法、担保法、合同法、物权法、侵权责任法、民法总则的关系。民法典施行后，上述民事单行法律将被替代。

3. 重要意义

中共中央总书记习近平强调，民法典在中国特色社会主义法律体系中具有重要地位，是一部固根本、稳预期、利长远的基础性法律，对推进全面依法治国、加快建设社会主义法治国家，对发展社会主义市场经济、巩固社会主义基本经济制度，对坚持以人民为中心的发展思想、依法维护人民权益、推动我国人权事业发展，对推进国家治理体系和治理能力现代化，都具有重大意义。

11.8 案例分析

用“依法治企”堵住企业招标过程中的漏洞

2015 年中央巡视组首轮专项巡视的 26 家国有企业反馈情况显示，招标、采购不规范，是企业违规的最为突出的问题之一，在所巡视的企业中，一半以上都或多或少存在。

检验招标出现的问题，绝大多数都与资源的掌控有关，尤其是国有资源型企业，更因为对上下游资源的强力控制，可在招标过程中有恃无恐地暗箱操作、权钱交易，且不受任何监督。事实上，央企在招标过程中存在巨大漏洞，并不是此次中央巡视组对26家央企巡视才发现。前些年，有关铁路、交通、建设领域在项目招标过程中存在大量腐败的传闻就不绝于耳，中央也为此作了专项检查。结果显示，铁路建设层层发包、层层盘剥、层层损害国家利益的现象随处可见，已形成了以招标为龙头的严重的腐败利益链；交通领域更呈现厅长接二连三落马的怪状，仅河南交通厅一家就有多名厅长落马，多数都与招标有关；建设领域则查出了一大批贪污腐败案件，大多也与招标密不可分。

值得注意的是，所有这些央企在招标上的腐败问题，都有一个共同点：表面上都完全合法，似乎找不出漏洞，实质却都隐藏着贪腐的漏洞，有的甚至是完全利用合法精心设计出来的腐败漏洞。原因就在于，无论是体制还是机制抑或监督，似乎都没有一个可以斩断“贪欲之手”的利剑，更多情况下，在招标上的规定，反而成了不法分子牟取个人私利的“挡箭牌”，使他们可以更加肆无忌惮地侵犯国家利益。

启示：电网企业属于关系国计民生的国有特大型企业，也是资产密集型的企业。随着电力体制改革不断深化，电网企业依法治企势在必行，只有通过全面建设法治企业才能避免各种违规陷阱，实现企业的长远发展。

一是要充分认识全面建设法治企业的重要性和必要性，电网企业作为国家重要骨干企业，有责任、有义务在法治国家建设中发挥表率作用。二是要准确把握全面建设法治企业的总体要求和基本内涵；做到“三全五依”。即：全员守法，全面覆盖，全程管控。依法治理，依法决策，依法运营，依法监督，依法维权。三是要采取切实有效措施，使依法治理企业落地生根。比如：加强普法教育，提升全员法治素质；健全依法治理体系和依法决策机制；加强依法运营管控以及加强事前、事中和事后的监督。

参 考 文 献

[1] 李平．东亚地区的经济结构调整与中国［M］．北京：经济科学出版社，2000.
[2] 高金昊．国家电网公司发展创新与战略规划分析［J］．产业创新研究，2018（3）：3.
[3] 廖宇，朱嬰．法国电力公司：能源困局中转身［J］．国家电网，2015，（3）：4.
[4] 陈工孟，支晓强，周清杰．公司治理概论［M］．北京：清华大学出版社，2003.
[5] 安德鲁 J．谢尔曼．特许经营手册［M］．北京：机械工业出版社，2005.
[6] 施炜．上海莱士的公司战略研究［D］．上海：上海交通大学，2012.
[7] 邓涛．高新技术创业企业 KF 公司战略研究［D］．浙江：浙江工业大学，2017.
[8] 边光辉．我国生物质发电企业发展战略研究［D］．北京：北京交通大学，2012.
[9] 李育晖．HH 集团投资公司风险管理组织体系设计［D］．北京：北京交通大学，2018.
[10] 迈克尔·希特，R．杜安·爱尔兰，罗伯特·霍斯．战略管理概念与案例．12 版．［M］．刘刚，译．北京：中国人民大学出版社，2017.
[11] 克里斯托弗 R．托马斯，S．查尔斯·莫瑞斯．管理经济学（原书第八版）［M］．陈章武，等，译．北京：机械工业出版社，2005.
[12] 吴德庆，王保林．管理经济学．7 版［M］．北京：中国人民大学出版社，2018.
[13] 陈章武．管理经济学．4 版［M］．北京：清华大学出版社，2018.
[14] 保罗·基特，菲利普·扬．管理经济学．7 版［M］．北京：中国人民大学出版社，2015.
[15] 奚卫华，司菇．纳税调整与申报：新企业所得税汇算清缴实务操作指南［M］．北京：北京大学出版社，2009.
[16] 詹静涛．预算单位国库集中收付系统使用手册［M］．北京：经济科学出版社，2009.
[17] 傅磊．企业会计制度百问百答［M］．北京：中华工商联合出版社，2001.
[18] 李维安．公司治理评论［M］．北京：经济科学出版社，2009.
[19] 付晓明．私营公司发展问题报告［M］．北京：中国商业出版社，2001.
[20] 钱爱民．财务报表分析［M］．北京：中国人民大学出版社，2020
[21] 徐光华．现代企业财务管理［M］．北京：北京交通大学出版社，2007
[22] 贾学法．供电企业营销管理标准化手册［M］．北京：中国电力出版社，2010
[23] 刘华秋．电力市场营销管理．3 版［M］．北京：中国电力出版社，2015
[24] 刘娜．电力企业人力资源绩效薪酬管理浅析［J］．企业改革与管理，2018，第十五期：71-78.
[25] 杜丽华．KPI 在 AT 房地产集团绩效管理中的应用研究［D］．北京：北京交通大学，2011.
[26] 陈美珍．内蒙古 HH 公司绩效管理体系研究与设计［D］．内蒙古：内蒙古大学，2010.
[27] 李颖毅．供电企业人力资源管理案例分析［M］．北京：中国电力出版社，2016.

[28] 钱仲文. 电网企业人力资源管理：ERP HR 的研究与应用 [M]. 北京：中国电力出版社，2012.
[29] 蔡丽伟，林玲玲. 人力资源管理与实务. 2 版 [M]. 北京：清华大学出版社，2012.
[30] 卿文杰. 大型施工企业信息化建设研究与实践 [D]. 重庆：重庆大学，2008.
[31] 何群. 国有大型企业信息管理结构研究 [D]. 北京：华北电力大学，2007.
[32] 张西绪. 电力施工企业卓越绩效管理模式研究 [D]. 北京：华北电力大学，2008.
[33] 王利华. 电建企业信息化建设的问题研究 [D]. 天津：天津大学，2007.
[34] 王建军，李存斌，陈永权，瞿斌. 电力企业管理信息系统 [M]. 北京：电子工业出版社，2019.
[35] 刘峰. 领导科学与领导艺术 [M]. 北京：高等教育出版社，2014.
[36] 陈劲、郑刚. 创新管理：赢得持续竞争优势. 3 版 [M]. 北京：北京大学出版社，2016.
[37] 郭凯，张项民. 创新管理与创新方法 [M]. 北京：电子工业出版社，2018.
[38] 唐向华. 家族企业成长中企业文化转型研究 [D]. 湖南：湘潭大学，2011.
[39] 朱山河，陈翰武. 企业文化教程 [M]. 湖北：武汉大学出版社，2003.
[40] 白娟. 企业文化评价研究 [D]. 云南：昆明理工大学，2006.
[41] 王吉鹏. 企业文化建设 [M]. 北京：中国人民大学出版社，2017.
[42] 何建湘. 企业文化建设实务 [M]. 北京：中国人民大学出版社，2019.
[43] 李昌麒，岳彩申，盛学军. 经济法 [M]. 北京：清华大学出版社，2012.